亚洲的
21世纪

THE ASIAN 21ST CENTURY

［新加坡］马凯硕（Kishore Mahbubani） 著

全球化智库（CCG） 译

中信出版集团｜北京

图书在版编目（CIP）数据

亚洲的 21 世纪 /（新加坡）马凯硕著；全球化智库
（CCG）译 . -- 北京：中信出版社，2023.6（2025.7 重印）
书名原文：The Asian 21st Century
ISBN 978-7-5217-5662-3

Ⅰ . ①亚⋯ Ⅱ . ①马⋯ ②全⋯ Ⅲ . ①国际形势－研
究－亚洲－ 21 世纪 Ⅳ . ① D730.0

中国国家版本馆 CIP 数据核字（2023）第 073342 号

亚洲的 21 世纪
著者： ［新加坡］马凯硕
译者： 全球化智库（CCG）
出版发行：中信出版集团股份有限公司
（北京市朝阳区东三环北路 27 号嘉铭中心 邮编 100020）
承印者： 河北鹏润印刷有限公司

开本：787mm×1092mm 1/16　　　印张：22.5　　字数：223 千字
版次：2023 年 6 月第 1 版　　　　印次：2025 年 7 月第 3 次印刷
京权图字：01-2023-2420　　　　　书号：ISBN 978-7-5217-5662-3
定价：79.00 元

版权所有·侵权必究
如有印刷、装订问题，本公司负责调换。
服务热线：400-600-8099
投稿邮箱：author@citicpub.com

目　录

推荐序
寻找亚洲的和平复兴之路

　　世界银行（WB）2023 年 1 月在全球化智库（CCG）发布的《全球经济展望》中预测，2023 年和 2024 年，东亚和太平洋地区的经济增长率将分别达到 4.3% 和 4.9%，而发达经济体只有 0.5% 和 1.6%。2 月，我在参加慕尼黑安全会议时见到国际货币基金组织（IMF）总裁格奥尔基耶娃，她也预测，2023 年，亚洲等新兴市场经济体的 GDP（国内生产总值）增量将占据全球增量的近 3/4，而美国和欧洲的经济增长正在急剧放缓。事实上，这一趋势已经持续多年并将继续下去。据亚洲开发银行预测，到 2030 年，亚洲将会贡献全球近 60% 的经济增长，在 24 亿全球经济中等收入群体的新成员中，亚太地区人群将占 90%。现如今，世界四大经济强国（按购买力平价计算）中的三个国家都在亚洲：中国、印度和日本。该地区的 GDP 总量超过了美国和欧盟。

　　种种迹象显示，在沉寂两个世纪后，亚洲正向着复兴与繁荣迈进。21世纪将见证亚洲重返世界舞台的中心，并为当前全球面临的风险与挑战给出自己的解决方案。这是我的好朋友马凯硕先生多年来秉持的观点，也是为什么我要隆重推荐这本由全球化智库（CCG）翻译的他的新书。这本书是我和苗绿博士在国际知名出版社施普林格·自然集团主编出版的"中国与全球化"（China and Globalization）英文系列图书中的一部重磅之作，在全球英文世界的下载量已接近令人意想不到的300万次，成为国际关系领域的现象级著作。

马凯硕认为，当前逆全球化浪潮高涨、经济复苏乏力、气候变化和贫富差距等全球性问题加剧，而西方主导的全球治理秩序在应对这些挑战时表现得缺乏共识，效率不高，行动力不足。现在正是需要全球合作的时候，然而，西方仍然用过时的19世纪地缘政治思维来看待21世纪的地缘政治局势，不愿意与其他人分享权力，并将新兴市场国家的崛起视为威胁，蓄意挑起大国竞争。这加剧了未来的不确定性。

如何才能让权力调整和新秩序以有益于全球人民福祉的形式实现，以确保人类拥有一个和平、繁荣的21世纪？对东西方都有深入了解并在这两个世界都享有盛誉的马凯硕先生是回答这个问题的最佳人选之一。他在这本书中分享了自己从丰富的生活经历与杰出的职业生涯中形成的智慧与远见。作为一位来自新加坡的外交官和学者，他的观点与新兴市场国家存在着共鸣，这是任何大国都不能忽视的声音。

＊　＊　＊

这本书的作者马凯硕是全球公认的亚洲顶尖公共政策学者，被英国《金融时报》、美国《外交政策》及英国《前景》杂志列为"全球最具影响力的 100 位公共知识分子"之一。作为一位印度裔新加坡人，马凯硕成长于多元文化交会的地方，天然具有多边主义视角。他在新加坡大学接受本科教育，在加拿大获得硕士学位和荣誉博士学位，在哈佛大学担任访问学者，多样性的教育背景使他拥有广阔的视野和广博的知识。他曾担任新加坡外交官 33 年，两度担任联合国安理会主席，与华盛顿及北京的资深内部人士保持着长期联系，对两国的政治现实有着深刻把握。同时，他作为中立的第三方观察者，能够客观理性地分析大国关系。在外交生涯结束之后，他投身学术界，成为全球知名的亚洲研究专家，被誉为"亚洲世纪的缪斯"，其职业成就令其在东西方都有相当大的影响力。马凯硕很早就提出了"亚洲的复兴"，并出版了多部专著。

我认识马凯硕已近 20 年，有幸多次与他在公开和私下的场合讨论问题与交换看法。在 2009 年的达沃斯世界经济论坛议程设置会议上，我们同台参加了关于"全球议程"应该关注哪些议题的研讨。2017 年，马凯硕的新书《东盟奇迹》(*The ASEAN Miracle*) 在北京大学举办首发仪式，他邀请我参加，那时他已经是"亚洲崛起"的主推思想家。2019 年 5 月，我与他在加拿大多伦多举行的全球瞩目的有 3 000 名现场观众参加投票的"芒克辩论会"中并肩作战，就"中国是不是国际自由秩序的威胁"与美国对华强硬派——曾任特朗普总统国家安全事务助理的麦克马斯特将军和美国哈德逊研究所中国战略研究中心主任白邦瑞进行了激烈的辩论。这两位辩手一位是军方的政府前内阁高官，一位被美国前总统特朗普称为"中国问题权威"。此次辩论前一年，美国对华发动了贸易战，加拿大扣留了华为首席财务官孟晚舟，国际环境对中国殊为不利。这是一场在西方主场举行的辩论，西方的主流观点是"中国构成了威胁"，现场的氛围对支持中国立场的辩手也很不友好，当晚我和马凯硕在非我方主场的国际知名辩论场配合默契，有理、有据、有节地驳斥了对方充满误导性的叙述，最后经过现场 3 000 名观众投票表决，按照芒克辩论的规则，我方获得了辩论的胜利。由于文化及制度上的差异，西方的媒体机构和意见领袖对中国的解读往往单一且充满误解。此次辩论是在西方主场，以西方人高度认可的辩论形式，直面西方的质疑并给予建设性回击的辩论，有利于增进世界对中国的理解，是一场具有重要意义的舆论博弈。

新冠肺炎疫情发生以来，我们通过视频连线进行了多次交流。

2021 年，全球化智库（CCG）受邀将马凯硕的新著《中国的选择》（*Has China Won?*）这一全球畅销的政论图书译成中文，并与中信出版集团一起为该书举办了首发仪式和研讨会，与他视频连线探讨中美关系的"世纪之问"。在该书中，马凯硕提出了发人深省的问题：面对新冠肺炎疫情、气候变化等全球性挑战，我们应该问的问题不是中国或美国是否赢了，而是人类是否赢了。这本书受到作者本人、出版方和读者的一致好评。我们为这本书举办了一场专场对话——"多极世界中的中美关系"，这是《CCG

对话全球》视频节目中的一期。在对话中，马凯硕再次表示，中美两国之间并不存在根本的核心利益冲突，两国最好将资源用于改善本国人民的福祉与合作减轻气候变化等共同威胁，而不是投入日益加剧的地缘政治竞争，后者不仅损害两国的利益，而且损害全世界的利益。此次对话实录已经收录于世界知名出版社帕尔格雷夫·麦克米伦出版的《理解 21 世纪的全球化、全球不平等和权力转移》(*Understanding Globalization, Global Gaps, and Power Shifts in the 21st Century*) 一书，以飨读者。

同年，马凯硕还为我和苗绿主编的一本全球发行的英文重磅图书《共识还是冲突？》(*Consensus or Conflict?*) 贡献了一篇探讨全球化的文章——《全球化已死！全球化万岁！》(Globalization Is Dead! Long Live Globalization!)。这本书在全球发行后不久，俄乌冲突就发生了，这为建立世界共识带来更多不确定性。

2022 年，全球化智库（CCG）与马凯硕一起发布了《亚洲的21 世纪》英文版并举办了研讨会。该书是我和苗绿主编的"中国与全球化"英文系列图书中的一部，本系列的其他图书还包括会聚全球思想领袖、学者、诺奖得主、前政要等作者文章的《共识还是冲突？》《驻华大使看中国与世界》(*China and the World in a Changing Context*)、《商界领袖看中国发展新机遇》(*Transition and Opportunity*)，我的个人文集《中国的选择与全球化的未来》(*The Ebb and Flow of Globalization*)，以及本系列中最新的约瑟夫·奈教授的著作《软实力与中美竞合》(*Soft Power and Great-Power Competition*)。所有这些图书都可以在施普林格·自然集团网站上获取。

　　《亚洲的 21 世纪》一书受到国际社会的广泛关注，自 2021 年 12 月 30 日上线以来，累计下载量近 300 万次。此书出版商施普林格·自然集团的全球总裁称，该书电子书的下载量是学术类出版物平均下载量的十倍甚至百倍，该书已经成为现象级著作。在我们于 2022 年 1 月为该书举办的以"21 世纪见证着亚洲的崛起，也为世界各国的深度合作提供新的契机"为主题的对话研讨会上，两位亚洲问题领域的著名学者——约翰斯·霍普金斯大学高级国际研究学院名誉院长兼赖肖尔东亚研究中心主任肯特·凯尔德、伦敦国王学院中国研究院院长凯瑞·布朗都对此书给予了高度赞誉，同意书中描述的当前世界正在发生的重大转变，称其向西方世界传达了重要信息。因为此书在海内外引起广泛关注，马凯硕在新加坡又举办了一场发布会，以飨读者，新加坡国立大学李光耀公共政策学院院长柯成兴亲临发布会。中国驻新加坡大使孙海燕也高度赞扬了这本书的观点和作者的影响力。

　　尽管已经年过七旬，但马凯硕依然对国际政治饱含热情，他密切关注着当前世界局势的变化、忧心人类的命运。他不仅经常撰写国际政治评论文章，还发起了"亚洲和平计划"（Asian Peace Programme，APP），为在东亚铸造和平贡献智慧。2022 年年中，我到新加坡交流时与他再度相见，马凯硕教授特意为欢迎我们准备了晚宴，来自全球的政商学各界的杰出代表出席，埃及 ARTOC 投资与发展集团董事长兼董事总经理沙菲克·贾布尔夫妇、国际著名的战略学家和未来学家彼得·施瓦茨、新加坡著名政治家杨荣文、StarHub 企业业务部总裁钟玉璇博士等人参加了晚宴，可谓星光熠熠，名流云集。

多年来，马凯硕一直深切关注着人类的命运，并持续不断地为亚洲的世纪鼓与呼，我为他的坚持而深深感动和振奋。

＊　＊　＊

与之前的人类历史不同的是，用"日新月异"来描述 21 世纪的人类发展绝对是写实手法。前所未有的科技进步令全球经济和社会实现了跨越式发展，地球已成为一个"地球村"，中国已成为全球第二大经济体，东盟和印度也创造了经济奇迹。此外，东西方在应对新冠肺炎疫情上的表现展现出东亚社会自己的优势，而西方相形见绌。这些新现象逐渐打破了亚洲对西方的顺从。与此同时，西方主导的世界秩序在应对气候变化、大流行病等全球性挑战方面表现不力，却又不愿分享权力——如国际货币基金组织和世界银行仍然只有欧洲人和美国人才能担任总裁和行长，这令非西方世界不满。这些变化必然要求世界秩序做出相应的改变，东西方关系成为 21 世纪的核心关系之一，其中又以世界第一、第二大经济体——美国和中国之间的关系为重。

面对剧烈变化的世界局势，马凯硕在书中提出了很多启发性问题。美国面临一系列国内问题，如贫富差距扩大，民主政治被金钱腐蚀，导致民粹主义和保护主义抬头，在这种情况下，美国的民主政治还能够有效运行吗？高举"自由主义"大旗却不能容忍多元社会制度的美国还能继续保持威望吗？受困于国内问题的美国将中国当作替罪羊，蓄意挑起大国竞争是对是错？面对全球性挑战和世界力量平衡的变化，华盛顿应该如何调整战略？西方主导世界秩序的时代是否即将终结？亚洲具有哪些优势，将对全球地缘政治产生什么影响？中国能够和平崛起吗？对世界来说，中国的崛起是威胁还是机遇？西方为何要担忧中国的崛起？正在崛起的中国与力图继续保持全球领导地位的美国，两者之间会发生战争吗？美国正在建立新的反华联盟，它有可能成功吗？如果要避免新的冷战与热战，美国应该如何调整对华战略？世界正从美国主导的单极化世界向多极化世界发展，然而，世界秩序能否跟上变化的速度？全球化还能继续吗？如何才能让联合国及其系统机构适应世界的变化？美国正在利用强权维护其霸主地位，多边外交还有希望吗？人类能否真正团结起来共同抗疫和应对气候变化等全球性挑战？我们的未来在何方？

这一系列问题背后的主线是国家兴衰交替的逻辑。历史一再证明：没有永远的霸权国家，大国的兴衰交替是不可违背的历史法则。在人类社会早期，各国各地区间缺乏联系，国家的兴衰只对周边地区有显著影响，但在地球村的时代，大国的兴衰将影响全球的局势。面对新兴国家的崛起，既有大国往往想要打压、遏制。但是，大国衰落并不仅仅是外部因素导致的，内部问题才是根本原因。然而，相较于解决积重难返的内部问题，找替罪羊总是更为容易的，而中国显然就是那只替罪羊。遗憾的是，找替罪羊并不能解决问题，只会加剧问题的恶化。

2023 年 4 月，在波士顿大学以《亚洲世纪真的到来了吗？》（Is the Asian Century Really Coming?）为题进行的演讲中，马凯硕再度驳斥了唱衰中国的说法，并表示，亚洲的繁荣将给世界带来多样化的色彩和多元化的解决方案，他强烈呼吁美国不要挑战中国的核心利益、挑起战争，因为这将带来灾难。马凯硕认为，中国崛起是美国和世界的机会，并表示，亚洲各国并不希望在两国之间选边站队，希望美国政府可以重新平衡美中竞争。但我们需要注意的是，这些国家在经济上依赖中国，在安全上依赖美国，它们希望美国能够平衡中国在亚太地区的影响力。对中国和世界上其他国家来说，努力创建一个可以让处于不同发展阶段的国家免于残酷争斗的秩序，以使各国能够合作应对全球性挑战，会更加对人类有益。为了拥有一个和平、繁荣的 21 世纪，马凯硕对亚洲国家提出了三个建议：恢复联合国大会作为"人类议会"的功能，提供更多资源来加强主要多边组织的职能，以及在东盟模式基础上加强《区域全面经济伙伴关系协定》（RCEP）建设。

马凯硕的第三个建议与我一直倡导建立的"亚洲联盟"有许多相似因素。在逆全球化浪潮的冲击下，面对全球多边合作动力不足的局面，区域一体化发展成为凝聚多边合作的重要方式，有利于推进全球化的发展。在亚洲崛起的背景下，为缓和亚太地区地缘政治之争，维护地区和平稳定与繁荣发展，可在"东盟 +3"的基础上打造亚盟，并进一步推进亚太区域一体化。我在中信出版集团出版的《21 世纪的中国与全球化》一书中提出，东亚国家普遍受到儒家文化的影响，而儒家文化中的"和而不同""天人合一""推己及人"等共识原则有助于在承认和保持该地区国家经济、文化和历史政治认同的多样性的前提下，继续发展更加紧密的经济合作关系。

当前，亚太地区存在大量的区域经济一体化机制，如《全面与进步跨太平洋伙伴关系协定》（CPTPP）、《区域全面经济伙伴关系协定》、东盟"10+N"衍生系列……这在一定程度上显示出区域经济存在较强活力，同时各方有较强的意愿进行合作，通过打造更加自由的贸易机制来提升经济一体化程度。但过多的自贸机制造成了"碎片化"区域合作，容易产生"意大利面条碗"效应。因此，推动各个自贸区之间的标准合并统一，逐步加速这一领域里的要素流动，实现在统一标准下共同市场的整合，亦即建立一个亚太自由贸易区，是未来要做的事。根据全球化智库（CCG）的研究，亚太自由贸易区可以通过两种方式实现：一是将《全面与进步跨太平洋伙伴关系协定》和《区域全面经济伙伴关系协定》融合成为亚太自由贸易区协定；二是围绕《全面与进步跨太平洋伙伴关系协定》和《区域全面经济伙伴关系协定》形成一个"伞形协定"。亚太自由贸易区可在关税减让、服务业开放、知识产权规则等方面设定介于《全面与进步跨太平洋伙伴关系协定》和《区域全面经济伙伴关系协定》之间的中间标准水平，在亚太地区形成一个多层级的自贸体系。

目前，中国的经济体量和市场容量之大，使中国成为各种区域经济一体化机制中不可或缺的成员。《区域全面经济伙伴关系协定》已经于2022年正式实施，当年我国与东盟进出口规模增长了15%，东盟连续3年保持中国第一大贸易伙伴地位。在《全面与进步跨太平洋伙伴关系协定》方面，中国已经于2021年正式提交加入的书面申请。《全面与进步跨太平洋伙伴关系协定》是一个自由贸易层次较高的自贸区机制，加入这一机制，能倒逼中国实施改革，为经济发展提供新的驱动力。

在实践中，亚盟已经进入探索状态。我们可以在《区域全面经济伙伴关系协定》、东盟"10+N"和《全面与进步跨太平洋伙伴关系协定》等基础上推动金融合作，如创建统一的货币"亚元"。中国主导的亚洲基础设施投资银行和"一带一路"倡议可以在与东盟、日本、韩国等各方共建能源和交通基础设施网络上发挥更多作用，提升亚盟共同市场的整合程度，助力推进亚洲一体化进程。

全球化智库（CCG）一直致力于通过二轨外交来帮助中外人士增进对彼此文化的了解。我们曾举办国内首个"全球命运共同体"论坛，并专门设置"从亚洲价值观到亚洲共同体"分论坛；我们积极活跃于国际多边场合，参加慕尼黑安全会议、巴黎和平论坛等，并主办分论坛，发出中国的声音；我们发起设立《CCG 名家对话》节目，与安格斯·迪顿、托马斯·弗里德曼、马丁·沃尔夫、帕斯卡尔·拉米、约翰·桑顿、马凯硕、托尼·赛奇、尼尔·布什、戴维·兰普顿、斯蒂芬·罗奇、吉姆·奥尼尔等数十位国际意见领袖和专家学者交流观点；2021 年，全球化智库（CCG）又发起了"国际青年领袖对话"项目，旨在构建不同国家和不同领域的国际青年英才对话机制，后获得习近平主席的回信。[①] 总之，我们做出的努力让全球化智库（CCG）连续多年名列宾夕法尼亚大学全球智库排行榜百强，并成为首家获得联合国特别咨商地位的中国智库。

---

① 习近平给"国际青年领袖对话"项目外籍青年代表回信 [EB/OL]. 新华网. http://www. xinhuanet.com/politics/2021-08/11/c_1127750833.htm.

* * *

　　在这本书中，我们看到了马凯硕对亚洲的未来持乐观态度，抱有积极的期望。他认为，亚洲将成为21世纪全球化新的发动机。他提出，21世纪将见证西方主导世界时代的终结、亚洲重返世界舞台的中心、中国的和平崛起以及全球秩序的重构。马凯硕站在有利的第三方角度，公正客观地指出，中国的和平崛起是美国和世界的机会，与中国合作有助于解决人类面临的紧迫的全球性挑战和美国的国内问题。他认为，随着新兴市场国家的崛起和亚洲的复兴，世界秩序需要改变，以反映所有人的利益，而不仅仅反映西方（其人口只占世界人口的12%）的利益。他对中国寄予厚望，认为中国有能力成为重振国际多边主义秩序的中坚力量。他在书中还指出，美国挑起与中国的大国竞争是错误的，西方不应再用19世纪的地缘政治观点来处理21世纪的地缘政治问题，而是应该承认和接受亚洲的复兴。

　　虽然诸多学者、政治思想家认为亚洲复兴的势头正旺，但我们绝不能因为这种赞扬而扬扬自得、昏了头。我们要清醒地认识到，虽然亚洲经济总量占世界经济总量的比例一直在增加，但亚洲的经济结构仍然处于世界价值链的中低端，附加值不高，经济质量仍有待提升。亚洲需要避免西方正在犯的错误。现如今，贫富差距扩大已经成为全球性问题，如果不能妥善解决，民粹主义、保护主义有可能会在全球泛滥，这不仅会让亚洲复兴成为昙花一现，也将使合作应对全球性挑战变得更加困难。

　　21世纪已经过去了1/5，未来几十年可能是决定人类命运的关键。在我们为《亚洲的 21 世纪》一书举办的专题对话研讨会上，马凯硕再次强调："我们都清楚我们面临着怎样的气候变化问题，我们每浪费一年都是非常危险的，我们应该关注人类所面临的共同挑战，如果大家都同意的话，我很高兴将我们的时代称为人类世纪。我们都是人类，忘记我们的美国身份、欧洲身份或亚洲身份吧。请记住，我们都只是地球上的濒危物种。"我希望，也相信，这本书能够警醒世人，使人们深刻认识到我们所处的境遇，唤起我们对人类共同命运的觉悟。

王辉耀博士　全球化智库（CCG）理事长

苗绿博士　全球化智库（CCG）秘书长

2023 年 4 月于北京

前　言

我们生活的时代充斥着矛盾。在 21 世纪，我们将见证人类历史上前所未有的巨大变化。科技上的巨大飞跃，伴随着全球许多国家和地区（尤其是亚洲地区）发生的巨大经济和社会进步，意味着 21 世纪的结构和特性将与 19 世纪和 20 世纪的迥然相异。

差异有多大？其主要体现在三个重要方面。首先，我们将见证世界历史上西方主导时代的终结。其次，我们将看到许多亚洲国家的复兴，尤其是中国和印度这两个人口大国的复兴。最后，技术的飞跃和全球贸易等因素导致国家间的相互依存度日益加深，世界已经迅速"缩小"，人类不再是生活在一个广袤的星球上，而是生活在一个紧密联结的小小地球村里。事实上，当未来的历史学家回望 21 世纪时，他们会惊讶地发现：在短短的时光片段里，人类竟然发生了如此繁多且巨大的变化。

从理论上讲，人类是地球上最聪明的物种。衡量智力的一项关键指标是适应不同环境的能力。根据环境变化进行明智的适应和调整是我们人类得以生存与繁衍数千年的秘诀。当然，在适应和调整之际，有些人类族群做得比其他族群好。

在过去 200 年里，西方族群表现得最好。凭借在人类组织形式上和科技领域内的卓越表现，西方国家不仅超越了世界上的其他国家，而且征服了世界。

譬如英法这样的欧洲大国能在世界各地征服领土，这并不稀奇。事实上，在 19 世纪，大英帝国被称为"日不落帝国"，因为当时英国的殖民地遍布全世界。真正令人惊讶的是，像葡萄牙这样的欧洲小国也能够征服世界各地的领土。19 世纪，葡萄牙的人口只有区区几百万，大约相当于今天新加坡的人口，然而这个小国却能够征服南美洲（如巴西）和非洲（如安哥拉和莫桑比克）的领土。更令人瞠目结舌的是，小小的葡萄牙竟然在 16 世纪征服了印度（1.15 亿人口）和中国（1.6 亿人口）的部分领土，分别占领了果阿和澳门。

200 多年来，西方表现优异。面对迥然不同的 21 世纪，西方理应做出明智的调整以适应新时代。但令我震惊的是，西方未能做出明智的适应性调整，这导致生活在西方的主要人群（尤其是在美国和欧洲的人群）对未来深感迷茫与悲观。

作为西方世界的朋友，我一直试图向西方知识分子解释西方社会为何要进行调整和适应。举例来说，我在 2005 年出版了《走出纯真年代》（*Beyond the Age of Innocence*）一书，试图告诉美国知识分子该国应如何适应一个不同的世界。出版此书让我学到了一个非常重要的教训。理论上讲，美国应该是一个开放的社会，到处都有乐于倾听世界上其他国家观点的知识分子。但实际上，美国是一个"思想封闭的开放社会"。对于其他国家的声音，美国的知识分子置若罔闻。导致这种情况的一个很小但很实际的原因是，美国的"社会科学家"认为"区域研究"是"不科学的"，所以一些美国大学取消了"区域研究"课程（例如"东南亚研究"）。好在有些大学仍然开设了这类课程，例如哈佛大学的"亚洲研究"和耶鲁大学的"东南亚研究"。

更令人震惊的是，我发现美国知识分子中思想最"封闭"的竟然是"自由派"。这些"自由派"认为，关于人类社会应该如何成长、发展和成功等重大问题，只有非黑即白的简单答案。"白方"的答案是，只有那些照搬西方自由主义思想的国家才能取得成功。对此，一个强有力的证据是，所有西方知识分子皆对弗朗西斯·福山在冷战接近尾声时发表的《历史的终结？》（The End of History？）①一文给予了热烈的回应。该文荒谬地宣称人类已走到了历史的"尽头"，所有人都应该认识到，所有国家发展的唯一途径（无论它们属于哪种文化和位于哪个地域）就是照搬西方的自由民主模式，尤其是在 1989 年柏林墙倒塌和 1991 年苏联解体后。这种看法十分荒谬，然而，主要西方知识分子群体中却无人反对这一论点。事实上，从西方知识分子身上，我发现的最令人惊讶的事情之一是，他们采用了"战略性群体思维"模式，而福山的著作促进了这种"群体思维"在西方的传播。

因此，我在多个场合，包括在我的著作《西方失败了吗？》（Has the West Lost it?）中都写道，福山的这篇文章对西方思想造成了"脑损伤"。什么样的"脑损伤"呢？在 20 世纪 90 年代初

---

① 此文发表在 1989 年夏季刊的《国家利益》杂志上。1992 年，福山出版了《历史的终结与最后的人》（The End of History and the Last Man）一书。——译者注

西方思想界对福山提出世界已走到了"历史的终结"这一论点深信不疑之后，他们便没有注意到，人类不仅没有走到"历史的终结"，而且正在经历"历史的回归"。什么是"历史的回归"？它指的是世界上两个人口大国——中国和印度的"回归"。20世纪90年代，中印两国在同一时期做出了正确的战略决策——开放经济、融入世界。中国开始得稍早一点儿，1977年，邓小平提出了"四个现代化"战略。十来年后，时任印度财政部长辛格（后出任总理）于1991年启动了印度经济开放的改革。

西方面临的诸多问题可以追溯到其所犯下的两大战略错误：第一个战略错误是没有意识到，在21世纪，西方已经走到了"西方主导世界时代"的终点；第二个战略错误是没有意识到，世界正在见证亚洲的回归，尤其是东亚、东南亚和南亚最成功的国家的回归。本书的前两部分聚焦于西方所犯下的这两大错误，第一部分阐述为什么西方主导世界的时代已经终结，第二部分阐述亚洲为何要改革以及如何进行改革。

在第一部分，我选了几篇文章来阐释为何西方拒绝接受不能再主导世界的痛苦现实。一个强有力的例证可以用来说明西方国家无法意识到其内生的巨大战略缺陷。几十年来，尤其是二战结束后，美国的表现超过了世界上其他国家，因为它能为最贫穷的美国人提供"平等的机会"去拼搏和获取成功。简言之，美国社会为人们创造了一个公平竞争的环境。富人可以取得成功，穷人亦然，这正是20世纪50—70年代美国中产阶级的收入和生活水平不断提高的原因。那时的美国可能是地球上最幸福的国家。

现在我们得知，无论是2016年特朗普当选，还是2021年1

月 6 日美国国会大厦遭遇暴力冲击，都说明今日的美国并不幸福。为什么美国会变得不幸福呢？答案很简单，因为美国社会不再为富人和穷人提供公平的竞争环境。富人可以取得成功，穷人则不行。如果你对这一说法表示怀疑，那么我建议你阅读本书中的《民主政治还是金钱政治？美国的存在主义问题》一文。

这篇文章提供了大量证据，表明美国已成为一个由金钱政治主导的国家。何为金钱政治？简言之，金钱政治恰是民主政治的反面。在民主国家，绝大多数人（80%～90% 的人）的利益受到社会制度的保护，而在金钱政治国家，社会制度保护的是少数富人阶层的利益，即顶层 10%～20% 的人的利益。幸运的是，我并非唯一一个这样想的人。许多西方知名人士都做过这类断言，包括已故的美国联邦储备委员会主席保罗·沃尔克先生、诺贝尔经济学奖得主约瑟夫·斯蒂格利茨教授和英国《金融时报》经济评论员马丁·沃尔夫先生。

事实上，早在 2 400 年前，一位更重要的西方哲学家——柏拉图就曾提出警示：如若一个社会由富人统治、为富人利益服务，那将十分危险。他的原话是，"如果人们根据钱财的多寡而不是能力的强弱来选择船长，后果将会怎样呢？他们的航行必定糟糕至极"。然而，尽管这些警告言犹在耳，美国在事实上还是变成了一个由富豪统治的国家，让富人阶层来重建美国的社会制度，使富人而不是穷人更加从中受益。

理论上，既然美国是世界上最开放的社会，人们享有充分的言论自由，那么理应有良性的辩论来讨论美国为何以及如何成为金钱政治国家。然而，令人震惊的是，这种辩论并没有出现，也正因如此，本书才有了真正特殊和独特的意义。本书对一些西方国家的失败提出了独家且独特的见解。

本书中还有一些见解是西方知识分子拒绝正视的。例如，西方社会喜欢将自己描绘成人权捍卫者，然而，对于自身做出的侵犯人权、协助或教唆侵犯人权之事，西方社会却矢口否认。简言之，西方社会一直极其伪善。本书中《西方的虚伪》一文明确地指出了"在理论上，西方谴责虚伪；可悲的是，在实践中，西方却常常沉迷于虚伪"。这篇文章用翔实的案例说明了西方公然的伪善行为。

西方拒绝正视的另一个问题是，一个健康的社会需要的不仅仅是民主选举，它还需要提高人民的生活水平。这意味着经济发展的成果必须由全民共享，而不是像在金钱政治主导的国家那样，只由极少数富人享有。然而，在1980—2010年的30年间，美国是世界上唯一一个占人口一半的底层民众收入下降的发达国家。正如我在《特朗普、马克龙与自由主义的短板》一文中所述，许多西方人认为，能够在选举中自由投票就足以维持社会稳定，但他们忽视了美国政治哲学家约翰·罗尔斯对社会和经济不平等的批判，即政府应该对社会和经济不平等进行干预，以使每个人都能受益。

西方还拒绝承认一个关键的哲学观念——即使在一个自由的社会中，自由与责任也需要相互协调。事实上，正如我在《美国国会山沦陷事件与西方新冠肺炎死亡率之间有何关联》一文中所述，2021年1月6日美国国会大厦风波与新冠肺炎高死亡率背后的共同关键因素是，西方在追求自由时未能适当考虑其他重要的哲学原则，如责任和平等。

在本书的第二部分，我试图记录亚洲"回归"的证据。事实上，2020 年抗击新冠肺炎疫情的经验表明，总体而言，东亚地区的应对比美国和欧洲好得多。因此，我欣然接受西方著名刊物《经济学人》的约稿，阐释东亚地区的应对缘何更加得法。我还认为，东亚地区的良好应对说明了我们正在迎接亚洲世纪的曙光。

自 20 世纪 90 年代初伊始，30 年来，我一直在写关于亚洲回归的文章。1992 年，我在知名西方杂志《国家利益》上发表了第一篇讨论亚洲回归的文章，题为《西方与其他国家》（The West and the Rest）。在那篇文章中，我写道：

> 东亚人成了唯一已经或准备进入发达国家行列的非西方人。随着东亚地区的重要性与日俱增，印象中西方富裕而第三世界国家贫穷的鲜明对比已变得复杂又令人困惑……因为日本和其他东亚国家的成功故事正在第三世界激起发展的涟漪，而这是西方社会从未成功做到的。

本书的许多读者可能了解，我写过很多关于中国重新崛起以及为何西方应该接受而非试图阻止中国复兴的文章。本书中的几篇文章，如《西方应听从拿破仑的建议让中国沉睡》和《中国威胁到了什么？中美应如何避免战争》，都讨论了西方不愿接受中国复兴的问题。然而，亚洲复兴涉及的不仅有中国，还有亚洲其他地区，包括印度和东南亚。这也是为什么本书既讨论了东南亚国家联盟（ASEAN，简称东盟）所表现出的惊人韧性，又讨论

了印度该如何通过成为世界道德领袖来发挥重要作用。在《为何
"印度之道"可能是世界上道德领导力的最佳选择》《东盟的潜在
韧性》《亚洲能助拜登一臂之力吗》等文章中，我指出，东盟和
印度皆可以作为中美之间的调解者，同时作为自由贸易和多边主
义的支持者，发挥值得信赖的作用。

　　亚洲地区在19世纪和20世纪表现不佳，缘何在21世纪重
新焕发活力？对于这一问题，未来的历史学家需要努力找寻答案，
因为答案十分复杂。然而，亚洲国家近几十年来之所以能够脱颖
而出，关键是因为它们勇于充分利用全球化带来的机遇。对亚洲
国家来说，做出这一决定并不容易，因为风险与机遇共存。2017
年1月，习近平主席在达沃斯世界经济论坛上描述了这些风险。
习近平主席发表主旨演讲时，我也在现场，并对他演讲中的如下
表述印象特别深刻。

　　　　当年，中国对经济全球化也有过疑虑，对加入世界贸易
　　组织也有过忐忑。但是，我们认为，融入世界经济是历史大
　　方向，中国经济要发展，就要敢于到世界市场的汪洋大海中
　　去游泳，如果永远不敢到大海中去经风雨、见世面，总有一
　　天会在大海中溺水而亡。所以，中国勇敢迈向了世界市场。
　　在这个过程中，我们呛过水，遇到过漩涡，遇到过风浪，但
　　我们在游泳中学会了游泳。这是正确的战略抉择。①

---

① 习近平在世界经济论坛2017年年会开幕式上的主旨演讲［N］.人民日报，2017-01-18.

　　从许多方面来看，全球化是西方的献礼。全球化要取得成功，必须依靠三大支柱。第一，各国间若要相互交流、互通贸易，就需要有一套共同的规则。1945 年，西方以联合国为中心，建立了一套基于规则的秩序。世界贸易组织也是联合国大家庭的一部分，它的前身是《关税及贸易总协定》（GATT），在其成立三年后（1950 年），全球贸易额只有 610 亿美元，经过几十年的发展，全球贸易额激增至 2019 年的 19 万亿美元，增幅超过了 300 倍。值得一提的是，中国在 2001 年加入世界贸易组织后，经济增长率大幅提高。

　　第二，为使贸易取得成功，各国必须接受比较优势理论。这一理论是西方经济学家大卫·李嘉图提出的，他用以下方式对该理论进行了解释。

　　　　在葡萄牙生产葡萄酒，可能只需要 80 人劳动一年；生产毛呢，则需要 90 人劳动一年。因此，对葡萄牙来说，输出葡萄酒交换毛呢是有利的。即使葡萄牙进口的商品在本国制造时需要的劳动少于英国，这种交换仍会发生。虽然葡萄牙能够用 90 人的劳动来生产毛呢，但它还是会从一个需要耗费 100 人的劳动来生产的国家进口，因为对葡萄牙来说，与其挪用一部分生产葡萄酒的劳动资本来生产毛呢，还不如用这些资本来生产葡萄酒，如此一来，它便能从英国换取更多的毛呢。[1]

---

[1]　Richardo, David, *On the Principles of Political Economy and Taxation*, Cambridge: Cambridge University Press, 2015.

这就是为何二战后西方国家成了自由贸易的最大拥护者。1985 年 10 月 9 日，新加坡前总理李光耀在美国国会联席会议上发表讲话时，赞扬了西方使世界相信自由贸易的优点。他说：

> 1945 年战争结束后，美国与其欧洲盟国一道，在《关税及贸易总协定》（自 1948 年 1 月 1 日起生效）的基础上建立开放、公平的贸易体系，在《布雷顿森林协定》下建立了稳定的货币兑换体系，即国际货币基金组织。这些协议促成了世界范围内贸易、银行业和金融业的巨大增长……在 20 世纪 50 年代和 60 年代，除中国、朝鲜和越南民主共和国外，西太平洋地区所有国家与美国的贸易皆实现了增长。许多国家都接受了美国的投资，美国成为推动经济发展的生力军。

美国就曾是比较优势理论的最大推动者。

第三，除了诠释自由贸易优点的理论，要将自由贸易付诸实践，还需要倡导者主动开放边境及说服其他国家也开放。事实上，20 世纪 50—80 年代，全球贸易体系逐步开放要归功于美国和欧盟（西方核心的代表）都倡导自由贸易与推动全球贸易谈判圆满完成，1994 年"乌拉圭回合"谈判在马拉喀什结束，标志着上一轮谈判的圆满完成。

西方构建的这三大支柱给全球带来了数十年的繁荣（从而减少了全球贫困），遗憾的是，现在主要西方国家已经背弃了这三大支柱。1985 年李光耀在美国国会联席会议上发言时，美国国会是全球自由贸易的拥护者。但如今，美国国会已然成为自由贸易协议的主要反对者。

同样危险的是，美国国会还反对基于规则的秩序，尤其是联合国。我在 1984—1989 年、1998—2004 年担任新加坡驻联合国大使，对这一切深有体会。在这两届任期内，美国带头试图削减联合国及其附属机构的预算。2020 年新冠肺炎疫情的肆虐使得世界卫生组织备受关注。特朗普政府对世界卫生组织展开了猛烈攻击，指责其应对疫情不力，并以此为由退出该组织。然而，特朗普政府对世界卫生组织的批评显然有失公允，事实上，这几十年来，正是美国削弱了世界卫生组织。任何质疑这一事实的人都应该读一读凯利·李教授撰写的关于世界卫生组织的优秀著作①。她在书中记录了以美国为首的西方国家如何将世界卫生组织的义务性会费比例从 1970—1971 年的 62% 降到了 2017 年的 18%。

数十年来，西方政府一直在削弱和边缘化联合国组织，在"开放"的西方社会，这一严峻的事实本该是显而易见的，每位见多识广的西方知识分子，尤其是那些着眼于全球问题的人，都应该意识到西方国家正在大规模地削弱多边机构，包括像世界卫生组织这样至关重要的全球性多边机构。

然而，可悲的是，西方没有人意识到这一点，虽然我早在 2013 年就出版了一部关于这一严峻现实的著作。这本书名为《大融合》(*The Great Convergence*)，获得了联合国前秘书长科菲·安南的推荐，他评价道："随着国际社会间的关系日益密切，紧张局势也愈演愈烈，马凯硕提醒我们，在为了全人类的利益而共同

① Kelley Lee, *The World Health Organization (WHO)*, London: Routledge, 2014.

努力时，人类可发挥出最强大的力量，这本书非常令人信服。"

在"为了全人类的利益而共同努力"的必要性这一点上，科菲·安南非常有先见之明。这实际上也是新冠肺炎疫情试图向人类传达的重要讯息。幸运的是，一些西方知识分子承认，新冠肺炎的肆虐告诉我们，作为一个整体，人类应该相互合作。尤瓦尔·赫拉利是当代西方最具影响力的知识分子之一，2021年2月27日，他在英国《金融时报》上发表了一篇精彩的文章，详细描述了人类应该从新冠肺炎疫情中吸取的教训。最显著的教训是，人类应当团结协作、守望相助，以阻止未来疫情的暴发。正如他所言："我们应建立一个强有力的全球性系统来监测和防控疫情。人类与病原体之间的战争由来已久，每个人都是一道防线。如果这道防线的任何地方被突破，那么人类都会陷入危难。对最发达的国家中最富有的人来说，保护最不发达的国家中最贫穷的人是符合前者自身利益的。假设一种新型病毒从蝙蝠传到了人的身上，即使此人生活在偏远丛林的贫困村庄，这种病毒也可能在几天之内就传染到华尔街。"

接下来，他又提出了另一个清楚明白的观点：我们可以与世界卫生组织合作。正如他所说："全球抗疫体系的架构已经成形，那就是世界卫生组织和其他几个机构，但支持这一体系的预算极少，并且该体系几乎没有任何政治影响力。我们需要为这个体系赋予一些政治影响力和更多资金，这样它就不必完全仰仗于自私的政客们的心血来潮。"

赫拉利的观察结果着实令人震惊。他指出了一个事实——世界卫生组织的预算"极少"。然而，他却没有说是谁导致了这一结果。显而易见，答案是西方政府。他是因为不知道所以才没有挑明吗？像他这样见多识广、极具影响力的人都不知道，以美国为首的西方政府几十年来一直在试图系统性地削弱联合国及其附属多边机构，这实在令人难以置信。这表明，声称自由、开放和客观的西方媒体间或会掩盖一些不利于西方政府的重大事实。因此，为了确保我们能够实现赫拉利提出的加强世界卫生组织能力的目标，西方政府必须坦诚并公开承认它们一直在试图系统性地剥夺联合国附属机构的资源。

西方为何要极力减少义务性会费，而增加自愿捐款呢？答案很简单，因为西方国家是最大的"自愿"捐助群体。它们希望利用"自愿"捐款来控制世界卫生组织（以及其他类似的联合国组织，如国际原子能机构）的议程。我有证据证明西方政府在努力使国际原子能机构得不到急需的资金。2007 年 8 月，墨西哥前总统埃内斯托·塞迪略先生和国际原子能机构总干事穆罕默德·巴拉迪先生邀请我加入一个知名人士委员会，审查国际原子能机构的未来计划，并就如何加强该机构的职能提出建议。许多知名人士都是该委员会的成员，包括杰出的美国前参议员萨姆·努恩（1972—1997 年在任）、奥地利联邦前总理沃尔夫冈·许塞尔（2000—2007 年在任）、澳大利亚前外交部长加雷斯·埃文斯（1988—1996 年在任）和中国前外交部长钱其琛（1988—1998 年在任）。

我原以为说服西方向国际原子能机构提供更多资源是一件易事，因为西方国家惧怕核扩散。国际原子能机构是联合国防止核扩散的主要机构，只有它才具备对世界各地的核设施进行侵入性检查的合法性及资源。为了有效地进行核检查，国际原子能机构必须招募能力极强且能为这项事业奋斗终身的核检查员。由于国际原子能机构只能依靠长期性的、义务性的会费来雇用终身核检查员，所以西方国家政府应该分摊更多义务性会费、减少自愿捐款，这才合乎逻辑。但事实恰恰相反，国际原子能机构的报告称，其"经常预算的增长有限"，而且 2019 年的经常预算甚至出现了"实际减少"。由此可见，西方不明智的政策削弱了国际原子能机构，这与世界卫生组织所经历的如出一辙。

当西方极力这样做时，它们忘了问自己一个简单的问题。西方人口只占世界人口的 12%，其他国家和地区的人口占世界人口的 88%。那么，西方利用自己的金融影响力来控制一个全球性组织（如世界卫生组织等）的议程是否合乎道德？毕竟，全球性组织应该代表全人类的利益，而非少数西方国家的利益。

西方未能对这一重大道德问题做出回答，表明其在世界舞台上的行为存在着巨大的矛盾。在国内，所有西方国家都推崇民主治理，坚称本国所有政府机构都必须代表最广大人民的意愿和利益。但在国际上，所有西方国家都推崇"独裁"治理，坚称所有全球性治理机构都必须反映少数群体（即 12% 生活在西方的人口，而非 88% 生活在西方以外的国家和地区的人口）的意愿和利益。

可悲的是，削弱或破坏全球多边机构，尤其是联合国大家庭中的多边机构，实际上违背了西方自身的利益。唯一有勇气表达这种看法的西方领导人是美国前总统克林顿。2003 年，他在耶鲁大学发表的一次演讲中说，美国"应该努力创造我们愿意遵守的规则、伙伴关系和行为习惯，这样当我们不再是军事、政治和经济上的超级大国时，我们仍愿意生活在这个世界上"①。西方世界应该听取克林顿的建议。

本书名为《亚洲的 21 世纪》，为了确保我们拥有一个和平、繁荣的亚洲世纪，我对包括中国在内的亚洲国家提出三点具体建议，以此结束前言。这三点具体建议都基于一个观点——现如今，我们生活在一个相互依存的小小地球村里，全人类应该团结起来，加强全球性多边机构的建设，以应对类似新冠肺炎疫情和全球变暖这样的全球性挑战。亚洲是全球人口最多的区域，人口占全人类的 60%，因此亚洲人理应带头倡导这三点能够加强多边主义的建议。

第一，恢复联合国大会作为"人类议会"的首要作用。联合国大会是唯一能够合法地代表全人类的机构。因此，如果我们真想知道全人类对某一问题的看法，就应该将问题提交给联合国大会讨论。在 1978 年 12 月越南入侵柬埔寨、1979 年 12 月苏联入侵阿富汗后，东盟国家和中国就是这么做的。东盟国家和中国要求越南和苏联撤出军队、停止侵略。由于绝大多数国家都支持东盟国家和中国提出的决议，最后两国同意撤军。

联合国大会反对各国干涉别国内政。在中国香港暴力示威事件发生后，中国香港特别行政区政府采取了一系列措施来恢复治安和秩序，西方对这些措施横加指责，许多西方政府声称，"国际社会"对中国香港特别行政区行政长官林郑月娥采取的行动持批评态度。然而，如果西方政府在联合国大会上提出决议来批评

① Kishore Mahbubani, *The Great Convergence: Asia, the West, and the Logic of One World*, New York: Public Affairs, 2013: 8.

中国香港特别行政区政府所采取的行动，它们根本得不到绝大多数国家的支持。因此，亚洲国家可以通过联合国大会这个平台来展示亚洲观点比西方观点拥有更多支持。亚洲各国应齐心协力来加强联合国大会的职能。

第二，亚洲国家应提供更多资源，加强主要多边组织的职能，如世界卫生组织和国际原子能机构（如前文所述）。在有些情况下，我们可能不需要增加开支。以世界卫生组织为例，义务性会费比例从1970年1月的62%减少到2017年的18%，这是错误的。在不增加开支的情况下，我们应恢复原有筹资模式，将义务性会费比例重新提高到62%。这将有利于世界卫生组织制订可靠的长期计划与雇用更多的长期工作人员和专家来应对未来的疫情，从而极大地增强世界卫生组织的能力。

这里需要强调一个关键点：加强联合国系统内的机构职能所需的资金可谓"微不足道"。然而，许多西方国家政府却一直试图减少对联合国的资助。1998—2004年，我担任新加坡驻联合国大使期间，美国驻联合国大使理查德·霍尔布鲁克极力开展活动，将美国对联合国的资助从25%减少到了22%，他成功了。那么他每年为美国节省了多少钱呢？6 960万美元。6 960万美元意味着什么？这点儿钱只占美国2020年度国防预算的约0.01%。然而，美国在国防预算上的巨额开支无法挽救死于新冠肺炎的537 000多名美国人的生命。事实上，死于新冠肺炎的美国人比二战以来死于战争的美国人的总数都要多。然而，美国乐于每年在国防预算上支出7 000多亿美元，却不愿支付不到7 000万美元的联合国会费。

幸运的是，亚洲占全球国民生产总值的比例一直在稳步上升。因此，在支付本国理应支付的会费份额的同时，亚洲国家可以带头呼吁向联合国系统提供更多的财务支持，这是亚洲国家在加强全球多边主义方面可以参考的第二点具体建议。

亚洲国家可以参考的第三点建议是，与世界分享区域多边合作的最佳模式之一。在我同孙合记合著的《东盟奇迹》一书中，我们谈及东盟在某种程度上已经实践了这一模式，这本书有幸被北京大学出版社翻译成中文出版。我们可以在东盟成功的基础上再接再厉，加强《区域全面经济伙伴关系协定》建设。《区域全面经济伙伴关系协定》是由东盟十国发起的，还涵盖了中国、日本、韩国以及澳大利亚和新西兰。不幸的是，印度参加了长达十几年的谈判，但在最后一刻决定不加入。

有两种方式可以加强《区域全面经济伙伴关系协定》。首先，要大力游说印度加入该协定。这是有可能实现的，因为东亚经济充满活力，印度加入后将受益于这种融合。其次，应加快推进该协定的具体实施，大幅增加 15 个成员国之间的贸易额，以确保《区域全面经济伙伴关系协定》能够成为迄今为止世界上最大的自由贸易协定。目前，《北美自由贸易协议》（NAFTA）三国之间的贸易总额刚刚超过 2.3 万亿美元，欧盟 27 个成员国之间的贸易总额为 2.3 万亿美元。相比之下，《区域全面经济伙伴关系协定》15 个成员国之间的贸易总额则达到了 2.5 万亿美元。

《区域全面经济伙伴关系协定》的目标之一应是确保 15 个成员国之间的贸易总额大于《北美自由贸易协议》和欧盟的贸易总额之和。如果能做到这一点，那么《区域全面经济伙伴关系协定》将发出明确而有力的信号，验证本书前言开篇所强调的两点：第一，西方主导世界的时代正在走向终结；第二，亚洲将在21世纪重返世界舞台中央。毋庸置疑，我们很快就将全速驶入亚洲的21世纪。

第
一
部
分

西方主导世界时代的终结

——

21世纪将见证西方主导世界时代的终结。西方拒绝接受这一现实，这是一个严重的战略错误。当西方不再是世界第一时，它们需要学会采取战略性行动。

西方的虚伪 [1]

西方伟大的思想家流传下来的哲学智慧是西方文明对世界宝贵的馈赠之一。鉴于酷刑仍未根除、关塔那摩监狱仍未关闭，西方理应重温它们的承诺：用理性来理解和改善这个世界。

我一生中最大的乐趣之一就是学习西方哲学，吸收从苏格拉底到维特根斯坦的西方伟大思想家的智慧。几千年来，这些伟大的思想家对逻辑推理的奉献着实令人鼓舞。因此，对我而言，西方的力量始终与致力于运用理性来理解并改善这个世界密切相连。

西方逻辑总是无可辩驳。简单的逻辑即可产生无可辩驳的陈述。因此，如果前提是"所有的狗皆是动物"，那么，因为"菲多是狗"，所以"菲多是动物"这一说法就无可辩驳。类似的严谨同样适用于道德推理。因此，如果一个叫 X 的人说"人类不应该折磨同类"，那么要想使结论无可辩驳，他就必须说"我不应该折磨人"。这种逻辑是绝对严谨的，没有例外。因此无论是谁，

---

① IAI, Dec. 16, 2020.

支持前一个言论却反对后一个言论都将被指虚伪，而且这一指控是合理的。

在理论上，西方谴责虚伪；在实践中，西方却常常沉迷于虚伪

在理论上，西方谴责虚伪；可悲的是，在实践中，西方却常常沉迷于虚伪。一些当代重大案例可以证实这一点。几十年前，美国国会通过立法，指示美国国务院发布世界上所有国家（美国除外）的年度人权报告。之后，美国国务院就煞费苦心地记录发生在其他国家的酷刑案例。[①] 例如，在关于斯里兰卡和突尼斯的人权报告中，美国国务院谴责这两个国家将"近乎淹溺"和"将头浸入水中"作为酷刑。按照道德推理的逻辑，美国这么做也是在宣称本国没有实施酷刑。

2001 年，"9·11"事件发生后，美国发起了一场全球行动，来打击制造恐怖袭击的伊斯兰极端恐怖主义分子。根据国际法，这一行动是正当的，联合国安理会的决议也赋予了这一行动以合法性。[②] 然而，美国在抓捕了一些恐怖分子嫌疑人之后，将他们带到关塔那摩监狱并对其实施了酷刑。这一做法明显标志着美国道德立场的转换，它从"禁止使用酷刑"转变成了"可以使用酷

---

① 根据 1961 年《对外援助法》，这些年度国家报告自 1977 年起一直在发布。

② UN Security Council, Security Council resolution 1373 (2001) [on threats to international peace and security caused by terrorist acts], 28 September 2001, S/RES/1373 (2001), available at: https://www.refworld.org/docid/3c4e94552a.html.

刑"。尽管美国从来没有在口头上说过，但从道德推理的逻辑出发，美国以更为有力的实际行动证明了这一点。

现代道德哲学最伟大的著作之一是英国哲学家 R. M. 黑尔的《道德语言》一书。（顺便一提，在二战中，日本攻下新加坡后，黑尔成了日本的战俘，曾在卫生纸上写作过这本书的一部分内容。）这本书开头部分的言辞铿锵有力："如果我们要问一个人，他的道德原则是什么，那么，最能确定正确答案的方式就是研究他的所作所为。"[1]

"可以使用酷刑吗？"

简言之，西方的道德推理是不容置疑的，并且不允许有任何例外，因此，当美国开始折磨人类时，它就是向世界宣告"可以使用酷刑"这一理念。既然这是美国的道德立场，那么美国国务院就应该停止发布"谴责"其他国家酷刑的年度报告，这才合乎逻辑，因为那么做显然是虚伪的。但令人惊讶的是，美国国务院并未停止发布报告。更令人惊讶的是，美国拥有世界上体量最大、实力最强的"道德产业"：从《纽约时报》与《华盛顿邮报》的社论到世界上最伟大的智库与大学的报告，在道德评判的产出上，任何国家都无法与美国匹敌。对于美国国务院发布人权报告这一公然的虚伪行为，这个庞大的"道德产业"系统本应该暴跳如雷，但事实上，没有人严厉谴责这一行为。美国国务院的年度报告继

---

[1]　Richard Mervyn Hare, *The Language of Morals*. No. 77, Oxford Paperbacks, 1991: 1.

续在《纽约时报》上被发表、报道和引用。如果苏格拉底本人还活着，那么他将做出一个在逻辑上无可辩驳的陈述：《纽约时报》助长了这些报告的虚伪之风。

除美国外，欧洲是世界第二大"道德产业"基地。在收到有关俄罗斯和伊朗等国实施"酷刑"的报告时，大多数欧洲国家政府会毫不犹豫地进行谴责。根据"禁止使用酷刑"这一说法产生的道德推理逻辑，当美国实施酷刑时，欧洲各国政府本应该立即予以谴责。但令人瞠目的是，到目前为止，还没有哪一个欧洲国家政府这样做过。这些国家的"道德产业"也没有要求其政府解释未能在逻辑上保持一致并谴责美国的原因。可见，欧洲国家也是虚伪至极。

更为重要的是，所有道德哲学家都强调，遵守道德原则最有力的证明是在境况艰难、需要牺牲的时候仍然坚定不移。举例来说，当欧洲各国政府谴责诸如津巴布韦的穆加贝或者委内瑞拉的乌戈·查韦斯的独裁统治时，它们可以放心大胆地谴责，因为不需要为正确的道德立场付出任何政治或经济代价。由于不需要付出代价，它们也就无从证明自己遵守了道德原则，这同时凸显出它们不对美国实施酷刑进行谴责之举。当谴责的代价很高（可能会遭到美国的报复）时，欧洲政府没有谴责美国，这正如黑尔所言，欧洲政府用自身行为表现出了真正的道德立场。当欧洲放弃谴责美国时，欧洲实际上是在告诉人们，其真实的道德立场是"可以使用酷刑"。

2021年是"9·11"事件的20周年纪念，也是主要西方国家道德扭曲的20周年。美国在遇袭后雷霆震怒，现如今，袭击已经过去了很久，所有西方国家政府（包括美国与欧盟）都应深刻反思它们对自己最珍视的道德原则的破坏。有一点很明确，酷刑是最令人发指的行为。实际上，在"9·11"事件发生前，所有西方国家之间已经达成了牢固的共识，即在任何情况下都不应实施酷刑。

告别虚伪

如果所有西方政府都能身体力行地遵守"禁止使用酷刑"这一强烈的道德声明，那么这个世界将变得更加美好。关塔那摩监狱应该被关闭。所有通过提供"非常规引渡"与美国共谋实施酷刑的欧洲政府，应该公开自己的所作所为，与酷刑划清界限，这样西方历史上这痛苦的一页才能翻篇。

说到底，西方最伟大的思想家们留下了无尽的哲学智慧，这是西方文明最伟大的力量之一。由于轻易地向酷刑低头，西方的地位和威望都受到了损害。遵循西方伟大的哲学家们流传下来的伟大原则，将有助于弥补这种伤害。西方的这个污点可以且应该被抹除。

特朗普、马克龙与自由主义的短板 ①

我们这个时代的一大悖论是，亿万富翁特朗普获得了美国工人阶级的支持，而中产阶级出身的马克龙却饱受法国底层民众的指责。造成这一矛盾现象的一个原因是现代社会过分强调个人自由，人们为此付出的代价是不平等现象加剧和物质生活水平下降。

特朗普当选是美国社会的灾难，而马克龙当选是法国社会的胜利，对于这一说法，西方自由派都表示赞同。但事实上，把上述论断掉转过来说不定才是正确的，哪怕这听起来并不符合主流认知。我们先要搞明白，人们为何会在巴黎而不是华盛顿特区参与街头暴力抗议。我亲身经历过巴黎的抗议活动，香榭丽舍大道上弥漫的催泪瓦斯的气味让我想起了 1964 年在新加坡经历的种族骚乱。为什么会发生"黄背心"抗议？因为对许多人来说，他们不相信马克龙会关心和理解他们的困境，至少最初是这样想的。

① *Project Syndicate*, Jan. 22, 2019.

法国总统正试图实施明智的宏观经济改革。增加柴油税的提议能够减少法国的预算赤字和减少二氧化碳排放。他本来希望通过改善财政状况来增强人们对法国经济的信心，增加投资，最终使处于社会底层的 50% 的人口受益。但要让民众愿意为了长期的利益而忍受短期的痛苦，领导人必须先获得民众的信任，而马克龙似乎已经失去了大多数底层民众对他的信任。

相比之下，特朗普则赢得了美国底层民众的信任与信心，至少赢得了其中白人群体的信任与信心。乍一看，这既奇怪又自相矛盾，因为从社会地位上说，与底层的 50% 民众相去甚远的是亿万富翁特朗普，而非中产阶级出身的马克龙。

然而，当美国总统特朗普攻击自由和保守的美国建制派时，他被视为在替囊中羞涩之人向精英阶层发泄愤怒，因为精英们忽视了这个人群的困境。因此，对占人口 50% 的底层民众而言，特朗普的当选可能是一种情感上的宣泄，这或许可以解释为何华盛顿或美国其他主要城市都没有出现街头抗议。

有很多事情值得这些美国人发火，最受关注的问题是贫富差距。新加坡国立大学柯成兴教授研究发现，美国是唯一一个底层民众的平均收入增长停滞甚至明显下降的主要发达国家。更令人震惊的是，1980 年占人口总数 1% 的顶层人口的平均收入是占人口总数一半的底层民众的 41 倍，这一数据到 2010 年则涨到了138 倍。美国的贫富差距急剧扩大，占人口总数一半的底层民众的经济利益被忽略了，这一问题的原因很复杂。

哈佛大学哲学家约翰·罗尔斯在 1971 年出版的《正义论》一书可以给我们提供部分答案。该书阐述了正义的两个原则：第一项原则强调每个人都"享有最广泛的自由的平等权利";第二项原则认为，社会和经济的不平等应加以调整，以便"每个人都能从中受益"。

不可否认的是，在理论和实践上，西方自由主义者都更加强调第一项原则，他们将个人自由放在了首位，对不平等基本不关心。他们认为，只要能进行选举，而且人们都能自由平等地投票，就足以确保社会稳定。因此，贫穷是个人能力不足导致的，而非社会条件造成的。

然而，在中国于2001年加入世界贸易组织后，发达经济体内部不可避免地出现了"创造性破坏"，导致数百万人失业。这些经济体的精英（无论是美国、法国还是其他国家的精英）都有义务帮助那些失业的人，但他们毫不关心。

传统的宏观经济理论仍然适用。特朗普在经济情况良好时扩大预算赤字的政策将在后期付出代价；法国人若能耐心等待，马克龙的经济政策终归会有回报，而且马克龙可能还会支持改革来解决不平等问题，但他显然失去了占人口一半的底层民众的信任，特朗普却恰恰相反。出于这个原因，自由派将怒火都集中在特朗普身上，这可能犯了一个战略错误。他们应扪心自问，为什么占人口一半的底层民众中大多数人会选择相信特朗普。自由派若能做到抱诚守真，便会承认，他们实际上已经辜负了占人口一半的底层民众的期望。

自由派要想击败特朗普，只有一条路可走：重新赢得特朗普票仓选民的信任。这就要求自由派调整社会结构，使占人口一半的底层民众从经济增长中获得的利益比占人口1%的富豪获得的利益更大。

理论上，要做到这一点轻而易举。然而，在实践中，主要既得利益者将会试图阻挠改革。摆在自由派面前的选择很明确：他们可以通过谴责特朗普来自我麻痹，也可以通过攻击促成他当选的精英群体来达成目标。如果自由派能够做到后者，那么特朗普当选将被未来的历史学家视为警钟，而马克龙当选只是制造了一种一切都很好的假象。

未来的历史学家可能会得出如下结论：最终，比起马克龙在法国当选，特朗普当选对美国社会更为有利。

民主政治还是金钱政治？美国的存在主义问题 ①

美国人为自己的民主政体感到自豪。但现实是，美国的政治制度已经逐渐变成金钱政治，这个国家现在"由极少数人拥有，被极少数人统治，为极少数人服务"。

美利坚合众国的民主制度仍在正常运转，还是在实际运行中已经被金钱政治取代？为何说这个问题很重要？因为美国未来将走向黑暗还是光明，将取决于它是民主政治还是金钱政治。事实上，这个问题很可能就是美国必须解决的最具有存在主义性质的问题。

民主政治与金钱政治的区别

让我们从头开始探寻答案。民主政治与金钱政治的实际区别是什么？在民主政治下，大众可以决定他们的未来，并且同样重要的是，工人阶级、中产阶级和富裕的精英在经济、社会与政治

---

① *Horizons*, Autumn, 2020.

制度层面拥有公平的竞争环境。此处，"公平的竞争环境"这一条件至关重要。许多美国人认为，他们的经济和政治制度创造了一个公平的竞争环境，使穷人和其他弱势群体也能够跻身社会顶层，这也是美国人不仇恨亿万富翁的原因。大多数美国人相信他们有均等的机会成为亿万富翁。因此，我们需要解决的第一个大问题就是：穷人和富人是否享有公平的竞争环境？

老实说，答案是否定的。今天，美国的工人阶级乃至中产阶级无法享有同富裕的精英一样的公平竞争环境，他们必须加倍努力才有可能取得成功。相比之下，富裕的精英在竞争中更容易胜出，因为环境对他们更有利。2019 年 6 月，爱德华·卢斯在《金融时报》上撰文指出，一项统计数据证明了这一点："研究表明，来自低收入家庭的八年级（14 岁）孩子的数学成绩排在前 15%，来自高收入家庭的孩子的数学成绩排在后 15%，但前者拿到的毕业文凭很可能不如后者。这与精英管理体制背道而驰。"

有充分的证据可以证明美国的竞争环境不再公平。《纽约时报》前专栏作家阿南德·吉里德哈拉达斯在 2018 年出版的著作《赢家通吃》(*Winners Take All*) 中极为详尽地记述了美国中产阶级的梦想是如何幻灭的。如他所言：

> 一个成功的社会是一台进步的机器。它吸取创新的原材料，产出广泛的人类进步，但美国这台机器坏掉了。近几十年来，进步的成果几乎全被幸运者攫取了。举例来说，自 1980 年以来，处于社会底层的那一半美国人的平均税前收入几乎没有增长，但处于金字塔塔尖 10% 的美国人的平均税前

收入翻了一番，处于塔尖 1% 的美国人的平均税前收入增长了不止 3 倍，而处于塔尖 0.001% 的美国人的平均税前收入增长了 7 倍多。这些熟悉的数字意味着，30 多年来，这个世界上发生的翻天覆地的变化没有对 1.17 亿美国人的平均收入产生任何影响。

吉里德哈拉达斯称，美国人民开始"感到"这个制度是不公平的。

因此，无论属于左派还是右派，数以百万计的美国人都有一个共同感受：有人在操纵制度针对他们……人们逐渐形成跨越意识形态的共识：现行体制已经崩溃，必须进行变革。

吉里德哈拉达斯是对的，要想创造一个公平的竞争环境，就必须变革社会体制。但社会体制是不会改变的。原因是什么？变革的障碍是什么？而且，若存在障碍，为何世界上最自由的媒体——美国媒体没有揭露这些障碍呢？这就是问题的复杂之处。要了解变革的障碍，我们还必须探索在政治上有争议的领域。

变革的主要障碍

变革的主要障碍是一个神话，历史上的一个例子将有助于我们理解这个障碍。几个世纪以来，欧洲农奴接受了封建制度，在封建领主的统治下，他们是二等公民（如果不是奴隶的话）。为何占人口大多数的农奴没有推翻占人口少数的封建领主的统治呢？这是因为统治者创造出了一个神话，使被统治者相信这一体制是公正的，领主的善良温和又对这个神话进行了强化。这种现象可以用一个术语来描述——虚假意识，这个哲学概念在政治上颇具争议。密歇根大学迪尔伯恩分校名誉校长、哲学教授丹尼尔·利特尔认为，虚假意识是一个源自马克思主义社会阶级理论的概念。下层阶级（工人、农民、农奴）会产生虚假意识，是因为他们对自己与周围的社会关系的心理表征模糊了这些关系所体现出的从属、剥削和压迫的事实。马克思认为，在阶级社会中出现的社会机制造成了下层阶级系统性的意识扭曲、错误和盲点。如果这些意识塑造机制不存在的话，那么占人口大多数的下层阶级会很快推翻他们的统治体系。

然而，即使当代美国人能够接受封建时代存在虚假意识这一观点，他们也会质疑这种意识是否会出现在现代美国社会，因为在现代美国社会中，世界上最自由、最独立的媒体，最好的大学，资金最充裕的智库以及开放和批判性调查的精神将揭露任何笼罩着美国社会的大"神话"。许多美国人都会坚信，在美国社会的开放环境中，任何神话都无法生存，只有事实才能生存。

说句公道话，许多美国作家都描述过美国社会中金钱政治展现出来的各个方面。除前文引用过的吉里德哈拉达斯，诺贝经济学奖得主约瑟夫·斯蒂格利茨和罗伯特·赖克等杰出的美国作者也揭露出美国社会日益加剧的不平等。2011 年 5 月，斯蒂格利茨在《名利场》上发表了一篇题为《由极少数人拥有，被极少数人统治，为极少数人服务》（Of the 1%, by the 1%, for the 1%）的精彩文章。他在文中指出，粉饰太平是徒劳的。现如今，顶层1%的美国人每年攫取全美收入的近1/4。就拥有的财富而言，顶层1%的人控制着全美40%的财富。25年前，这两个数字分别是12%和33%。这些年来，富人占有的财富份额大幅增长。

然而，这些文章大多强调美国社会中日益严重的"不平等"现象。如果只是"不平等"问题，那么幸运的是，这一问题还能够解决。由于美国拥有世界上最健全的民主制度，领导人由广大选民选出且为广大选民谋福利，因此任何"不平等"问题最终都能得到解决。简言之，美国如果出现了问题，是有解决办法的，那就是民主。

这就将我们引向了本文的核心论点。简言之，解决方案已然成了问题的一部分。虽然所有的民主程序都在运转，美国人依旧每2~4年（取决于选举的职位）通过投票选出领导人（理论上是会照顾他们利益的人），但所有这些程序带来的结果是，由选民选出的领导人关心的是1%的人的利益，而非剩下的99%的人的利益。

为何会出现这种情形？表面上仍是一个民主国家的美国，怎么会变成一个由富豪统治、只关心1%的人的利益的国家？（此处的1%是隐喻，实指从不公平的竞争环境中获益的极少数精英群体。）

一位伟大的美国人曾预言过美国的民主制度会被最富有的人绑架，他便是美国近代最伟大的政治哲学家约翰·罗尔斯。他曾警告说，"如果那些拥有更多私人收入的人可以利用自身的优势来掌控公共辩论的进程"，那么这将会产生以下腐败结果。

最终，这些不平等将使那些处于金字塔塔尖的人能够对立法施加更大的影响。他们可能会适时获得在社会问题上更大的决定权，至少在那些会使情况变得更加有利于他们的问题上是如此，并且这些人通常对这些问题保持意见一致。

过去几十年间发生的事情恰好证实了这一点：富人在"有利于他们获得更好的社会环境的问题上获得了更多决定权"。财富和政治权力已然从美国人口的大多数人手中转移到了享有特权的极少数人手中。

权力转移到极少数人手中产生的实际效果是，政治制度只关切极少数人的需求和利益。幸运的是，已经有确凿的、经过同行评议的学术研究证实了这一政治现实：普林斯顿大学的两位教授考证了普通美国公民是如何失去政治权力和影响力的。马丁·吉伦斯和本杰明·佩奇研究了 1 779 个案例，比较了普通美国人和群众性利益集团的观点与经济精英的观点对政策的影响。他们发现："代表商业利益的经济精英和团体对美国政府的政策有实质性的、独立的影响，而普通人和群众性利益集团的影响力很小或没有。当暂时排除经济精英的偏好和利益团体的立场时，普通美国人的偏好对公共政策产生的影响看起来极其微小，几近于零，在统计学上不显著。此外，经济精英的偏好（以其代表'富裕'公民的偏好来衡量）比普通公民的偏好更能影响政策变化。我们的研究结果表明，美国这个国家并不是由多数人统治的，至少在实际政策的制定上不是这样。"

他们得出了以下令人警醒的结论："美国人确实享有民主治

理的许多核心特征，如定期选举、言论和结社自由，以及广泛的选举权（尽管仍有争议）。但我们认为，如果政策的制定由强大的商业组织和少数美国富人主导，那么美国所谓的民主就正在受到严重的威胁。"

过去，美国广大的中产阶级在决定社会的基本发展方向上有着很大的话语权。但如今，他们失去了这种话语权，美国国会的决定不是由选民而是由资助者说了算。因此，美国的政治体制在功能上变得越来越不民主。在一个民主社会中，所有公民都拥有平等的话语权，而美国正相反，它越来越像一个由富豪统治的国家，少数富人拥有超过其人口比例的权力。

其他学术研究也证实了这些结论。2018年，哥伦比亚大学国际与公共事务学院的学者亚历山大·赫特尔-费尔南德斯、西达·斯考切波和贾森·斯克拉尔开展的一项研究进一步表明：自2005年左右开始，新成立的保守和进步捐款人财团，尤其是查尔斯·科赫和戴维·科赫兄弟创立的科赫研讨会与民主联盟，通过不断筹集和输送资金，用于选举和与各种政治组织合作，扩大了富有捐赠者的影响力。科赫研讨会允许捐赠被用于围绕"繁荣美国人协会"构建一个虚拟的第三政党。繁荣美国人协会是一个包罗万象的政治网络，不仅能在选举中支持共和党，而且能左右其候选人和公职人员在超自由市场政策方向上的偏好。富有的捐赠财团已经成功建立起基本的组织结构。当富豪集体将新的议程强加给寻求资金的政治组织时，这些资助者就是在重塑美国政治的惯例、目标和权力中心，这远远超出了特殊拨款预算产生的影响。

图1表明，富有的捐赠人每年在捐赠财团中筹集数亿美元用

于支持其政治利益。因此，作者得出结论："我们对科赫研讨会与民主联盟财团的分析表明，大量金钱通过某种机制而不是个人或企业捐赠渗透进选举和游说活动。要了解富人是如何重塑美国政治的，我们不仅要考察他们的选举活动和游说支出，还要看他们对涉及各种领域和各种职能的政治组织的联合投资。只有这样，我们才能说明研究人员所发现的政府响应能力明显不平等的原因。"

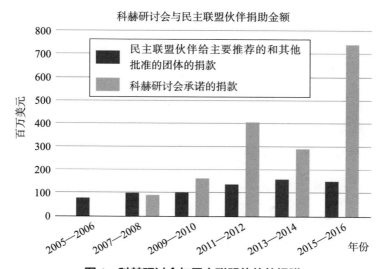

图1 科赫研讨会与民主联盟伙伴的捐赠

数据来源：2014年从民主联盟主席拉马切处获得的数据，还参考了民主联盟的信函数据；科赫研讨会的数据来自媒体报道。

那么，是什么引发了美国政治权力从广大民众向少数精英群体的大规模转移呢？这一问题将被政治学家和历史学家热议几十年。很明显，美国最高法院的一项开创性裁决产生了巨大的影响。在公民联合会诉联邦选举委员会案（2010年）这一里程碑式的案件和其他判例中，许多关于限制使用金钱影响政治进程的法律被推翻。

公共诚信中心的一份报告称："2010 年 1 月公布的对公民联合会的裁决，推翻了企业和工会不得独立出资资助竞选活动的禁令。这给企业和工会开了绿灯，允许它们不限量地将钱砸到广告和其他政治工具上，呼吁选民支持或反对某个候选人。"美国最高法院的这一裁决和其他类似判例影响甚大，实际上，它们正在改变美国的政治制度。马丁·沃尔夫断言："美国最高法院在 2010 年对公民联合会的不当裁决说明，公司就是掌权人，金钱就是话语权。事实证明，这是美国迈向金钱政治的一大步。"

如今，马丁·沃尔夫是世界上最具影响力的专栏作家之一，他还表示自己非常亲美。沃尔夫在 2018 年的一篇专栏文章中写道："美国不仅仅是一个大国，它体现了民主、自由与法治，这使得（我父亲）非常亲美，我则继承了父亲的这种态度。"美国是一个开放的社会。因此，当马丁·沃尔夫和约瑟夫·斯蒂格利茨这类人物开始发声，称美国已成为一个"金钱政治国家"时，出现一场盛大的公开辩论才合乎逻辑，以辩论这一说法是否属实。

然而，事实恰恰相反。马丁·沃尔夫的言论被湮没了。在美国，使用"金钱政治"一词的心理阻力很大。像《纽约时报》和《华盛顿邮报》这样的主流报纸、理查德·科恩和保罗·克鲁格曼这样的重要专栏作家都不采用这个说法，而且，像西蒙·沙玛这样著名的历史学家也未曾提到金钱政治。当然，没有一个美国政治家会使用这一词汇。

那么，名称究竟蕴含着什么？莎士比亚曾说过一句名言："纵使以其他名字命名玫瑰，它也会芳香依旧。"但有时，我会对此表示怀疑，若"玫瑰"的名字被改成"臭鼬花"，当我们接近这种植物时，我们可能就会变得小心翼翼。因此，名字的选择会造成很大的不同。正如哲学家路德维希·维特根斯坦所说："我在语言上的极限就意味着我个人世界的极限。"

在美国，一个可悲的现实是，从实际运作上来看，美国无疑已经从民主政治（民有、民治、民享的政府）转变为金钱政治（"由极少数人拥有，被极少数人统治，为极少数人服务"的政府）。然而，这一政治现实尽管是无法否认的，但也是不能被捅破的。

公正的不平等与不公正的不平等

拒绝承认美国的政治是金钱政治所带来的真正危险是什么？这将带来一系列危险！首先，它延续了美国社会拥有"公平的竞争环境"的神话——人人都有机会取得成功。因此，如果一个人失败了，那是因为他的个人缺陷，而非社会环境不好。其次，通过拒绝将美国称为一个金钱政治国家，公正的不平等与不公正的不平等之间的根本区别浮现在了表面。

"公正的不平等"听起来似乎是个矛盾的说法。然而，约翰·罗尔斯强调了公正的不平等与不公正的不平等之间的差异。他认为不平等并非问题所在，根本问题在于：不平等的加剧导致底层民众的生活改善了，还是恶化了？他清楚而明确地指出："当且仅当富裕人群的期望成为提高弱势群体期望的方案的一部分时，不平等才是公正的。"

说明公正的不平等与不公正的不平等之间区别的最佳办法是通过具体例子来进行比较。美国和中国的不平等程度大致相当。据最新估计，美国的基尼系数为 0.41，中国的为 0.39，二者之间差别不大。然而，在美国和中国，底层 50% 民众的生存状况却大相径庭。正如我在新加坡国立大学的同事柯成兴教授所考证的，在 1980—2010 年的 30 年间，美国是唯一一个占人口总数 50% 的底层民众的平均收入下降的主要发达国家。相比之下，中国底层 50% 人口的生活水平近几十年来得到了极大的提高。事实上，中国在过去 40 年里取得的经济社会进步在过去 5 000 年历史中可谓绝无仅有。

此处谈论的不仅仅是经济上的失败与成功。这些经济上的成败对民众的心理及社会福利状况也产生了深远的影响。普林斯顿大学的两位经济学家——安妮·凯斯和安格斯·迪顿的记述表明，在美国，这种收入增长停滞给民众带来了许多痛苦。美国的白人工人阶级曾怀抱着过上更好生活的美国梦。如今，正如凯斯所言，现实和梦想之间横亘着"绝望之海"。她和迪顿得出结论："最终，我们的研究表明，受过高中教育的白人工人阶级在 20 世纪 70 年代初的全盛时期过后就陷入了衰落，社会病也伴随着这种衰落而产生。"认真研究凯斯和迪顿的记录，我们就会发现糟糕的经济前景是如何"随着时间的推移，又伴随着家庭功能失调、社会隔绝、吸毒成瘾、肥胖和其他社会病而加剧的"。

在中国，情况几乎恰恰相反。斯坦福大学的美籍华裔心理学研究员范琼在 2019 年访问中国后表示："中国正在以一种深刻而内在的方式发生着变化，而且变得很快，如果不亲眼看看，这种变化真是让人难以理解。中国的文化、自我观念和士气正在迅速转变——大多朝着好的方向转变，这与美国的停滞不前形成了鲜明的对比。"

对于前述中美两国不同的社会状况，有人振振有词地反驳道：美国人民仍然过得更好，因为他们享有自由；中国人民却没有自由。不可否认的是，美国人民确实享有政治自由。然而，一个美国社会底层的公民也更有可能失去人身自由、锒铛入狱，这也是不争的事实。在美国，被监禁的可能性（如果一个人属于10%的底层人口，尤其是黑人）至少比在中国大5倍。美国有占人口总数0.655%的人（约212万人）进了监狱，而中国只有占人口总数0.118%的人（约165万人）进了监狱。2019年的一项研究试图搞清楚美国哪个种族的人的家庭成员在监狱服刑的比例最高。结果显示，所有美国人的平均值是45%，其中白人为42%，西班牙语裔为48%，黑人为63%。

金钱政治带来了危险，任何质疑此点的美国人都应该停下来反思一下这些数字。让我们重复一下这个数字：45%的美国人有家人在监狱里服刑。入狱比例如此之高，并非因为美国人具有易于犯罪的心理特征，而是因为占总人口50%的底层民众的社会经济状况不断恶化。

如果美国的政治制度正面临着一场明显的危机，那么为何美国社会未能就哪里出了问题达成共识呢？想必世界上最好的报纸与大学，以及大学中最有名的学生与教授，应该能够就美国社会面临的真正问题达成明确的共识吧？

2020年发生的事情可以帮助我们理解为何美国社会没有达

成共识。自由派的精英将注意力集中在特朗普的连任上。他们认为，特朗普的再次当选将是一场灾难。他们还相信，如果拜登获胜，美国的许多问题都将迎刃而解。我也希望拜登获胜。然而，即使他获胜，导致美国金钱政治不断发展的系统性问题也不会消失，金钱的力量仍将主导着政治制度。

如果有人对此持怀疑态度，那么，托马斯·皮凯蒂、伊曼纽尔·赛斯和加布里埃尔·祖克曼 2018 年在《经济学季刊》上发表的一份重要研究报告非常清楚地证实了这一点。他们的数据显示，占人口总数一半的底层民众的收入增长与其他阶层之间存在着巨大差异。自 1980 年以来，底层 50% 民众的平均税前收入停滞在每个成年人 16 000 美元左右（使用国民收入物价折算指数，换算成 2014 年的美元定值）；而在 2014 年，全美的平均国民收入比 1980 年增长了 60%，达到每个成年人 64 500 美元。这使得底层 50% 民众的收入占全体国民收入的比例从 1980 年的约 20% 锐减至 2014 年的 12%；同期，金字塔塔尖 1% 的人的平均税前收入从 42 万美元上升到了 130 万美元左右，其收入占全体国民收入的比例从 20 世纪 80 年代初的 12% 上升到了 2014 年的 20%。两个群体的收入份额比例发生了互换，国民收入的 8 个百分点从底层民众手中转移到了金字塔塔尖 1% 的人手中。现在，金字塔塔尖 1% 的人的收入份额几乎是底层民众所占份额的两倍，而底层民众人口是塔尖 1% 群体的 50 倍。1980 年，顶层 1% 的成年人的税前平均收入是底层民众的 27 倍，现在则是 81 倍。

我们可以从两个角度来分析这种差距。出现这一差距可能是因为顶层 1% 的美国人越来越聪明，而底层 50% 的美国人越来越不聪明；或者，可能是因为美国已成为一个由富豪统治的国家，人们不再拥有公平的竞争环境。所有的证据皆指向后一条结论。许多美国人感觉到现行体制已不再对他们有利。

不断恶化的社会经济状况意味着人们将遭受痛苦，2020 年 9 月发布的最新社会进步指数说明了这一点。令人惊讶的是，在全球 163 个被评估的国家中，美国、巴西和匈牙利是仅有的三个人民生活状况恶化的国家。该指数搜集了几个衡量幸福的指标，包括营养、安全、自由、环境、健康、教育等，以衡量一个国家居民的生活质量。美国的世界排名从第 19 位降到了第 28 位。参照上述结果，《纽约时报》专栏作家纪思道证实了"日益加剧的痛苦和绝望"与生活质量不断恶化之间的关系。纪思道描述了在当年与他同乘一辆校车上学的孩子中，现如今有约 1/4 是如何死于毒品、酒精和自杀的，这相当令人震惊。他的个人经历佐证了凯斯和迪顿所描述的白人工人阶级已经陷入"绝望之海"。

金钱暴政

显而易见的是，美国社会的根本支柱出现了问题。许多美国人也开始意识到现行体制不是为他们服务的。芝加哥大学经济学家马尔温·佐尼斯在一篇文章中写道："美国的政治体制正面临着合法性危机。"美国人民对其主要制度体系的信心一直在下降，对美国总统制的信心从 1975 年的 52% 下降到了 2018 年的 37%，对美国国会制度的信心更是从 1973 年的 42% 锐减至 2018 年的 11%。佐尼斯对信心下降给出的解释是可信的，他说道："民众对我们的制度体系越来越缺乏信任和信心，核心因素是他们认识到美国的民主制度背离了制度创立者的初心和宪法的规定，金钱已经成为美国政治生活中的关键。"

他用的关键词是"金钱"。如果金钱能够左右政治选举的结果，那就意味着这个国家已然变成了"由富豪统治的国家"。佐尼斯考证，美国总统选举年的花费已经从 2010 年的 30 亿美元增加到了 2016 年的 65 亿美元，他提醒道："那些提供了数十亿美元的资助者期待着自己的投资能够有所回报——他们通常也都能够得到回报。国会在枪支立法、食糖补贴、对以色列政策、药物定价及其他无数问题上的行动，都由竞选资金提供者推动，而不是反映普通选民乃至国会议员的政治意愿。"

请认真重读上一段话。这段话清楚地表明，美国国会的决议是由"大额竞选资金的捐助者"来决定的，而非反映"普通选民的政治意愿"，这一观察结果佐证了吉伦斯和佩奇先前的结论。简言之，美国实际上已经成为一个由富豪统治的国家，这一点毫无疑问。然而，同样需要注意的是，佐尼斯在他的文章中从未用过"金钱政治"一词。

否认事实

有一句古老的格言：我们必须直言不讳。同样，人们必须说出金钱政治的真相，而拒绝这样做引发了美国社会所面临的关键问题。美国实际上已经成为一个金钱政治国家，若美国拒绝接受这一事实，那么它如何能够应对这一挑战呢？若患者拒绝接受治疗，那么没有肿瘤科医生能够治愈癌症病人。同样，若美国仍旧否认金钱政治的存在，那么它将始终无法解决这一问题。

这一切意味着两种可能的结果。第一种结果是一场反对华盛顿建制派的革命。工人阶级在 2016 年选举特朗普为总统时可能就是这么想的，尽管他们的初衷与特朗普后来的施政相矛盾。他们希望选举出一位不属于建制派且能够动摇建制派统治的总统。希拉里在 2016 年竞选时称特朗普的支持者是"一篮子人渣"，这说明她与华盛顿建制派都不明白广大美国民众试图传达的诉求。不幸的是，特朗普当选了，工人阶级将选票投给了一个富豪。在任期内，特朗普做着符合富豪利益的事，他再次为富人减了税，但占人口半数的底层民众的境遇并未得到改善。

第二种可能的结果是启蒙的到来。在某个时刻，美国金字塔塔尖 1% 的富人必须意识到，如果他们只想保护自己在美国的大部分财富，而不是努力改善占人口半数的穷人的状况，他们最终只会破坏美国的社会制度——正是这种制度使他们成为富豪。

幸运的是，许多美国富人已经开始意识到这一点了，瑞·达利欧就是其中一位。他经营着世界上最大、最成功的对冲基金，通过严格的实证研究获得了成功。现在，达利欧将这一研究方法用于理解美国的贫困和不平等。他在自己的领英页面上详细说明了大多数美国人的生活水平急剧下降，并指出，"处于底层的 60% 的人口中，大多数是穷人"，他还引用了美国联邦储备委员会最近的一项研究，"如果遇到急需用钱的情景，40% 的美国人连 400 美元都筹措不到"。更糟糕的是，达利欧指出，"他们在贫困里越陷越深……能用 10 年时间从底层的 1/5 跃入中等或更高阶层的人越来越少，从 1990 年的 23% 下降到了 2011 年的 14%"。

反映美国社会状况恶化的数据无可辩驳。人们不再相信在美国通过努力工作就能获得回报。对大多数人来说，回报已然枯竭。"善有善报"这一陈词滥调显得可憎且令人怀疑。

向前迈进的艰难五步

20 世纪 50 年代和 60 年代，随着美国经济的增长，广大民众的收入及生活水平也得到了提升，然而，即使包括达利欧在内的金字塔塔尖 1% 的美国人希望社会回到这样的状态，他们又该怎么做呢？有没有一个神奇的按钮可以按下去？有没有一个简单的高招儿可以解决金钱政治的问题？可悲的是，针对这一问题并无简单的解决办法，所有的解决办法都会带来阵痛。本文最后将提出一些具体的解决办法。第一步是推翻美国最高法院对公民联合会的裁决。正如马丁·沃尔夫所说，这一裁决是美国滑向金钱政治的开端。

第二步是效仿欧盟民主国家，严格限制用于选举的金钱数额。幸运的是，美国人民也希望能够限制金钱的影响。皮尤研究所在 2018 年的一项调查中发现："绝大多数（77%）的人支持限制个人与组织在竞选和提案上的开支。65% 的美国人表示，希望新法律可以有效地减少金钱对政治的影响。"

第三步是从根本上改变美国的意识形态。美国的意识形态应该恢复到开国元勋所创建的基础上来。美国的开国元勋都是启蒙运动时期伟大的欧洲哲学家（包括约翰·洛克和孟德斯鸠）的信徒，他们强调自由和平等，正如前文中提到的罗尔斯一样。然而，从里根开始，美国近代的政治家却只强调了自由，忽视了同样重要的平等。

第四步是承认仅凭市场的力量不能为所有美国人创造一个公平的竞争环境。政府必须进行干预，以纠正一些重大的社会和经济不平等问题。因此，美国人应该公开宣称，里根总统所谓"政府不是解决问题的办法，政府才是问题所在"的说法是完全错误的。相反，美国人应汲取诺贝尔经济学奖得主阿马蒂亚·森的智慧，他曾说，社会要进步，需要自由市场"看不见的手"与政府"看得见的手"共同发挥作用。然而，近几十年来，尤其是自里根-撒切尔革命以来，美国人从未使用过"看得见的手"。

第五步是美国政府应宣布，美国社会的主要目标是从社会进步指数排行榜的第28位上升到第1位。因此，美国应将数万亿美元用于改善民众的生活条件这一衡量社会进步指数的重要指标，而非试图成为头号军事强国（并在不必要的战争上浪费数万亿美元）。

归根结底，解决方案是存在的，而且是可行的。但只有当美国人承认问题存在时，这些解决方案才能奏效。而问题本身，简言之，即金钱政治。

美国能摆脱金钱政治吗①

> 解决问题的第一步是承认问题的存在。美国要想摆脱金钱政治，必须先反思金钱对美国政治无处不在的影响力。

纵观人类历史，智者们都曾警告过金钱政治的危险。柏拉图在《理想国》中借苏格拉底之语警告道，以财富为标准来挑选船长是危险的。西奥多·罗斯福也曾警告道："在所有形式的暴政中，最不引人注意、最粗野的暴政便是纯粹的财富暴政，即金钱政治的暴政。"然而，正如诺贝尔经济学奖得主约瑟夫·斯蒂格利茨所言，尽管这些警告言犹在耳，但出于实用目的，美国仍然从一个民主国家转变成了一个由富豪统治的国家，美国政府也偏离了民有、民治、民享的初衷，变成了"由极少数人拥有，被极少数人统治，为极少数人服务"的政府。

大量证据可以证实这一点。富人攫取了大部分的新增财富。《纽约时报》前专栏作家阿南德·吉里德哈拉达斯观察到，从

---

① *The Diplomat*, Sep. 28, 2020.

1980 年以来的收入增长看，美国占人口一半的底层民众的平均税前收入几乎没有变化，但占人口 1% 的富人的收入增长了 3 倍多，占人口 0.001% 的富人的收入竟增长了 7 倍多。富人却并不满足于攫取更多的财富，他们还想掌权。来自普林斯顿大学的两位政治学家吉伦斯和佩奇，详细讲述了美国的选举是如何维护富人而非普通选民的利益的。他们得出了一个可悲的结论："我们的研究结果表明，美国这个国家并不是由多数人统治的——至少在实际政策的制定上不是这样。"

那 1% 的人是如何在美国攫取更大的政治和经济控制权的呢？答案很复杂。这要追溯到里根总统的言论，他曾说："政府不是解决问题的办法，政府才是问题所在。"在大多数国家，尤其是在欧洲国家，政府在平衡市场力量和确保所有公民拥有公平的竞争环境方面发挥着关键作用。政府力量的削弱导致美国也被剥夺了机会的平等性。正如爱德华·卢斯所言："研究表明，来自低收入家庭的八年级（14 岁）孩子的数学成绩排在前 15%，来自高收入家庭的孩子的数学成绩排在后 15%，但前者拿到的毕业文凭很可能不如后者。这与精英管理体制背道而驰。"

2010 年 1 月，美国最高法院对公民联合会诉讼案件的裁决极大地加强了金钱对美国政治选举的影响。这给那些富人开了绿灯，允许他们在广告及其他政治工具上肆意挥金，以确保与自身利益攸关的候选人当选。马丁·沃尔夫评价道："美国最高法院在 2010 年对公民联合会的不当裁决说明，公司就是掌权人，金钱就是话语权。事实证明，这是美国迈向金钱政治的一大步。"

2 400 年前，雅典的苏格拉底曾警告称，那些选择富人掌握统治权的城市的前程将很糟糕。这正是在美国发生的事。最新的社会进步指数从多个方面衡量了各国人民的幸福感，结果表明美国是唯一一个人们的幸福感在许多领域皆有所降低的主要发达国家。美国的排名从2011年的第19位滑落到了2020年的第28位。纪思道认为，幸福感的下降与"绝望的死亡"有关，他伤感地评价道，在当年与他同乘一辆校车上学的孩子中，现如今有约1/4死于毒品、酒精和自杀。普林斯顿大学的两位经济学家——安妮·凯斯和安格斯·迪顿的研究也表明，美国工人阶级正生活在"绝望之海"里。

如今，美国社会所面临的问题是它能否逃脱金钱政治的魔爪。对于这些令人痛苦的问题，唯一残酷而真诚的答案是否定的。为什么呢？因为要想解决一个问题，首先得承认问题存在。目前，尽管美国拥有世界上最自由、最独立的媒体，但没有一家主流报纸承认美国是由富豪统治的国家，美国那些世界一流的大学也没有揭示这一真相。美国人推崇直言不讳。然而，要是哪个主流政治家敢说出这一事实，他就无异于政治自杀。没有医生能够治愈一个不愿意服用苦口良药的病人。

为了摆脱金钱政治，美国必须给自己开一剂苦药。美国最高法院对公民联合会的裁决必须被推翻。与欧洲民主国家一样，美国必须严格限制选举中金钱的使用。里根–撒切尔革命所造成的后果也必须扭转过来，各界需要达成坚实的共识："政府是解决民众问题的方法，而非问题所在。"要想使政府成为解决之道，就必须提高高级政府官员的薪酬和威望。哈佛大学与耶鲁大学的顶尖毕业生应立志成为政府的一员，而非进入高盛集团或大通银行。但可悲的是，这些都不会实现，美国仍将是一个由富豪统治的国家。

美国国会山沦陷事件与西方新冠肺炎死亡率之间有何关联 [①]

哲学概念有助于我们理解关键历史时刻。发生在美国的国会山沦陷事件与西方的新冠肺炎疫情死亡率彰显出东西方社会对"权利"和"责任"平衡的不同认知。

我们会面临许多社会和政治问题，根本原因是未能理解关键哲学概念的真正含义。

写下这些话时我颇为得意。1971 年，我从新加坡大学毕业，获得了哲学文学学士学位，当时我的一些朋友和家人私下里认为我浪费 4 年青春学习了一堆无用的知识。

然而，正如最近的事态发展所表明的那样，未能理解关键的哲学概念会给人类带来极大的苦难以及社会和政治动荡。

历史学家将在未来数十年乃至数百年内对近来发生的两起令人惊讶的负面事件进行研究。第一起是世界上最先进的国家，尤

---

① *The Straits Times*, Feb. 2, 2021.

其是美国和一些欧盟成员国，在降低新冠肺炎死亡率方面显而易见的失败。第二起是 2021 年 1 月 6 日的美国国会山沦陷事件。这两起事件都是孤立地理解关键哲学概念的结果。

先进的西方国家与东亚地区在新冠肺炎死亡率上存在着巨大的差异，对此未来的历史学家定会大为震惊。差距真不是一般的大。

社会差距

是什么原因导致了新冠肺炎死亡率的巨大差距？答案很复杂。然而，一个根本原因是西方社会坚持强调"权利"的重要性，而亚洲社会同时强调"权利与责任"的重要性。

许多西方国家新冠肺炎死亡率高的原因之一是，市民只坚持不戴口罩的"权利"，却从未意识到他们也肩负着戴口罩挽救同胞生命的"责任"。幸运的是，在大多数亚洲国家，人们更愿意承担这种责任。这就是基本的哲学假设对于社会福祉如此重要的原因。

通过亲身经历，我了解到，许多西方国家都不愿意对"权利"和"责任"予以同等重视。1998 年，联合国举行了一次特别会议，纪念《世界人权宣言》通过 50 周年。

《世界人权宣言》十分动人和鼓舞人心。作为人类，我们应当尊崇并珍视这一宣言。该宣言于 1948 年经联合国大会通过，自那以后，全世界的人权标准都得到了极大的改善，举例来说，心理学家史蒂芬·平克在其著作《当下的启蒙》（*Enlightenment*

Now）第 15 章中对此有详细的记载。

强调责任

几个世纪以来，西方和亚洲的哲学家不光重视"权利"，也都强调了"责任"的同等重要性。经济学家兼哲学家弗里德里希·哈耶克在《自由秩序原理》（*The Constitution of Liberty*）一书中指出，"自由与责任是密不可分的"。

哲学家兼大屠杀幸存者维克多·弗兰克尔说："然而，自由并非全部。自由只是人生的一部分，是真理的一半。自由只是事物的消极方面，责任才是事物的积极方面。实际上，如果没有责任，自由就可能沦为肆意妄为。因此，我才会建议在西海岸树立一座'责任女神像'，以呼应东海岸的'自由女神像'。"

幸运的是，以传奇人物、德国前总理赫尔穆特·施密特为首的许多重要政治家决定起草一份《世界人类责任宣言》，它与《世界人权宣言》并行不悖。施密特先生的确起草了这样一份宣言，并得到了其他几位政治家的认可，包括澳大利亚前总理马尔科姆·弗雷泽、新加坡前总理李光耀、加拿大前总理皮埃尔·特鲁多、苏联前领导人米哈伊尔·戈尔巴乔夫等人。

施密特先生的宣言起草于 1997 年。发起《世界人类责任宣言》的绝佳机会是在联合国庆祝《世界人权宣言》发表 50 周年之际。由于西方笃信言论自由和公开辩论，我以为西方政府和非政府组织将支持对施密特的倡议展开自由公开的讨论。事实恰恰相反，它们强烈压制所有针对该文件的讨论。这一切，都是我亲眼所见。

对责任讨论的压制已经过去 20 多年了，现在是时候让西方摆脱其只强调权利却不重视责任的普遍意识形态了。这样的转变可以挽救生命。实际上，许多因新冠肺炎丧生的人本可以活下来。

第二起令人震惊的事件是 2021 年 1 月美国国会大厦发生的袭击。那天，引发白人至上主义者愤怒的根本原因是什么？一个明确的答案是，美国白人工人阶级已经陷入"绝望之海"——诺贝尔经济学奖得主安格斯·迪顿和他的妻子、经济学家安妮·凯斯在二人的著作《美国怎么了：绝望的死亡与资本主义的未来》（*Deaths of Despair and the Future of Capitalism*）中明确地记录了这一点。

这种绝望情绪也是对一些关键哲学概念缺乏理解导致的。例如，在美国，大多数政治家和专家只强调"自由"的重要性，而哲学家一直采用的说法是"自由与平等"。

美国哲学家约翰·罗尔斯提供了最好的证明。在其经典著作《正义论》中，他强调，正义的两个原则是相辅相成的。第一个原则强调个人自由；第二个原则强调，由"最广泛的基本自由"引发的任何不平等必须有助于营造一个"每个人都能从中受益"的社会。

严格的平等主义要求对全体社会成员进行平等的物质分配，不同于此的是，罗尔斯博士提出的原则允许出现不平等现象，只要它有助于改善底层 10% 的民众的生活。

这正是美国社会 20 世纪 50—70 年代的写照。然而，从 20 世纪 80 年代开始，占人口 10%（实际上是 50%）的底层民众的收入和生活水平停滞不前，甚至下降。这导致了"绝望之海"的出现，这种绝望是忽视关键哲学概念的后果。这种"绝望之海"转而为特朗普赢得了 7 400 万张选票，而当他输掉选举时，这又挑起了对美国国会大厦的暴力袭击。

简言之，当我们看到一个国家陷入困境时，我们不应只关注事件本身，而应该深入研究并尝试发现其根本的结构性原因。

这样一来，我们通常就会发现，这些结构性原因之所以会出现，就是因为人们对关键哲学概念之间直接和必要的关联缺乏了解，例如权利与责任、自由与平等。

特朗普在中国问题上是对还是错?
拜登的回答将塑造未来 ①

在特朗普应该与中国对抗这一问题上,华盛顿达成了共识,哪怕他们现在承认特朗普的对华政策是失败的。在特朗普治下4年,中美关系不断下行,拜登政府需要认真反思美国与中国打交道的方法。

在制定对华政策时,拜登政府需要考虑的最重要的问题其实很简单:特朗普在中国问题上是对还是错? 眼下,美国存在着一个压倒性的共识:即使特朗普在其他方面都做错了,他在中国问题上也是对的。事实上,特朗普唯一获得两党支持的政策就是他的对华政策,就连南希·佩洛西和查尔斯·舒默等资深民主党人士都对他的对华政策表示赞扬。因此,拜登政府很可能延续特朗普对华政策中的许多要素,如果此事成真,那么美国将走向灾难。

本文的目标很简单:建议拜登政府停下来,首先对中美关系

① *Global Asia*, Mar. 2021.

进行客观冷静的分析，其次制定出一个连贯的、可信的、全面的对华长期战略。因为目前，美国缺乏真正的对华战略。亨利·基辛格亲自向我证实了这一点。缺乏冷静的分析和客观的战略预判实际上意味着美国的对华政策从一种错觉转向了另一种错觉：从奥巴马/克林顿时代认为美国的对华接触将使中国变为自由民主国家，到特朗普/蓬佩奥政府认为美国对华施压将导致中国共产党垮台。从一个极端走向另一个极端，而非选择现实主义的中间路线，这终将导致美国的对华政策走向失败。

然而，从某种意义上说，特朗普政府确实是"正确的"。在2008年全球金融危机爆发后，中国的外交政策变得自信起来，而当时西方看起来很软弱。因此，对中国的怨恨，包括美国商界的主要选民对中国的怨恨，一直在美国累积着。当特朗普政府猛烈地抨击中国时，这就为这些人提供了一个良好的宣泄渠道。中国也能够注意到，当特朗普政府掀起猛烈的反华浪潮时，美国的主要意见领袖中没有人为中国说话。

承认残酷的现实

但宣泄完毕之后，美国的政策制定者必须重回理性。特朗普的对华政策到底使美国得到了什么？他的政策提升了美国在世界上的地位吗？还是其政策大大削弱了中国，导致绝大多数国家逐渐孤立中国？答案显然都是否定的。事实上，特朗普政府的对华政策既没有对中国造成实质性伤害，也未能阻止中国与世界其他地区建立日益密切的贸易和经济联系，反倒损害了美国自身的利益。因此，本文的论点非常简单：拜登政府如果延续特朗普政府的对华政策，只会导致美国的衰弱、中国的强大，以及世界上更多国家与中国而非美国建立更多实质性联系。

特朗普对华政策失败的原因很简单：这些政策并非基于对中国这个对手的现实评估。要想评估中国，拜登政府可以采取一个简便易行的办法。有60多亿人生活在美国和中国之外，如果美国能够明智地表现出"对人类意见的得体的尊重"，那么它会从其他国家对中国的看法中借鉴到什么？

第一，没有人会同意特朗普政府认为"中国共产党会覆灭"的观点。相反，人们会认同哈佛大学肯尼迪政治学院做出的深思熟虑的评估，即14亿中国人对中国共产党的支持率从2003年的86.1%上升到了2016年的93.1%。第二，更重要的是，没有人会认为中国在输出共产主义理念、破坏民主。许多美国人肆意叫嚣着中国共产党是美国民主的威胁。那么，为什么世界上两个大型民主国家——印度和印度尼西亚，甚至欧洲的民主国家，都没有把中国共产党看作对自身的威胁呢？地缘政治预判中最大的错误就是让意识形态战胜了对现实的分析。第三，世界上大多数严肃的领导人都认为习近平主席是一位富有能力、称职、具有建设性的领导人。西方对习近平主席的妖魔化，尤其是在盎格鲁-撒克逊国家的媒体上对其进行妖魔化，向来都有百害而无一利，因为这将导致美国低估他。不可否认的是，美国领导人面对的是一位深思熟虑的战略领导者，他正在进行着仔细的长期谋划。相比之下，特朗普政府种种哗众取宠的举动，不仅没有伤害到中国，反而使美国成了受害者。值得注意的是，尽管特朗普在美国国内因抨击中国而受到赞扬，但没有一个大国支持他的对华政策，因为它们可以预见这些政策将会失败。

如果上述分析是正确的（事实证明确实是正确的），那么拜登政府需要采取的第一个重要举措就是承认特朗普的对华政策已经失败。鉴于华盛顿强烈的反华政治环境，公开承认失败也许并不明智。然而，在内部，拜登政府必须在深思熟虑后就这一事实达成共识。有了这一共识，拜登政府接下来应该重新制定对华政策，具体来看，新政策可以分5步走。

第一步，按下中美地缘政治竞争的"暂停键"。为何要这么做？原因有二。如果拜登政府能够这么做，那么全世界都会为之欢呼，因为大多数国家都希望先集中精力来应对眼前的挑战，比如新冠肺炎疫情。此外，这一"暂停"将为拜登政府赢得时间来扭转特朗普制定的一些尚未生效的政策，例如对中国加征的关税和出口限制。这些措施显然是为了削弱中国经济，但真的削弱了吗？数据表明并没有。美国决策者应该反思下面这一组关键统计数据。2009年，中国零售商品的市场规模为1.8万亿美元，而美国为4万亿美元，美国是中国的2倍多。但到了2019年（特朗普发起贸易战三年后），中国的市场规模为6万亿美元，增长至原来的3倍多，而美国的市场规模仅增至5.5万亿美元，增长不到原来的1.5倍。关于这场贸易战，美籍印度裔记者、时事评论家法里德·扎卡利亚观察道："拜登阵营认为特朗普与中国的贸易战完全是一场灾难，让美国人失去了金钱和就业机会。拜登在2020年8月接受采访时被问及是否会保留特朗普制定的关税措施，他的回答是'不会'，并对特朗普的对华政策进行了全盘批评。但目前特朗普的政策没有一项被推翻，一切都还'有待观察'。"拜登说贸易战是一场灾难是正确的。因此，理性的回应是阻止这场灾难。

第二步，在"暂停"中美地缘政治竞争期间，拜登政府需要对特朗普的措施做一个现实的评估，以弄清楚他的哪些行动可能在无意中使中国变得更加强大。由于美国缺乏对中国的战略，特朗普政府选择了发动并不可靠的贸易战，更有甚者，让加拿大当局代表美国政府逮捕了孟晚舟——中国电信巨头华为公司创始人之女、该公司首席财务官，但这一系列行动反而有效地巩固了习近平主席在中国的地位。孟晚舟被捕强化了中国人民对政权的拥护，因为它勾起了中国人对曾经遭受的"百年屈辱"的回忆，当时西方法律在中国领土上横行。许多中国领导人一定在想：如果我的女儿也被美国拘留了会怎么样？

对于是否应该释放孟晚舟，许多美国人可能会犹豫不决。美国人相信法治。任何违犯美国法律的人都应该受到惩罚。这一点我同意。但孟晚舟女士在美国领土上并没有犯罪。事实上，她并没有违犯任何美国法律。她是因美国法律对伊朗的"治外法权"而被捕的，而美国通常会对这种域外法治做出豁免。拜登政府应该暗示加拿大政府释放孟晚舟。[①] 这样做才符合美国的国家利益。这就是地缘政治的精明之处。

拜登政府必须采取的第三步，也是最困难的一步，是对其战略对手的真正优势和劣势有一个现实的认知。诚然，在任何战略

---

① 2021年9月25日，孟晚舟乘坐中国政府包机返回祖国。——编者注

竞争中，这都是最重要的一步，正如中国春秋时期著名的军事家孙武所言："知彼知己，百战不殆。"对美国来说，这里的"知彼"就是指"知中国"。

在试图了解中国时，拜登政府应该牢记美国最伟大的战略思想家之一乔治·凯南提出的一个关键点。他说，任何地缘政治竞争的结果都将取决于"美国能在多大程度上给世界人民营造出一种整体印象：这是一个知道自身诉求的国家，它正在成功处理内部问题并承担起作为世界强国的责任，它具备能够在时代的主要思想潮流中稳住自身的精神活力"①。

如果凯南还健在，他首先要问的就是，美国和中国，哪个社会拥有更充沛的"精神活力"？但事实上，即使他还健在，他也不可能提出这个问题，因为美国人根本无法想象共产党统治下的中国会比世界上最伟大的民主国家美国更有"精神活力"。

总的来说，迄今为止，美国无疑仍然是一个更为成功的社会，在许多领域依然领先于中国。这就是为什么我在近期出版的《中国的选择》一书中首先给习近平主席写了一份虚构的简报，强调中国永远不应该低估美国。然而，美国也同样不可以低估中国。那些认为通过对华接触，美国能够使中国发生转变的人难辞其咎。事实上，年轻的美利坚合众国仅有不到250年的历史，却认为自己能够单枪匹马地改变拥有5 000年历史文明、人口是其4倍多的中国，这一点一定会让未来的历史学家感到异常困惑。但奇怪的是，大多数美国人甚至都没有意识到这种

---

① George Kennan (X), "The Sources of Soviet Conduct," *Foreign Affairs*, July 1947.

想法有点儿傲慢自大。

这种傲慢的姿态妨碍了美国人去理解中国的其他方面。比如，鲜有美国人意识到，对中国人，尤其是对底层 50% 的人来说，过去 40 年是中国在 5 000 年历史中最好的 40 年。斯坦福大学的心理学家范琼曾说："中国的文化、自我观念和士气正在迅速转变——大多朝着好的方向转变，这与美国的停滞不前形成了鲜明的对比。"究竟是美国社会还是中国社会更强大、更具韧性？这个问题错综复杂，并非短短一篇文章所能够阐释清楚的，于是我写了一本书来充分讨论这一问题。可悲的是，尽管中国已经存在了 5 000 年，但大多数美国人仍旧不了解中国，大多数美国人认为 14 亿中国人是不幸福的。因此，他们根本无法想象中国人民能够在中国规范和价值观的海洋中快乐地遨游，因为这些规范和价值观塑造了秩序良好的社会道德和心理健康。以历史标准来衡量，中国广大人民的生活从来都没有这么好过。

长期战略

在对中国的优势和劣势有了现实的认知之后，第四步是制定一个全面的长期战略来管控与中国的竞争。这并不容易。过去的一些做法是不可行的。例如，想要遏制中国是不可能的，因为许多国家与中国的贸易规模比与美国的大得多。美国也不要幻想着向中国炫耀军事优势，尤其是在靠近中国海岸线的地方。因为五角大楼的所有军事演习都表明，美国的航母和其他战舰难以抵挡中国高超音速导弹的攻击。幸运的是，相互保证毁灭原则①阻止了美中之间爆发全面战争。

拜登政府在制定新的对华政策时，明智地选择了与盟国和朋友接触，因为包括日本、印度、英国、澳大利亚在内的许多盟国和朋友都与美国一样，对中国的崛起感到担忧。它们确实很担心中国的崛起，然而，没有哪个国家会与美国一道遏制中国。这不仅仅是出于经济原因。中国周围的所有国家都在问一个在美国战略圈子里不能提及的问题：10年或20年后，谁将成为第一大经济体，美国还是中国？最现实的分析人士预计，美国将在10年或20年内倒退为第二大经济体。当然，当美国经济从世界第一变为世界第二时，包括美国在内的整个世界的战略预判都会发生变化。任何严肃的美国战略规划者都必须考虑到这种可能性。但在美国，只有少数人敢于公开讨论这一问题。对任何一位美国政治家来说，谈论这个几乎无法避免的结果（美国可能会成为世界第二）都是政治上的禁忌。这也是拜登政府在全力推进特朗普的政策前需要进行大规模战略重估的一个重要原因。

拜登政府需要采取的第五步，也是最后一步，看似很简单：停止侮辱中国（副总统彭斯和国务卿蓬佩奥曾侮辱中国）。鉴于美国倾向于批判其他国家，要做到这一点可能很困难。然而，有两点原因决定了拜登政府不应该继续侮辱中国：第一，即使在今天，美国也是唯一侮辱中国的国家，其他国家政府不会这么做，在这种背景下，美国会成为被孤立的那一个；第二，对中国的公

①　相互保证毁灭原则（Mutual Assured Destruction），简称 M.A.D. 机制，亦称"共同毁灭原则"，意即一方首先使用核武器将导致两方都被毁灭。——译者注

开侮辱给西方国家造成了一种无形的压力，这种压力可能会使中美关系严重复杂化，导致对"黄祸"的恐惧，这种恐惧时不时地蹿出来，助长了美国对亚裔的暴行。

归根结底，大多数人希望看到美国和中国这世界上的两大强国能够理性地认识彼此和开展对话。侮辱无济于事。优秀的外交家最了不起之处在于，即使他对你说"去下地狱吧"，你也会觉得你将会很享受这段旅程。外交已经有几千年的历史了，这是拜登政府可以用来与中国建立新关系的绝佳武器：在竞争与合作之间保持适当的平衡。

为何说特朗普政府帮了中国[①]

特朗普政府对新冠肺炎疫情的应对失策与"弗洛伊德之死"引发的抗议[②]，加深了美国社会的分裂。相比之下，人们认为中国表现得更加出色。

毫无疑问，自1971年基辛格推动中美关系正常化以来，特朗普政府是中国不得不面对的最令人恼火的美国政府。特朗普政府发起了一场贸易战，对中国经济造成了一定的损害，对中国进行技术出口限制，对华为公司进行了大力打压。其中最蛮横无耻的举动是千方百计地引渡孟晚舟，将西方法律强加于中国公民身上，让中国人民清楚地联想到"百年屈辱"史，当时西方法律在中国大地上横行。

然而，如果中国领导人能够一如既往地从长远和战略角度考虑问题，他们就能判断出特朗普政府或许帮助了中国。面对不断

---

① *The National Interest*, Jun. 8, 2020.

② 2020年5月25日，美国警察暴力执法致黑人乔治·弗洛伊德死亡，在美国明尼苏达州引发抗议示威活动。——译者注

崛起的中国，特朗普政府显然缺乏周密、全面和长期的应对战略，也没有听取基辛格或乔治·凯南等重要战略思想家的明智建议。例如，凯南曾劝告，美苏长期竞赛的结果将取决于"美国能在多大程度上让世界各国人民了解"，这个国家"能成功处理内部问题"，也"具备精神活力"。特朗普政府并未树立起这种形象。新冠肺炎疫情和弗洛伊德事件抹黑了美国的形象。相形之下，特朗普政府的所作所为提升了中国的形象，现在中国被认为是世界上更有能力的国家。

说句公道话，美国的内部问题在特朗普当选总统前就已经存在了。30年来，美国是唯一一个底层50%民众的收入持续下降的主要发达国家，这导致了白人工人阶级被绝望笼罩。约翰·罗尔斯看到这一切定会大吃一惊。事实上，正如英国《金融时报》副主编马丁·沃尔夫所说，美国已经成为由富豪统治的国家，而中国创造出了一种精英管理体制。精英政治将完胜金钱政治。

同样重要的是，凯南强调，美国必须努力结交朋友与盟友。但特朗普政府严重破坏了与朋友和盟友的关系。欧洲人私下里对此感到震惊。在世界最需要世界卫生组织，尤其是需要世界卫生组织帮助贫穷的非洲国家时，美国却退出了，这是极端不负责任的。没有一个美国盟友追随美国的脚步退出世界卫生组织。特朗普政府还威胁要对加拿大、墨西哥、德国、法国等盟友征收关税。美国的这些做法并不见得一定会推动其他国家急于转向中国，事实上欧洲人已经对与中国密切合作有了新的保留意见。但毫无疑问，世界各国对美国的尊重在减少，这为中国赢得了更多的地缘政治空间。美国前国务卿马德琳·奥尔布赖特曾经说过："美国是一个不可或缺的国家。我们站得很高，比其他国家看得更远。"但如今，特朗普政府可能会使美国成为一个可有可无的国家，这将给中国送上一份地缘政治礼物。

特朗普政府还无视了乔治·凯南提出的另一条明智建议：不要侮辱你的对手。没有哪一届美国政府像特朗普政府那样侮辱中国。特朗普曾表示："众所周知，中国存在不当行为。几十年来，他们对美国进行了前所未有的剥削。"

理论上讲，这样的侮辱可能会损害中国政府在本国人民心目中的地位，但结果恰恰相反。最新的《爱德曼信任度调查报告》（*Edelman Trust Barometer*）显示，中国人民对政府的信任度全球最高，达到90%。这并不奇怪。因为对绝大多数中国人来说，过去40年的社会经济发展是5 000年以来最好的。凯南谈到了一国内部的"精神活力"，当今的中国充满了精神活力。斯坦福大学心理学家范琼曾观察道："中国的文化、自我观念和士气正在迅速转变——大多朝着好的方向转变，这与美国的停滞不前形成了鲜明的对比。"中国人民也清醒地认识到，中国在应对新冠肺炎疫情危机方面比美国做得更好。在这种背景下，美国对中国的不断侮辱只会激起强烈的民族主义反应，进一步提升中国政府的地位。这里需要补充一个虽小但关键的点：世界上没有其他哪个政府在侮辱中国。因此，美国的做法是孤立无援的。美国再次忽视了凯南的宝贵建议："只有谦逊的美德能够帮助美国建立起与其他国家截然不同的素质。"

如果凯南还活着，他就会建议美国同胞们不要那般咄咄逼人，而要先制定出一个周详、全面的长期战略，再与中国展开一场重大的地缘政治竞赛。制定这样的战略应该听取诸如孙武这种伟大思想家的建议，先全面评估双方的相对优势与劣势。

毫无疑问，美国在许多方面仍然强大，仍是有史以来人类所创造出的最成功的社会。没有其他国家成功地将人类送上月球。没有哪个国家能够在短时间内创造出谷歌、脸书、苹果和亚马逊这样的企业。更引人注目的是，谷歌和微软这两家最大的企业都由出生于国外的人士经营，但没有一家大型中国公司是由外国人经营的。中国可以从14亿人口中开发人才，美国则可以从全球70多亿人口中开发人才，包括中国的人才。任何中国领导人低估了美国都将是一个巨大的错误，但幸运或者不幸的是，这不太可能发生。

相比之下，在评估中国的相对优势与劣势时，特朗普政府低估了中国。在这一点上，认为民主国家将永远战胜共产党体制的至高无上的意识形态信念，在美国造成了一种特殊的意识形态盲点。实际上，从功能上来看，"CCP"并不代表中国共产党，而是"中国文明党"。中国共产党的主要目标不是在全球复兴共产主义，而是复兴世界上最古老的文明，并使之再次成为世界上最受尊重的文明之一。正是这一目标激励了中国人民，这也是中国社会异常活跃和充满活力的原因。同样重要的是，中华文明历来就是最具韧性的文明。正如王赓武教授所说，它是5 000年来唯一一个经历了4次磨难但每次都重新站了起来的文明。毫无疑问，中华文明现在正在经历又一次伟大的复兴。

鉴于此，任何认为美国永远不会输的战略思想都是不理智的。诚然，100多年来，美国从未输掉过一场重要的竞赛，但它也从未遇到过像中国这样强大的竞争对手。同样重要的是，如果中国共产党的首要目标是提升人民福祉（从而实现中华文明的伟大复兴），那么它与任何新一届美国政府的首要目标都没有根本上的矛盾，因为美国新政府的首要目标也是再次提升人民的福祉。因此，当特朗普政府下台，美国再次试图制定一个更加长期、深远的对华战略时，美国应将一个目前难以想象的选择纳入考虑范围：一个强大的中华文明与一个强大的美国能够在 21 世纪和平共处。世界将为这一成果感到欣慰甚至欢呼。美国人民也会生活得更美好。

为什么美国总统很重要 ①

美国领导人的性格影响着世界的时代潮流。拜登将会让美国精神中的礼貌和慷慨回归。

第一位引起我注意的美国总统是肯尼迪。当时我还是一个孩子，住在新加坡。吸引我注意的并非他激动人心的演讲，而是他遇刺的消息。他的遇刺是全世界的损失。历史善待了他。

他的继任者是约翰逊，这让小时候的我一头雾水。如此其貌不扬之人怎能接替魅力四射的肯尼迪呢？约翰逊确实很粗野。据说，他会在如厕时召集大家开会。

尽管如此，历史依旧善待了约翰逊总统。他大刀阔斧的民权立法举措改变了美国历史的进程。这也是为什么罗伯特·卡罗在撰写关于美国近代总统的四卷本传记时，对约翰逊着墨最多，有关他的部分至今仍未完成。

历史对约翰逊的继任者尼克松就没有那么友善了。水门事件

① *The Straits Times*, Nov. 10, 2020.

葬送了他的政治生涯，自由媒体界也没有原谅他。但毫无疑问，他改变了人类历史的进程，没有尼克松先生，就没有亨利·基辛格访华。

李光耀先生称尼克松先生是他见过的最伟大的美国总统，他说："如果没有水门事件，那么我认为尼克松不会那么倒霉。他对世界的看法很现实。他是一个伟大的分析家、现实主义者，同时也是一个能把事情做好的战术家。"

在尼克松先生下台后，李光耀先生失去了一位来自白宫的真正的朋友，对一个小国领导人而言，这相当于失去了一笔重要的财富。

这在某种程度上解释了李光耀先生为何蔑视吉米·卡特，他认为吉米·卡特很幼稚。在汤姆·普雷特的《李光耀对话录：新加坡建国之路》一书中，李光耀先生称卡特先生为最差劲的总统，评价道："作为一名领导人，你的任务是鼓舞民众，而非与之分享你心烦意乱的想法，你让你的民众意志消沉。"

幸运的是，卡特先生的继任者是连任了两届的里根——另一个欣赏李光耀的人。他们在白宫会面时我也在现场。同样，作为一名新加坡驻华盛顿与纽约的外交官，在里根总统执政期间，我也见识了自由媒体对他的抨击。然而，历史对里根先生非常友善，尤其是他在任期内，美国取得了与苏联对抗的伟大胜利。

里根先生的继任者是李光耀先生的另一位伟大的朋友与欣赏者——老布什。20世纪90年代末，我在俄罗斯圣彼得堡的一个小房间里听到老布什表示，他敬仰的头号领导人就是李光耀先生，我把这个消息汇报给了李光耀先生。不幸的是，老布什只当了一届总统，他的卸任对李光耀来说又是一个巨大的打击。

这些故事都说明了一个简单的道理，即美国总统选举对全球有着重大的影响，包括新加坡。

拜登为美国带来了什么

事实上，考虑到美国所拥有的压倒一切的力量，尤其是在媒体和传播方面，美国总统的性格与个性影响着全球的时代精神。

继奥巴马之后，特朗普的自恋与自私固执的个性让全球都备感沮丧。那么，拜登的当选会给世界带来什么？好时光还会重返吗？答案是有可能重返，也有可能重返不了。作为一个真正正派之人，拜登先生将带领民众找回美国精神中的文雅与慷慨。然而，拜登也知道，他接手的是一个严重分裂的国家，尽管特朗普在竞选中落败，但仍有大量选民投票支持他。所以拜登的首要任务是"治愈美国"，而非创造一个更美好的世界。

尽管如此，拜登至少有三个机会可以把握，以保持他的积极形象。

第一个机会是，他能够为白宫带回一些"无聊"。美国和全世界都被特朗普的推特及其咄咄逼人的姿态弄得筋疲力尽。拜登政府的冷静和沉默寡言在某种程度上将有助于使世界恢复常态。拜登先生知道，他不能单凭一己之力做成此事。幸运的是，他组建了一支由美国真正的重量级人物组成的强大的过渡团队。他们与拜登一样，也对国内的分裂感到担忧，认为修复美国社会的创伤、重建幸福的美国是当前的首要任务。

第二个机会是地缘政治。拜登先生无法扭转中美在地缘政治上的竞争趋势，原因我在《中国的选择》一书中已有说明。人们如果认为拜登在对华政策上软弱，就会严厉指责他。然而，即使无法扭转这一大趋势，拜登也可以暂缓两国之间的竞争。美国人相信常识。当下而言，对美国人来说最大的常识是应对新冠肺炎疫情和经济增长放缓的迫切挑战，以及全球变暖的挑战。如果能够与中国进行一定程度上的合作，所有这些问题都会得到更好的解决。正如丘吉尔曾与对手斯大林联手击败希特勒一样，拜登也能够与竞争对手——中国联手以战胜新冠肺炎疫情。尼克松先生和李光耀先生都会赞成这样一种针对共同敌人的马基雅维利战术。

第三个机会在于阻止美国滑向金钱政治的深渊。特朗普在2016年能够当选的一个关键原因是白人工人阶级被绝望的情绪笼罩着。作为主要发达经济体，美国是唯一一个占人口总数一半的底层民众的平均收入下降的国家。这些白人工人阶级的痛苦必须予以关注，收入再分配势在必行。

里根先生实施了减税，而拜登先生必须实施加税。而且，如果美国的富豪足够明智，他们就会支持拜登的做法。

简言之，对于特朗普总统在任期内对美国造成的诸多创伤，拜登先生可以涂抹一些温和舒缓的药膏。正派是拜登最大的财富。朴素的正派会给美国带来很大的治愈力量。特朗普称拜登为"瞌睡乔"可能有些残忍。然而，一个"瞌睡乔"和一个冷静的美国总统可能对美国与世界都有好处。

拜登将给世界带来哪些变化 ①

拜登面临着复杂繁多的决策选择。如果拜登行事精明，中美关系仍然可以有助于维护一个更稳定的世界环境。全球应如何应对中美关系变局？拜登又应该向世界学习什么？

《报业辛迪加》：您曾警告说："国际秩序已严重落后于全球权力动态的转变。"那么，您认为美国新一届政府——拜登政府上台后，会改善这种局面吗？

马凯硕：很遗憾，答案是否定的。懒于思考与政治惯性助长了华盛顿的信念，他们认为多边机构被弱化会更加符合美国的国家利益。这种逻辑在单极世界里可能有一些价值，但绝不适合我们今天所生活的多极世界。克林顿在 2003 年曾说，美国应当致力于创造一个当自己"不再是军事、政治和经济上的超级大国"时，仍然希望生活在其中的世界。

美国限制多边机构的倾向可以追溯到几十年前，乃至里根总

---

① *Project Syndicate*, Nov. 24, 2020.

统执政期间。例如，长期以来，美国都在尽量减少对联合国的义务贡献，甚至拒绝支付会费，哪怕节省下来的钱在美国的整体预算中只是九牛一毛。

拜登政府如果真的致力于多边主义（更重要的是，致力于让美国成为一个良好的全球公民），那就应该立即支付所有拖欠的会费。此举将发出一个强有力的信号，为各国重新思考20世纪的多边秩序开辟思路，使多边主义机制适合（亚洲主导的）21世纪的发展目标。

《报业辛迪加》：2019年1月，您曾提到特朗普总统得到了美国底层50%的民众中大部分人的信任。因此，特朗普的反对者面临着一个选择，要么"谴责特朗普以获得心理安慰"，要么"采取实际行动攻击使他当选的精英集团"。拜登坚持走第一条路线。拜登不是特朗普，这是他的施政基础，因此他入主白宫后美国政治上的两极分化仍将持续。在建立公众信任和有公信力的机构方面，拜登政府是否应该从东亚汲取经验？

马凯硕：首先，拜登政府应该从东亚汲取相对收入分配上的经验。日本的最新数据（2012年）显示，该国总收入的12.3%归属于收入最高的1%的人，而19.6%归属于收入最低的50%的人。韩国最新的类似数据（2015年）分别为14%和19.3%。

在美国，这一比例是反过来的：顶层1%的富人的收入占总收入的18.7%，而底层50%的民众的收入仅占13.5%（截至2019年）。这种不平衡的原因很简单，就是美国已经成为一个由富豪统治的国家，超级富豪们把控了政治制度，以壮大自身的利益。正如政治学家马丁·吉伦斯和本杰明·佩奇在2014年写道："代表商业利益的经济精英和团体对美国政府的政策有着实质性的独立影响，普通公民和群众性利益团体的独立影响则很小甚至几乎没有。"

这显著加深了白人工人阶级的绝望和沮丧，助长了人们对所谓的"反建制派"特朗普的支持。然而，从雇用业内人士领导监管机构到为最富有的美国人减税，特朗普的行动非但没有打破经济精英对政府的控制，反而强化了金钱政治。

如果拜登想像东亚国家那样建立起公众信任和有公信力的机构，他就必须毫不含糊地抵制金钱政治。这意味着，他先要引入严格的规定，限制金钱对政治的影响，这是最为重要的一点。在这一点上，澳大利亚模式也值得学习。

《报业辛迪加》：也许美国两党达成的唯一共识是，中国的崛起对美国利益构成了威胁。2018 年，您曾谴责这一过于简单和危险的观点。拜登行事时也许不会像特朗普那般冲动粗鲁，但您认为这会让中国的处境更好一些吗？或者您认为拜登会采取一种更精明的方式来"遏制"中国，比如借助曾被美国疏远的盟友的支持吗？

马凯硕：在中国问题上，拜登束手无策。鉴于美国两党之间达成的压倒性共识，对中国态度软弱无异于政治自杀。拜登很清楚这一点，他在竞选中的言论，目的是打消人们对他是否愿意采取强硬路线的疑虑。

然而，正如美国前国务卿亨利·基辛格曾向我指出的那样，美国没有任何真正的对华战略。如果拜登足够精明，他将制订一个既能促进美国的核心利益（比如保护美国的在华企业），又能在应对共同挑战（比如新冠肺炎疫情危机）上与中国合作的方案。丘吉尔能够联合斯大林共同对付希特勒，美国当然也能设法与中国合作，以战胜这场疫情。

与此同时，拜登应该认识到，对美国而言，中国仍代表着巨大的经济机遇。特朗普发起的不计后果的贸易战使美国农民遭受了沉重打击。如果拜登能够逐步减少对中国的贸易制裁，为美国农民提供更多进入中国市场的机会，他们的境况就会好得多。除经济利益外，这还将有助于削弱特朗普的根基，改善民主党在未来几年的选举前景。

《报业辛迪加》：就中国而言，中方政策制定者在多大程度上把握住了美国公众和精英舆论的转变，并重新考虑了自身"冷静与理性的对美政策"？在拜登政府的领导下，中方的对美政策可能会有何调整，又应做出哪些调整？

马凯硕：中国有一个很大的战略优势：它总是将目光放得很长远。基辛格在其2011年出版的《论中国》一书中指出，中国人下围棋，而不是国际象棋。而且，正如他所说，"围棋的精髓在于打持久战"。因此，当美国蹒跚着从一届政府过渡到另一届政府时，中国则一直在波澜不惊地执行长期策略，逐渐地、不断地加强自己的地位。

深化国际关系（包括与遥远国家的关系）是中国战略的核心。以巴西为例，2000年，巴西与中国进行价值10亿美元的商品贸易需要6个月，而如今只需要3天。此外，金砖国家（巴西、俄罗斯、印度、中国和南非）成立的新开发银行由巴西人掌舵。种种联系稳固了中巴双边关系，即使巴西右翼民粹主义总统雅伊尔·博索纳罗效仿特朗普抨击中国，这种关系也没有弱化。

2020年6月，中印在喜马拉雅山边界发生的冲突导致20名印度士兵丧生，事后，反华情绪如海啸般席卷了印度。此外，一些东盟国家仍然对中国在南海的领土主张感到困扰。

中国领导人敏锐地意识到，若拜登真的恢复了美国作为可靠盟友的声誉，那么，一个强大的盟国集团可能会与美国一同对抗中国。鉴于此，中国领导人应努力与拜登政府建立建设性的互惠关系，始终保持"冷静与理性"。

《报业辛迪加》：在《中国的选择》一书中，您说在担任新加坡外交官一职期间，您从新加坡三位杰出的地缘政治大师（李光耀、吴庆瑞、信那谈比·拉惹勒南）那里学到了重要的一课：提出正确的问题是制定任何长期战略的第一步。那么，当美国战略家试图制定"新的分析框架，以抓住对华竞争的本质"时，他们首先必须考虑哪些问题？

马凯硕：在《中国的选择》一书中，我列举了10个拜登政府应予以考虑的主要问题。还有一个大问题是，在未来10年或20年里，如果中国的经济发展超过了美国，那么将会发生什么？

对华盛顿特区的许多人来说，这种情况是不可思议的。但事实上，这是完全有可能的。而且，即使成为世界第二大经济强国，美国也依旧有可能是世界上最具影响力的国家。冷战期间，负责制定美国对苏联政策的总战略家乔治·凯南在1947年就指出了原因，即美国给"全世界人民"营造出了这样一种印象：美国在本国取得了成功，整个国家充满"精神活力"。

如果凯南还活着，他就会发自内心地反对美国战略家的观点，这些战略家认为美国的全球主导地位比人民的利益更重要。他也会强烈反对不断增长的国防支出。毕竟，凯南无疑会认识到，中美地缘政治较量的结果并不是由武力决定的，而是由两国相对的"精神活力"决定的，这就是拜登政府应将美国的战略重点从保持其全球主导地位转向提高人民福祉的原因。

《报业辛迪加》：2020 年 5 月，您说香港已成为中美地缘政治棋局中的一颗"棋子"。在这场地缘政治较量中，中国政府为维护国家主权而采取的果断行动是否为其赢得了优势？这让香港人的处境如何？

马凯硕：所有"大国"都将自身利益置于较小的自治领土的利益之上。美国共和党人阻止波多黎各成为美国的一个州，是因为他们担心该地区的选票将主要流向民主党。同样，中国政府不会允许香港存在不稳定因素，因为这样会动摇中国的稳定大局，从而削弱中国对美国的战略态势。这就是《中华人民共和国香港特别行政区维护国家安全法》被通过的原因。

人们普遍认为，中央政府对香港增强控制会使其遭受巨大损失，但香港同样有可能因为更加稳定而使香港民众更加富裕，尤其是如果特区政府能最终克服既得利益集团的阻力并扩大公共住房计划的话。这将大大有助于缓解香港民众的愤怒情绪。

《报业辛迪加》：对于可能卷入中美竞争的其他国家和地区的领导人，您有何建议？

马凯硕：不要重蹈澳大利亚的覆辙。在包括中国在内的亚洲文化中，保住面子很重要。澳大利亚公开呼吁对中国应对新冠肺炎危机的行动进行国际调查，这让中国有失颜面。当各国都盯着这场僵局时，中国无法视而不见，否则它将面临与更多国家发生更多对抗的风险。因此，这一倡议只会使澳大利亚陷入一场缓慢而痛苦的经济消耗战。

幸运的是，大多数国家已明确表示不想在中美竞争中选边站队。美国和中国也都不该强迫各国站队。

《报业辛迪加》：在《中国的选择》一书中，您曾提到过您与亚洲各地的诸多文化联系，对这些联系的描述体现出了您对寻找这些联系的兴趣，例如通过您名字中的阿拉伯-波斯根源来寻找这种联系。如果有的话，在您担任新加坡驻联合国大使的10年内，这种倾向是如何影响您的？我们该如何界定民族国家这一概念？

马凯硕：我在许多国家都感受到了文化上的连接性，这对我的外交官和作家生涯而言是一个巨大的优势。在摩洛哥，我观看了我最喜欢的歌手穆罕默德·拉菲在一个偏僻村庄里的表演。在韩国，我听到了一个故事，故事讲的是印度公主在1世纪来到朝鲜半岛的事。

这种文化上的连接性让我极其乐观。我相信，随着时间的流逝，我们将着眼于各国面临的共同挑战，如全球变暖与新冠肺炎疫情，并认识到人类是一个命运共同体。各民族国家就像全球巨轮上的一个个船舱。如果巨轮沉没了，那么船舱再豪华也毫无意义。

东方与西方：信任与否 [①]

亚洲能够重返世界历史舞台的中心，部分可以归因于吸收了西方文明的智慧和思想。但要遏制东西方日益加剧的不信任，西方现在必须向中国的亚洲邻国学习如何应对中国的崛起，这是至关重要的。

当前，人类正处在历史上最重要的十字路口之一。西方主导世界的短暂时代即将终结，这一趋势势不可当，东方和西方需要找到一种新的平衡。摆在眼前的是两条截然不同的路：走向统一或走向分歧。

理论上，东西方之间应该会走向分歧，对许多亚洲国家和文明来说，西方统治的烙印仍在。在鼎盛时期，西方践踏了伊斯兰世界，不费吹灰之力地殖民了印度、羞辱了中国。一旦被压迫的社会恢复了文明力量与活力，随之而来的就是向西方复仇的愿望。正如美国政治学家塞缪尔·亨廷顿曾经预言的那样，世界将会经

---

① *Edelman Trust Barometer*, Jan. 19, 2020.

历一场文明的冲突。

但事实恰恰相反。由于西方认知的广泛流行，尤其是西方思维带来的影响，东西方年轻人的梦想与抱负产生了根本性的趋同。正如我和拉里·萨默斯在2016年合写的文章《文明的融合》（The Fusion of Civilizations）中所说："世界上大多数人现在都怀抱着与西方中产阶级相同的愿望。他们希望自己的孩子能接受良好的教育，找一份好工作，在一个稳定、平和的环境里过着幸福又充实的生活。西方不应感到沮丧，而应庆祝它成功地将自己世界观的主旨注入其他伟大的文明。"

几年后，尤瓦尔·赫拉利也得出了同样的结论，他从现代人身上观察到，几乎所有人都处于相同的地缘政治、经济、法律和科学体系之中。正如他所言："如今，当伊朗和美国之间剑拔弩张时，两者都会谈到民族国家、资本主义经济、国际权利和核物理。"伊朗外交部长穆罕默德·贾威德·扎里夫就是一个极其鲜活的例子，可以证明伊朗和美国或许存在心理上的趋同。扎里夫对西方历史和文化的深刻了解与理解超过了西方许多著名人士。

西方思维的传播以及全球在法治等规范上的趋同，造就了中国、印度尼西亚、印度和阿联酋等国家对政府与经济的高度信任，这种信任程度远高于美国、英国、德国和法国等许多西方国家。

在世界上竞争最激烈的"人类实验室"里，东西方思想的融合创造出神奇的效果。当年轻的企业家蜂拥到硅谷寻找下一家初创企业时，当年轻的新生进入最优秀的常春藤联盟大学时，他们的意识中没有东方和西方的差别。他们都胸怀抱负，在跨文化合作方面毫无障碍，力求取得卓越成就。同样，当中国的大学校长努力创建世界一流大学时，他们也深知必须效仿美国和欧洲大学的最佳做法。简言之，多股力量都在推动世界 70 多亿人口走向更深的融合，所有这些自然会促成东西方互信。

然而，推动人类走向分歧的力量同样强大，其中一个已经形成破坏性的力量——中美之间的地缘政治较量，这将是一场经济与政治、军事与文化领域的多层面竞争。美国国务院政策规划办公室前主任基伦·斯金纳敏锐地观察到，这将是美国与"非白人大国"之间的第一次斗争。她指出了一个会导致中美之间不信任的关键因素。

科技推动了人类对自然界的认知，建立起跨文化交流的桥梁，但缺乏互信也让科技致使人类世界产生分裂。如果一家德国或法国（乃至日本或印度）的电信公司成为 5G（第五代移动通信技术）开发的领头羊，美国会默然接受。然而，当中国的华为公司成为技术领先者，美国迟疑了，决定采取打压措施。美国《纽约时报》评论员托马斯·弗里德曼早就指出："无论理由多么正当，这一举动都无异于中国排挤了苹果和微软。这是一场发生在中国科技领域的地震。许多中国科技公司现今都在考虑：我们再也不会让自己陷入关键部件完全依赖美国的境地，是时候加倍努力地自己制造了。"

对华为公司的打压只是冰山一角。美国将重拳出击，使自己与中国的技术"脱钩"，希望借此阻碍中国的发展。确实存在这种可能性，但以此为赌注实为不智之举。亚洲著名历史学家王赓武教授敏锐地观察到，中华文明是唯一一个历经 4 次衰落，但每次都重新崛起的主要文明。现在，中华文明刚刚开始恢复活力，中国的重新崛起势不可当。

在不费一枪一炮就击败了强大的苏联后，美国的战略规划者理所当然地认为美国会在中美地缘政治竞争中再次获胜。这种可能性当然有，但 2020 年的世界与冷战伊始时的 1950 年已截然不同了。在世界各地，强大和自信的国家与地区正在兴起。居住在美国和中国之外的 60 多亿人不会轻易地受到胁迫去站队，他们将会做出自己的选择。

关于如何应对中国的崛起，美国和西方完全可以从中国的亚洲邻国那里学到一些宝贵的经验。与西方一样，许多亚洲邻国也对中国的崛起怀有担忧。然而，作为与中国毗邻了数千年的国家，它们深知阻止中国崛起将劳而无获。相反，每个邻国，包括印度、日本、韩国和越南等大国与中等国家，都会做出务实的调整：必要时反击中国，互利时相互合作。

21 世纪正稳步向多元文明的世界演进，西方完全可以多多少少学会一些灵活的亚洲思维方式。西方不必以非黑即白的眼光来看待世界，在信任与不信任之间二选一，而是可以学会与成功的非西方社会共存——它们与西方既有相似又有不同。这些国家和地区在某些方面与西方相通，但同时又保留着自己独特的文明形象。这对西方社会来说也许是在信任领域的最大考验：它们能"信任"那些永远不可能完全西方化的国家和地区吗？

伟大的战争需要战略纪律，这正是华盛顿在这场危机中所需要的[①]

要应对新冠肺炎疫情这场风暴，美国必须学习丘吉尔和基辛格的智慧与纪律，站在历史正确的一边，才能度过这场危机。

1942 年 8 月，在二战的黑暗时刻，英国首相丘吉尔飞抵莫斯科与苏联最高领导人斯大林共进晚餐。两人之间的意识形态差距远远大于今天中美之间的差距。然而，为何丘吉尔仍能毫不犹豫地与斯大林合作呢？

一句古老的战略格言认为，在任何一场伟大的战争中，人们都应将精力集中在主战场上，而不要被次要问题分散注意力。伟大的普鲁士军事理论家卡尔·冯·克劳塞维茨写道："战略家的才能是确定决定性的关键点并专注于此，从次要阵线撤军，忽略次要目标。"美国国务卿蓬佩奥以班级第一的成绩毕业于西点军校，他应该非常了解这句战略格言。

---

① *The Hill*, Apr. 10, 2020.

今天，若是由丘吉尔来领导美国抗击大流行病，他会建议将重点放在新冠肺炎疫情这一主战场上，而不要被与中国的地缘政治较量分散注意力。事实上，正如当年选择与斯大林共进晚餐一样，丘吉尔今天会建议美国与中国合作。但遗憾的是，美国很少有人推崇这种丘吉尔式的智慧。

特朗普总统的举动一贯地出人意料，也只有他才能在 2020 年 3 月 27 日与习近平主席通电话的同时，指导着美国政府一直释放自相矛盾的信号。特朗普政府针对华为公司的打压并未放松，而且正在考虑采取更多措施，限制向这家中国科技巨头供应芯片。3 月 27 日，特朗普总统还签署了一项行政令，责成华盛顿提高对中国台湾的全球支持，这对北京来说不啻于一记响亮的耳光。如果丘吉尔还健在，他就会反对这些自相矛盾的做法。他会提醒："集中精力在主战场上。"

美国的新冠肺炎病例正在激增。事实上，美国现在的病例数比世界上其他任何国家都要多。更危险的是，根据美国疾病控制与预防中心的预测，死亡人数可能高达 20 万 ~170 万。美国迫切地需要口罩、呼吸机、防护服、手套和其他个人防护设备，以供应医护人员和其他雇员使用。

3 月 29 日，一架自上海起飞的飞机降落在纽约肯尼迪机场，机上载有 1 200 万副手套、13 万个 N95 口罩、170 万个医用外科口罩、5 万件防护服、13 万瓶洗手液和 3.6 万个温度计。然而，这只是九牛一毛，美国现在需要更多的医疗物资。就连法国也订购了 10 亿个口罩，其中绝大多数购自中国。

与其依赖国内的商业渠道，美国政府更应该与中国政府合作。

为了促进政府间的有效合作，美国政府需要采取一些简便的步骤。首先是停止侮辱中国。例如，特朗普政府试图说服七国集团成员国将新冠病毒称为"武汉病毒"，这是不明智的。我们应该从这次大规模的全球疫情中吸取的主要教训是，就像驶离日本的"钻石公主号"这艘命运多舛的邮轮上的乘客一样，地球上70多亿居民的命运，尤其是健康命运，交织在一起，所以，我们必须勠力同心地战胜这场危机。当一艘船沉没时，争论是谁造成的泄漏于事无补，当务之急是找出应对之法。若特朗普政府能够明确地表示不再把中国当成替罪羊，这将安抚包括美国在内的世界各国和市场。

丘吉尔还会建议美国采取另一个简单的步骤：特朗普总统应该宣布，他将立即撤销对中国实施的所有关税和非关税措施，前提是中国也将这样做。这也许不会立即带来贸易或经济的重大增长。然而，这将向市场释放一个强有力的信号：当新冠肺炎疫情逐渐消退时，经济增长和国际贸易都将更快地重回正轨。

今天，发表这样一份声明对特朗普总统而言毫无损失。他还可以进一步撤销对欧盟、日本、加拿大和墨西哥等加征关税的所有威胁。市场将注意到这些缓和措施。我们都想回到几个月前的世界。通过释放世界将重回正轨的信号，我们将对新冠肺炎疫情消退后（疫情一定会消退）的未来树立起信心。

当一切恢复正常时，中美很可能会重新开始地缘政治角逐。然而，在美国再次开启竞争之前，它可能会希望听取本国战略思想家（如亨利·基辛格和乔治·凯南）的建议。正如我在《中国的选择》一书中所说，没有一项全面、长期的战略就贸然与中国展开地缘政治竞争是极其不明智的。

　　美国如果现在能像丘吉尔可能建议的那样，按下中美地缘政治角逐的"暂停"按钮，将会为美国战略思想家赢得时间，让他们能够对这场竞争进行全方位的考量，之后再做出决定。这还可以让美国人有机会了解其他国家在这个问题上的立场。美苏冷战期间，全欧洲都满腔热情地支持美国。但今天，欧洲的选择还不明朗：在急需的医疗物资从中国运抵后，一些意大利人在罗马的公共喇叭上奏响了中国国歌；塞尔维亚总统哭着亲吻中国国旗；在西班牙，人们在推特上发文"感谢中国"来感谢中国为他们送去医疗物资及医护人员；法国外交部长感谢中国为他们提供急需的医疗用品，包括口罩、防护服和手套。

　　这并不意味着美国将在这场地缘政治角逐中一败涂地。这只是意味着，美国必须汲取丘吉尔、基辛格和凯南等伟大战略思想家的智慧，对下一步关键行动三思而行。

第二部分

亚洲的复兴

————

自公元元年至 1820 年，世界上最大的经济体一直是亚洲国家。然而，1820 年之后，西方崛起，中国和印度这些伟大的亚洲文明沦落到被统治、被践踏的境地。21 世纪将会见证亚洲重返世界舞台的中心。

亚洲世纪的曙光 ①

近期的大流行病突显出了东亚社会的优势与西方社会的劣势。
西方在应对疫情上表现不力，这将加速权力向东方转移，昭
示着亚洲世纪的黎明即将到来。

历史转了一个弯。西方主导世界的时代正在走向终结。在新
冠肺炎疫情暴发前，亚洲在世界事务和全球经济中已经开始恢复
过去的荣光，这一趋势将在危机后的新世界秩序中得到巩固。对
西方国家的顺从，在 19 世纪和 20 世纪是常态，但现在，对东亚
国家日益增长的尊重和钦佩将取代这种常态。新冠肺炎疫情可能
标志着亚洲世纪的开始。

面对疫情，东亚各国政府（尤其是中国、韩国和新加坡）采
取了有力的应对措施，而西方国家政府（如意大利、西班牙、法
国、英国和美国）则表现得颇为不力，这场危机突显了东西方在
应对疫情时的反差。东亚国家的死亡率要低得多，这一点值得各

---

① *The Economist*, Apr. 20, 2020.

国学习。东亚各国的有力应对不仅反映了其良好的医疗能力，也反映了其优秀的治理水平与文化自信。

一些西方国家政府不愿意依靠科学和基础流行病学模型来决定应对政策，这令许多亚洲人感到错愕。在武汉经历了最初的失误（显然是灾难性的）之后，中国坚定地采取科学措施，制定了强有力的公共政策来全力应对这场危机。在中国科学家完成了对病毒基因组的测序后，中国政府于 2020 年 1 月 12 日公布了基因数据，这是相当负责任的行为。

如果半个世纪以前暴发一场类似的全球疫情，那么西方国家会处理得很好，东亚的发展中国家则会遭受磨难。但如今，东亚的治理水平为全球确立了标准。中国的邓小平和新加坡的李光耀等领导人扭转了各自国家的局势，在社会中播下了知识、国际主义和秩序的种子。这些种子已经发展成对科技的尊重、实用主义文化、向世界学习最佳实践的意愿，以及追赶西方的愿望，同时还伴随着对教育、医疗保健和环境等关键公共产品的大量投资。

因此，在后疫情时代，其他国家将会视东亚地区为榜样，不仅要向东亚国家学习如何应对流行病，还要学习如何提高社会治理水平。

1981 年，里根在就职演说中宣称"政府不是解决问题的办法，政府才是问题所在"。自此以后，美国的公共服务机构逐渐失去了权威性，并因此导致士气低落。所以说，特朗普总统并非始作俑者，他只是导致事态恶化了而已。亚特兰大的疾病控制与预防中心是全球最受尊敬的机构之一，即便如此，在新冠肺炎疫情暴发后，特朗普仍然提议削减该中心的预算。全世界为之哗然。

相比之下，东亚社会则相信诺贝尔经济学奖得主阿马蒂亚·森的睿智见解：一个社会要想取得成功，就需要自由市场这只"看不见的手"和良好的治理能力这只"看得见的手"共同发挥作用。可以说，中国的精英政府目前在世界上最具代表性。在后疫情时代，我们将看到中国为了公众利益而加速发展，中国对强劲的市场手段和良好的治理能力的平衡将强烈地吸引其他国家效仿。

中国的封建社会绵延了数千年，在这样的社会形态中，绝大多数底层民众毫无机会展现自身的智慧。鉴于在 19 世纪中叶至20 世纪中叶的"屈辱百年"中所遭受的苦难，中国深知一个软弱的政府会给国家带来何种危险。中国人在心理上比其他任何势力都更害怕混乱，所以中国人民渴望国家强大。对新冠肺炎疫情的有力应对增强了中国人民对领导人的信任。

中国大陆的社会主义制度显然与韩国、日本、新加坡和中国台湾的社会制度有着巨大的差异，但同时，它们也有一个共同点，即对由最优秀和最聪明的人组成的强有力的政府机构充满了信任。对精英管理制度的重视也深深地植根于儒家文化。同样重要的是，文化自信的提高推动了治理水平的提升，而治理水平的提升反过来又增强了文化自信，二者相辅相成。这些逐渐打破了亚洲对西方的顺从，而在过去，这种顺从被视作理所当然。

总之，东亚的能力和自信将重塑世界秩序，并且这一趋势已经开始了。20 年前，没有一个中国人在任何联合国组织里担任主要负责人。但如今，联合国粮食及农业组织、国际电信联盟、联合国工业发展组织和国际民用航空组织 4 个联合国组织的秘书长一职皆由中国人担任。如果国际货币基金组织和世界银行仍然固守着西方的势力，坚持只有欧洲人和美国人才能担任总裁或行长，它们就会逐渐丧失信誉，除非这两个组织允许亚洲人（以及非洲人和拉丁美洲人）来管理。不能适应变化会给所有组织都带来伤害，国际组织也不例外。

以规则为基础的全球秩序是二战后西方国家对世界的馈赠。当中国成为世界公认的经济强国时，它会彻底推翻这一秩序吗？好消息是，作为目前这一秩序的最大受益者（因为中国已经成为世界上最大的贸易国），中国将会保留这些规则。但中国也将试图系统性地削弱美国在国际组织中的影响力。在2020年年初世界知识产权组织总干事选举中，中国推荐了一名中国籍的候选人，却遭到了美国的强烈反对。最终，一位来自新加坡的候选人获胜。这预示着中美之间将展开更激烈的竞争。

就连欧洲人也不再对美国主导的世界秩序抱有幻想。特朗普政府没有事先通知就发布了从欧洲到美国的旅行禁令，而在同一个星期，中国政府却向意大利和西班牙输送了口罩、呼吸机、防护服等医疗设备和医生，我相信这些大家都不会忘记。也正因如此，七国集团在2020年3月召开视频会议后，顶住了美国的压力，没有在公报中使用"武汉病毒"来描述新冠病毒。

然而，这并不意味着世界各国会乐于接受一套完全由中国主导的世界秩序。正如我在新书《中国的选择》中所写，各国不想被迫在中美之间"选边站"。中国的崛起仍将引起各国（尤其是邻国）的担忧，毕竟，不管大象多么温和，都没有人会愿意和它挤在一个小房间里。

大多数人都希望美国能够继续发挥作用以平衡中国的影响力。然而，他们希望看到的是一个既有能力又谨慎行事的美国，而不是一个迫使他们在两种制度之间做出选择的美国。但事实上，美国似乎只给出"支持我们或反对我们"这两个选择。

为了维持自身的角色和尊严，美国必须施展非凡的外交手腕。然而，美国的外交部门从未像如今这般士气低落，中国的外交部门却从未像如今这般信心满满。好在美国并没有一败涂地。例如，由于美国参与东南亚事务已有多年，因此该地区的一些国家对美国仍怀有善意，对此，美国的外交官们可以善加利用。

随着中国在全球事务中所占的分量越来越重，它将不得不承担起更大的责任。美国已经逐渐脱离联合国大家庭，中国非但没有，还迸发出承担起更多责任的信心。例如，在疫情暴发前，世界卫生组织已经被一些西方成员国削弱，20世纪70年代起，一些西方成员国就已经开始削减会员国的义务性会费比例，这导致世界卫生组织的大部分预算依靠自愿捐款。如今，世界卫生组织约80%的预算来自自愿捐款，由于其只能依靠可预测的收入（即义务性会费）来开展长期能力建设，中国可以呼吁将义务性会费恢复到之前占预算60%左右的水平，这也能彰显中国的全球领导力。

这也许只是一个开始。危机过后，西方可能步履维艰，中国则会更加果敢。我们可以期待，中国将展示自身的实力。看似矛盾的是，由中国领导的世界秩序可能会变得更加"民主"，因为中国并不想向世界输出自己的模式，而是在一个多极化的世界里与各国实现多元性共存。西方或世界其他国家不必为即将到来的亚洲世纪而感到不安。

东盟的潜在韧性 [①]

在地缘政治形势日趋紧张的情况下，许多人预测东盟将步履维艰。但东盟在签订《区域全面经济伙伴关系协定》上表现出的领导力，证明它已经悄然地成功促进了东南亚地区的和平和经济增长，建立起一个全球性的、多边的贸易秩序。

如果东盟真像评论家所说的那般脆弱，那么随着中美在亚洲地区地缘政治竞争的日益加剧，它本应早已承受不了压力而分崩离析了。但是，东盟稳步度过了艰难且充满挑战的一年，并稳妥地取得了许多积极的成果，这将会改善6.5亿人的生活。

最重要的是，东盟地区没有发生战争或冲突，甚至没有出现严重的政治紧张局势。东盟地区既没有发生类似于2019年2月印巴空战那样的冲突，也没有像沙特阿拉伯那样遭受重大的军事打击——当时，沙特阿拉伯的石油设施遭到无人机的袭击，导致全球石油供应减少了5%。

---

① East Asian Forum, Dec. 8, 2019.

东盟始终稳定地维护着世界上最巴尔干化的地区①之一的和平，却没有人注意到这一点。东盟地区的经济持续保持稳步增长。几年前，西方媒体鼓吹印度已经超越中国成为世界上增长最快的主要经济体。在 2019 年东盟的增速超过印度时，却没有出现此类报道。也没有多少人意识到东盟已经成为世界第五大经济体，其成员国的 GDP 总额达到 3 万亿美元。

更值得注意的是，低调内敛的东盟领导人近日宣布《区域全面经济伙伴关系协定》谈判完成，取得了当前一段时期内经济史上最大的成功，这也标志着全球最大的自由贸易区的诞生。签署协定的 15 个成员国人口占世界总人口的 30%，GDP 占世界 GDP 总量的 29%。

新加坡贸易与工业部长陈振声评论道："《区域全面经济伙伴关系协定》不仅仅是一项经济协定。它还向世界发出战略信号，即亚洲的这一部分地区将继续致力于维护全球多边贸易秩序。"在最后一刻，印度决定不加入该协定，这本来有可能拖延和破坏达成协定的进程，可能像英国脱欧一样引起关注。但事实正相反，"东盟减 X"方案的智慧得到了全面体现。

东盟一直相信，做到优秀也不错，无须强求十全十美。如果做不到全员参与，其余国家就先行一步。印度将会认识到，如果不加入《区域全面经济伙伴关系协定》，那么其"东望"与"东

---

① 巴尔干化的地区最初是指，巴尔干地区由于没有一个可以独当一面的民族、国家或者实体，再加上外国势力的干预，而成为局势紧张的"火药桶"；后指一个地区没有强大的力量维护该地区的所有权，再加上该地区重要的战略和经济地位，于是成为多方争夺的焦点。——译者注

进"政策将完全落空。

在中美两国贸易战升级并可能爆发更大规模的地缘政治竞争的背景下,《区域全面经济伙伴关系协定》的达成尤为关键。鉴于"亲中"与"亲美"成员国之间的斗争,东盟本来可能陷入瘫痪或分裂,但最终,互相包容与实用主义的文化占了上风。

在2019年5月31日举行的"香格里拉对话"上,新加坡总理李显龙代表东盟地区多国发声,表示东盟不应因地缘政治竞争而陷入分裂。他坚持认为,其他国家提出的区域合作倡议"应加强以东盟为中心的现有合作安排;不应破坏东盟现有的合作协议、树立敌对集团、加深分裂或迫使各国站队;应加强各国间的团结,而非制造分裂"。

值得注意的是,由于担心美国自由开放的印太战略可能导致地区分裂,东盟提出了"东盟印太展望"。印度尼西亚总统佐科·维多多认为,有必要在"东盟印太展望"框架内与中国合作,并在东盟与中国之间互联互通,建设基础设施。

近年来,南海问题一直存在分歧。在此背景下,中国于2019年7月31日披露,东盟和中国已提前完成"南海行为准则"单一磋商文本草案的第一轮审读,此举意义重大;同年11月3日,在曼谷举行的"东盟-中国峰会"上,此举获得赞赏。

在中国继续与东盟保持稳定和持续接触的同时,美国仍受困于国内事务。美国总统特朗普未出席2019年11月4日在曼谷举行的"东盟-美国峰会",副总统彭斯与国务卿蓬佩奥也未出席,只有国家安全顾问罗伯特·奥布莱恩现身了,这导致东盟十国中只有泰国、越南和老挝三国的领导人出席了本次会议。华盛顿感到沮丧，但正如新加坡尤索夫伊萨东南亚研究院区域战略和政治研究项目研究员黄氏霞所观察的那样，对亚洲来说，美国缺席与东盟的会议已属司空见惯。而美国每次缺席，都相当于送给中国一份地缘政治礼物。

然而，如果由此认定东盟将不可避免地进入中国的势力范围，那就是错误的。多年来，东盟积累了有益的地缘政治智慧，它将保持开放，并对意外出现的地缘政治机会善加利用。

近年来，韩国一直处境艰难。它在萨德反导系统问题上与中国关系紧张，在"慰安妇"问题上与日本关系紧张，在基础资金方面与美国关系紧张。因此，东盟向韩国伸出援手是说得通的，这也促成了双方于 2019 年 11 月 26 日在釜山举行的峰会取得巨大成功。

2019 年并非东盟首次展现出智慧和韧性，而这种能力需要数年时间才能形成。印度尼西亚的"musyawarah"（磋商）与"mufakat"（共识）文化已经融入东盟的基因，且被证明为一项重要资产。也许，是时候让其他地区研究一下东盟"奇迹"了。对其他地区来说，效仿东盟的做法也许是富有成效的方式。

亚洲需要对北约说"不"①

自从冷战结束，北约就由一股维护稳定的力量变成了破坏稳定的力量。太平洋地区已经成功维持了一定程度的和平，不需要大西洋联盟那种带有破坏性的军国主义文化。

几周前，在北约于布鲁塞尔举行会议期间，发生了一件非常危险的事情。在 2021 年 6 月 14 日会后发表的公报中，北约声称中国对"与同盟安全相关的领域"构成了"系统性挑战"。

这一声明清晰地释放出一个信号：北约企图将其"触角"从大西洋延伸到太平洋。对此，太平洋周边的所有国家，尤其是东亚各国，都应保持高度关注。因为如果北约介入太平洋地区，这就只会给我们带来麻烦。为什么这么说呢？原因有三。

第一，在地缘政治层面，北约的做法并不明智。北约在冷战时期表现出色，阻止了苏联向欧洲扩张。在冷战期间，北约谨慎而克制，在加强军事实力的同时避免了发生直接军事冲突。

---

① *The Straits Times*, Jun. 25 2021.

冷战早在 30 年前就结束了。从理论上讲,在"使命完成"后,北约就应该解散才对。实际上,北约却在拼命地寻找新的使命。在寻找新使命的过程中,北约破坏了欧洲的稳定。

值得一提的是,俄罗斯与北约的关系曾经很不错。不错到什么程度呢? 1994 年,俄罗斯正式加入"和平伙伴关系计划",该计划旨在建立北约与其他欧洲国家和前苏联国家之间的信任,但最终失败了,原因是虽然俄罗斯一再强调反对北约东扩,但北约一意孤行。其后的 2008 年 4 月,北约得寸进尺,在布加勒斯特峰会上为格鲁吉亚和乌克兰加入北约打开了大门。

美国《纽约时报》评论员托马斯·弗里德曼曾指出:"未来的历史学家肯定会注意到,20 世纪 90 年代末美国的外交政策极度缺乏想象力。他们会注意到,1989—1992 年发生了 21 世纪影响最深远的事件之一——苏联解体……由于西方持续的努力和俄罗斯民主人士的勇气,苏联和平解体。这催生了一个民主的俄罗斯,解放了前苏联加盟共和国,并使之与美国达成了史无前例的军备控制协议。而美国又是怎么回应的呢? 美国扩大了针对俄罗斯的北约冷战联盟,逼近俄罗斯边境。"

北约的做法引发了不可避免的后果。冷战结束后,俄罗斯曾试图与北约国家做朋友,却被北约的扩张"打了脸"。许多西方媒体将俄罗斯描述为"好战的、富有侵略性的国家",却对导致这一结果的北约的行为只字不提。

2014 年,西方支持的示威者将乌克兰的亲俄总统维克托·亚努科维奇赶下台,北约表现出蚕食乌克兰的意图,这是一个真正危险的时刻。对普京总统而言,这是激起俄罗斯反抗的最后一根稻草。俄罗斯很快夺取了克里米亚——这块土地被俄罗斯人视为其文明核心的组成部分。

众所周知，北约向乌克兰扩张会导致危险。亨利·基辛格博士曾指出，乌克兰人"生活在一个有着错综复杂的历史和多种语言的国家。1939年，斯大林和希特勒瓜分战利品时，将乌克兰西部并入了苏联。而克里米亚60%的人口是俄罗斯人，它直到1954年才被并入乌克兰，当时乌克兰裔的赫鲁晓夫为庆祝一项与哥萨克人的协议签订300周年而将其划归乌克兰。乌克兰西部的人口主要信奉天主教，东部的人口主要信奉俄罗斯东正教；西部讲乌克兰语，东部主要讲俄语。一直以来，乌克兰的任何一派如果试图压服另一派，都会导致内战或分裂。如果将乌克兰作为东西对抗的阵地，那么今后数十年里俄罗斯与西方（尤其是俄罗斯与欧洲）都不可能形成国际合作体系"。

可悲的是，2014年后，乌克兰变得四分五裂。如果北约在地缘政治方面更克制一点儿，那么情况本不至于如此糟糕。

后冷战时期，北约的第二个主要缺陷表现在它的所作所为正应了那句谚语："手里拿着锤子，看什么都像钉子。"

说来也怪，在冷战期间，北约很少轰炸外国。但自冷战结束以来，北约向多个国家投放了大量的炸弹。1999年3—6月，北约对前南斯拉夫的轰炸导致了500名平民死亡。2010年生效的《国际禁用集束炸弹公约》禁止使用集束弹药，但北约还是在前南斯拉夫投放了几千枚集束炸弹。

2011年，北约对利比亚发动空袭，投下了7 700枚炸弹，造成了大约70名平民死亡。

根据国际法，北约的许多轰炸行动是非法的。我清楚地记得，1999年北约决定轰炸前南斯拉夫军队时，我正在渥太华的一位加拿大前外交官的家中吃晚饭。这位外交官深感忧虑，因为北约的这次军事行动既不属于自卫，也没有得到联合国安理会的授权。根据国际法，这么做显然是非法的。

事实上，前南斯拉夫国际刑事法庭特别检察官卡拉·德尔庞特女士曾试图调查北约是否在前南斯拉夫犯下战争罪。尽管大多数北约国家承认国际法的尊严，但它们在此事上施加了巨大的政治压力，导致德尔庞特女士无法展开调查。

更糟糕的是，北约经常发起军事行动，却对干预导致的灾难性后果撒手不管。利比亚就是一个典型例子。卡扎菲被消灭后，北约国家欣喜若狂。然而，在利比亚陷入分裂和内战的泥潭后，北约却一走了之。多年前，一位明智的美国前国务卿——科林·鲍威尔曾对此类军事干预提出警告，他借用水晶店里常见的警示语警告道："如有损坏，照价赔偿。"北约却丢下烂摊子不管。

这就导致了第三个危险：东盟促进东亚发展出了一种非常谨慎和务实的地缘政治文化，而北约的介入可能会破坏这种文化。在冷战结束后的30年里，北约向许多国家投下了数千枚炸弹。但在同一时期，东亚完全没有遭受过轰炸。

因此，北约将"触角"从大西洋延伸到太平洋将给我们带来的最大危险是，北约可能会将导致灾难的军国主义文化输出到东亚相对和平的环境中。

事实上，如果北约是一个真正明智的、善于思考和学习的组织，它应该向东亚学习，尤其是学习东盟的维护和平之道，并从中吸取经验。然而，北约却在反其道而行之，这将给东亚地区带来实实在在的危险。

考虑到北约文化有可能扩张并对东亚构成风险，所有东亚国家应该齐声对北约说"不"。

东亚的新优势①

职业道德、社会责任感和对公共机构的信任等主要因素构成
了东亚的"优势"。这种优势在应对新冠肺炎疫情上表现突
出，所以东亚国家对疫情的应对远远好于西方国家。

死亡人数不会撒谎。截至 2021 年 5 月，东亚国家的新冠肺
炎死亡人数与许多西方国家之间差距巨大：前者在每百万居民中，
死亡总数为几人至几十人；后者在每百万居民中，死亡总数达到
一两千人。例如，日本报道了截至目前每百万人中有 96.9 人死亡，
其次是韩国（37.34 人）、新加坡（5.6 人）、中国（3.5 人），最显
著的是越南，其死亡人数接近于零（0.4 人）；相比之下，比利时
每百万人中确认死亡 2 167.6 人，英国为 1 916.2 人，随后是西班
牙（1 695.8 人），意大利（2 037.4 人）和美国（1 778.5 人）。②

何种因素造成了这种显著的差异？原因很复杂，但最重要的

① *Project Syndicate*, Jul. 22, 2020.

② Data updated, https://www.who.int/publications/m/item/weekly-epidemiological-update-on-covid-19---25-may-2021.

因素有三个：第一，没有哪个东亚国家认为"历史的终结"已经"到来"，更不用说实现了，东亚国家也没有将其社会模式神化成人类的最佳模式；第二，东亚国家长期以来一直致力于加强政府机构，而不是削弱它们，这一举措如今带来了回报；第三，中国崛起的盛况给区域内的邻国带来了机遇与挑战。

过分简单化问题总是很危险的。然而，有证据表明，欧洲人倾向于相信由国家支持的社会保障，东亚人却倾向于认为生活由奋斗与牺牲组成。法国总统马克龙正在努力改革国内的养老金体系并减少退休金，以满足削减预算赤字的迫切需求。结果，法国爆发了"黄背心"抗议活动，骚乱持续数月。相形之下，当韩国在1997—1998年面临更加严重的金融危机时，老太太却向中央银行捐赠珠宝，以帮助国家渡过难关。

东亚各国意识到其社会在近几十年中发展良好。但是，这些国家（包括发达国家日本）仍然恪守着用常态化调整适应瞬息万变的世界的准则，它们对公共机构的巨额投资已经帮助其做到了这一点。

在这一点上，东亚各国的做法与美国的做法形成了鲜明的对比。自从里根总统于1981年的就职演说中宣称"政府不是解决问题的办法，政府才是问题所在"，"善治"（良好的治理）在美国就变成了一个自相矛盾的词。最近几周，这种观念模式带来的后果尤其堪忧——美国联邦航空管理局、美国食品药品监督管理局和美国疾病控制与预防中心等享誉全球的机构正在不断地被削弱。即使在今天，美国深受多重危机的困扰，也没有哪一位杰出的美国领导人敢于直言不讳："政府即解决方案。"

相形之下，"善治"观念在东亚国家根深蒂固，这反映出亚洲传统对权威机构的尊重。例如，越南能够卓有成效地应对新冠肺炎疫情，不仅仅因为越南政府是世界上纪律最严明的政府之一，还因为政府在医疗保健领域的明智投资。2000—2016 年，越南人均公共卫生支出年均增长 9%，这使得越南能够在 2002—2003 年的"非典"暴发后建立起国家公共卫生紧急行动中心和监控系统。

鉴于越南的起点低，其发展速度更是令世人瞩目。在约 30 年前冷战结束时，越南在遭受了近 45 年持续不断的内部冲突后终于实现了停战，它可谓世界上最贫穷的国家之一。然而，通过效仿中国的经济发展模式，开展对外贸易与实行投资开放，越南随后成为世界上增长速度最快的经济体之一。

2016 年，时任世界银行行长金墉指出，在过去 25 年里，越南的年均增长率接近 7%，它"在一代人的时间内跃居中等收入国家行列"。他又指出，在同一时期，越南取得了"超群绝伦的成就"，将极端贫困率从 50% 减少至 3%。

越南并非凭一己之力取得巨大成功。苏联解体后，越南融入东亚现有的许多区域性组织，包括东南亚国家联盟与亚太经济合作组织。在这些组织中，它从包括中国在内的邻国那里快速学习经验。近期，越南又加入了 11 国贸易协定——《全面与进步跨太平洋伙伴关系协定》。

鉴于中越两个邻国近在 1979 年还在交战，中国奇迹般地复兴自然加剧了越南的不安全感。然而，这种不安全感并未使越南的决策者手足无措，反倒培养出一种战略纪律性和警觉性，这使得该国在暴发新冠肺炎疫情期间取得了非凡成绩。对日本、韩国等邻国而言，中国的崛起也起到了相似的激励作用。

新加坡总理李显龙经常援引英特尔前首席执行官安迪·格罗夫的口头禅——"只有偏执狂才能生存"。偏执往往是一种消极情绪，但也会激发出一种强烈的去战斗和求生存的冲动。战胜重重困难的坚定决心或许能够解释，为什么截至目前，东亚国家对新冠肺炎疫情的应对比大多数西方国家好得多。而且，如果东亚经济体也能更快地实现复苏，那么东亚将为目前深陷悲观情绪的世界带来一线希望。

为何"印度之道"可能是世界上道德领导力的最佳选择①

日益加剧的中美地缘政治竞争给印度提供了绝好的机会，印度可借此在国际舞台上发出道德领导力的声音。

在地缘政治中，印度正在占据优势地位。这意味着什么呢？当前世界急需一个强有力的、独立的声音为我们这个陷入困境的星球提供道德指引，而唯一现实的选择就是印度。

其他三个突出的候选者（美国、欧盟与中国）现在都无法采取行动。

即使拜登当选了，美国仍然深陷麻烦。从肯尼迪的名言——"让每个国家都知道，无论它们希望我们是好还是坏，我们都将不惜一切代价，顶住一切压力，直面一切困难，支持一切朋友，反对一切敌人，从而确保自由的存在与成功"，到特朗普的执政口号——"让美国再次伟大"，美国的道德准则发生了巨

① *South China Morning Post*, Nov. 19, 2020.

大转变。简言之，美国从关心世界变成了只关心自己。

欧盟同样遭遇了困境，在深陷英国脱欧的技术性细节困局的同时，还要努力应对新冠肺炎疫情、恐怖主义与移民潮等挑战。就中国而言，遗憾的是西方不信任这个国家，并且越来越将其视为威胁而非机遇。通过排除法进行选择之后，印度成为唯一现实可选的选手。

所以，印度外交部长苏杰生博士的《印度之道》（*The India Way*）一书非常应时，这本书为理解印度的许多政策背后的思考提供了宝贵的资料。

现任外交部长撰书者屈指可数。为避免冒犯国家，他们只能写一些陈词滥调。幸运的是，苏杰生避开了这一俗套（尽管他确实采用了不少隐晦的说法，其中有些可能超出了普通读者的理解能力）。

例如，他明确地指出，在日益加剧的中美地缘政治竞争中，印度不会屈从于任何一方。

他写道："印度在推动重建'四方安全对话'机制的同时，也加入了上海合作组织。由来已久的印-俄-中三边协议如今与印-美-日协议并存。这些显然矛盾的事态发展仅仅是我们现在所处世界的写照。"

然而，尽管苏杰生的许多地缘政治观察令人着迷，但他书中最具影响力的一章是关于一本重要的古代梵文著作的——《摩诃婆罗多》。

"毫无疑问，《摩诃婆罗多》是印度治国思想最生动的结晶，"他明确地指出，"作为一部史诗，它不仅在篇幅上，而且在内容的丰富性与复杂性上，都使得其他文明中的同类作品相形见绌。这本书着重描写了责任感及义务的神圣性，以此彰显人性的脆弱。"

能够将《摩诃婆罗多》这部史诗所展现的人生教训提炼为一章，苏杰生确实很无畏。这部史诗叙述了两群堂兄弟之间的竞争。苏杰生成功地展现出了史诗的复杂性。

苏杰生既指出了双方做出的所有欺骗行为，也强调了遵守道德规范的好处。

"在与堂兄弟的战争中，一直以来，潘达瓦人做得更好的地方在于其善于塑造和把控叙事，"他写道，"他们的道德定位是其技高一筹的核心。"

简言之，道德的力量占有关键优势。他在结束本章时写道："成为道德强国是印度模式的一个方面。"

提供道德领导力已成为印度基因中的一部分。实际上，20世纪两位最伟大的道德领袖——圣雄甘地和曼德拉，其中一位就来自印度。

曼德拉经常受到甘地的启发。他曾说过："甘地的哲学在很大程度上促成了南非的和平转型，并治愈了可恶的种族隔离造成的破坏性分裂。"

他还说过："甘地一直致力于非暴力运动，我竭尽全力地遵循了他的策略。"

这就是为何印度总理莫迪在2019年9月25日联合国大会上的发言恰逢其时，他说："无论是关于气候变化、恐怖主义，还是关于公共生活中的腐败和自私，甘地的理想都为我们如何保护人类提供了指路明灯。我相信，甘地所提倡的道路将指引我们通向一个更加美好的世界。"

在我们这个充满挑战的世界中，印度可以走的一条捷径是，咨询甘地对棘手的当代问题的看法。

以法国恐怖分子杀人案为例。甘地会毫无保留地谴责这一行为。然而，他也会建议人们学着理解世界上14亿穆斯林的极度敏感性。

他会认同加拿大总理特鲁多的说法。特鲁多为言论自由辩护，但同时认为，言论自由不应"任意和不必要地伤害"与我们"生活在同一个世界和星球上"的人们。

当世界需要强大的道德声音时，肯尼迪、撒切尔夫人、弗朗索瓦·密特朗、赫尔穆特·施密特、贾瓦哈拉尔·尼赫鲁和李光耀等才能卓著的领导人都会毫不犹豫地大声疾呼，但他们的时代已经一去不复返。

在书中，苏杰生写道："新加坡领导人李光耀曾委婉地称赞印度的崛起（与中国相比）更加让人放心。"

之所以说印度的崛起让人"放心"，是因为它并未对其他大国构成威胁。得益于此，印度可以通过向世界提供道德领导力来对这种信任善加利用。如果甘地仍然健在，他也会用这种道德力量来领导世界。

就道德层面而言，印度可以采取的一项举措是成为全球多边主义的拥护者。正如苏杰生所说，"我们的增长模式和政治观点本质上倾向于基于规则的行为"。

然而，令人遗憾的是，在特朗普时代，很多行为不再以规则为基础。在拜登时代，规则虽然会回归，但也需要热情的拥护者。马克龙就是一位这样的拥护者。然而，今天却没有一个西方领导者能够像印度那样，在非西方世界（其人口占世界人口的88%）享有同等程度的信任。

苏杰生对印度尚未能成为联合国安理会常任理事国感到遗憾是正常的。事实上，我一贯主张，印度应立即成为联合国安理会常任理事国。一些人对此也表示赞同。2009年，马丁·沃尔夫指出："10年内，一个包含英国却没有印度的联合国安理会将变得可笑至极。"

10多年过去了，联合国安理会看起来确实很可笑。印度一直在努力争取获得联合国安理会的永久席位。然而，实现这一目标的最佳方法是达成全球共识，让各国一致认为世界上最具道德力量的国家理应在联合国安理会中占有一席之地。事实上，印度今天甚至可以行使否决权，拒绝执行联合国安理会的一些决议。

印度的"最佳"方案是将自己塑造成全球领先的道德代言人。这也是克里希纳在与阿朱那①一起驾着战车进入战场时传递的无声的信息。

正如苏杰生谈到《摩诃婆罗多》时所说的那样："实施政策所需的勇气也许来自史诗最著名的部分《薄伽梵歌》。"印度能够提供这种勇气。

---

① 克里希纳（Krishna）是印度主神之一，梵文意译就是"黑天"；阿朱那（Arjuna）是《摩诃婆罗多》中的主角，一个技术高超、有责任感和同情心的典范与追求真知者，在印度神话和神学中是一个中心人物。——译者注

印度与亚洲 21 世纪的约定 ①

亚洲世纪正在临近。面对地缘政治动荡，印度有三个选择：成为美国和"四方安全对话"同盟的亲密盟友，或者融入亚洲贸易与和平的生态系统，又或者在新的多极世界秩序中成为独立的一极。

地缘政治是一场残酷的游戏。狡猾、工于心计的行动会有所收获，而情绪化的应对会受到惩罚。21 世纪是一个权力变动剧烈的时代，这意味着对所有国家而言，地缘政治的灵活性将变得更加重要。在这方面，印度是最幸运的国家之一。考虑到其规模和政治影响力，印度比大多数国家的选择更多。然而，它的选择必须是明智的。每个选择虽然都能带来好处，但也要付出一定的代价。

第一个选择显而易见。为了平衡中国日益增长的影响力，尤其是在 2020 年 6 月中印边境发生冲突之后，印度可能会滑向美国，

① *India Today*, Jul. 18, 2020.

成为美国的盟友。许多意见领袖都主张这一好处诸多的选择。美国虽然自身也存在问题，但仍是世界第一经济和军事强国。通过与澳大利亚和日本一道加入"四方安全对话"机制，印度发出了一个强烈的信号：它正朝着这个方向迈进。毫无疑问，美国对印度非常慷慨，尤其是在前总统小布什的领导下，美国与印度签署了民用核能合作协议，从而为全球承认印度为核大国铺平了道路。

通过与美国结盟，印度将做出一个与中国类似的选择。冷战期间，中国与美国和巴基斯坦走近以对抗苏联和印度。作为回报，中国得到了许多好处。美国中央情报局在新疆的情报站为抵御苏联威胁提供了一些保护。同样重要的是，美国慷慨地开放了市场，并将中国纳入了以自由规则为基础的秩序。因此，尽管按购买力平价计算，中国的经济规模在 1980 年只有美国的 1/10，但到 2014 年中国超过了美国。中国在中美建交后取得了非凡的经济成就。

遗憾的是，到 2020 年，美国再也无法如此"慷慨"了。因为 30 年来，它成了唯一一个底层 50% 的民众的平均收入下降的主要发达国家，正如普林斯顿大学的两位经济学家所观察到的那样，这使得美国的白人工人阶级深陷"绝望之海"。为了保护美国人的就业，特朗普政府于 2020 年年中取消了 H1B 签证 ① 及海外学生签证，这损害了许多印度人的利益。同样重要的是，长期担任《美国利益》编辑的亚当·加芬克尔向许多亚洲国家发出英明的警告：不要指望美国继续在亚洲扮演重要角色。他说："现

---

① H1B 签证是发放给美国公司雇用的外国专业技术人员的一类工作签证。——编者注

在一切都结束了，太可惜了。是的，美国的时代一去不复返了。"
他是对的。历史告诉我们，对大国而言，当国内问题占据主导地
位时，它们在世界上的势力就会衰退，就像英国从苏伊士东部撤
退一样。因此，尽管日本和澳大利亚如今仍是美国的坚定盟友，
但它们也可能在秘密筹划备选方案。

印度的第二个选择是加入东亚正在默默发展的和平与繁荣的
新生态系统。美国在不断退出自由贸易协定，东亚却仍在维护这
些协定。在美国退出《跨太平洋伙伴关系协定》后，东亚延续了
这一协定的生命。这一体系是以东盟为中心的。看似矛盾的是，
东盟既弱小又不具备威胁性，反而赢得了大家的信任。因此，东
盟与包括印度在内的所有东亚伙伴都签署了自由贸易协定。这些
自由贸易协定进一步发展为《区域全面经济伙伴关系协定》，除
印度外，东盟所有伙伴都签署了该协定。印度担心加入该协定后，
从中国的进口会再次激增，这一担忧是有据可依的，然而，双边
保障协定可以解决这一担忧。

东亚生态系统建立在和平、实用主义和实力的文化基础上，
促进了繁荣。对新冠肺炎疫情的应对已经证明东亚社会变得多么
有实力了。截至 2021 年 5 月 25 日，东亚国家每百万人中死于新
冠肺炎的人数（韩国 37.34 人、日本 96.9 人、中国 3.5 人、新加坡
5.6 人、越南 0.4 人）远少于西方国家（西班牙 1 695.8 人、意大利
2 037.4 人、比利时 2 167.6 人、英国 1 916.2 人和美国 1 778.5 人）。[①]
这表明西方与东亚的实力对比正在发生着剧烈的变化。

---

①   Data updated, https://www.who.int/publications/m/item/weekly-epidemiological-update-on-
    covid-19---25-may-2021.

应对中国的崛起是东亚生态系统面临的最大挑战。然而，令人惊讶的是，该区域 30 多年来一直没有发生武装冲突。实用主义文化已经成为行为准则。东亚国家之间达成了明确共识：当务之急是重点发展经济，实现增长，消除贫困。这也解释了东盟这个世界上曾经最贫穷的地区之一为什么到 2030 年将成为世界第四大经济体。实用主义功不可没。

印度的第三个选择是在新的多极世界秩序中成为独立的一极。显然，正如我在《中国的选择》一书中提到的，未来几十年，中美之间的重大地缘政治竞争将震撼世界。这场较量来得太不是时候了，我们这个危机四伏的星球正面临着诸多挑战，如全球变暖和新冠肺炎疫情所造成的全球性衰退。如果中美两国继续展开较量，那么未来的历史学家们很可能会将二者看作两个类人猿部落在失火的森林里互相争斗——按常理来讲，它们应该摒弃拼斗。

这也是鲜有国家争相选边站队的原因。美国的许多传统亚洲盟友，包括菲律宾、泰国、日本与韩国，与中国的贸易额均超过了与美国的贸易额。对于美国驻军猛增的经济开支，日韩两国感到震惊，也开始质疑这些人究竟是盟军还是雇佣军。然而，正如加芬克尔所指出的，美国必须先维护好自身的利益。

若要挑选一个能够在地缘政治动荡的世界中发展成单独一极并能为世界提供常识与冷静的领导力的大国，印度是不二之选。

印度还是多边主义的拥护者，其与欧盟一道，可以通过不畏强权来提供全球领导力。全世界都渴望能够出现这样一个独立的领导者。有个故事说明了一切。20 世纪 90 年代中期，日本在与孟加拉国争夺联合国安理会席位时最终落败。我在担任新加坡驻联合国大使时，曾询问非洲国家的代表为什么不投票给日本。他们说："为何要让美国在联合国安理会拥有两票？"

对印度而言，这三个选择都不是容易的选择，每个选择都有利有弊。因此，明智之举是仔细探讨所有选择后再做出最终决定。印度的有利条件之一是拥有一个强有力的领导人，而它最大的优势在于，如今它的选择比其他任何国家都要多。

印度：一个勇敢而富有想象力的超级大国？ [1]

如果印度对内可以像印度人在国际上那般成功，印度就有望成为一个全球领先的超级大国。

古罗马人的谚语说，天佑勇者。

这句谚语对个人和国家都同样适用。印度即将在地缘政治上占有极大优势，它将获得一个千载难逢的机会，成为世界上最受尊敬的超级大国。唯一的问题是它能否鼓起勇气、发挥想象力以抓住这个机会。

那么这个机会从何而来呢？众多原因共同造就了这个机会。第一，我们正在进入一个新的历史时期。西方人统治世界的时代即将结束。第二，我们正在见证中国和印度作为世界上最大的两个经济体的自然回归。这是理所当然的，因为正如英国经济学家安格斯·麦迪森所考证的那样，中国和印度自公元元年至1820年一直是世界上最大的经济体。第三，世界已经变小了。正如科

---

① *India on Our Minds*, November 2020.

菲·安南所说，我们生活在一个地球村里。在 20 世纪，即美国世纪里，美国凭借实力自然地成为这个地球村的领导者。但在特朗普之后，美国已辉煌不再。为此，世界正在找寻一盏新的指路明灯，而印度恰是最佳选择。

然而，要想崛起并成为全球公认的超级领先大国，印度必须综合发展三种优势：经济实力、地缘政治之精明与道德勇气。这三点对印度来说并不困难。

以经济实力为例。在理论上，印度应该成为世界上最具竞争力的经济体，这是有实证证据的。世界上最具竞争力的"人类实验室"是美国。全球最优秀的人才涌向美国的世界一流大学与公司里参与竞争。猜猜看，在这个竞争最激烈的人类实验室里，哪个民族的人均收入最高？是印度民族。事实上，更令人吃惊的是，如果我们将土生土长的印度人经营的美国公司（包括谷歌、奥多比、微软、万事达卡、百事可乐、美国美光）的市值加起来，这一数字可能高达 2 万亿美元。相比之下，拥有 13 亿人口的印度的 GDP 为 2.7 万亿美元。

奇怪的是，尽管海外印度人在竞争中茁壮成长，但作为一个国家，印度仍对经济竞争持谨慎态度。这在一定程度上可以解释为何印度不愿加入《区域全面经济伙伴关系协定》等自由贸易协定。这种不情愿也可能是因为既得利益集团反对，毕竟经济竞争必然会造成创造性的破坏。但现实的可悲之处在于，若印度试图保护其现有产业（其中一些产业缺乏全球竞争力），它就会阻止对充满活力的新兴产业的培育，而这些新兴产业有望像印度人经营的美国企业一样具有全球竞争力。可以肯定的是，如果印度人能经营世界上最具竞争力的企业，他们也同样能在印度发展出最具竞争力的企业。因此，印度需要在经济政策上勇敢地迈向未来。如果哪位印度政府官员能够推动印度实现经济开放和自由化，10年后印度将获得经济连年快速增长的回报，曼莫汉·辛格和蒙特克·辛格·阿卢瓦利亚在 20 世纪 90 年代初采取的大胆的经济自由化举措就是先例。哥伦比亚大学的杰弗里·萨克斯是一位著名的减贫专家，他在《贫穷的终结：我们时代的经济可能》一书中阐述了这一点。在改革之前，"印度一直受困于低速的、不稳定的增长……到辛格执政时，他心知肚明，是时候结束许可证制度了。于是，从 1991 年年中开始，印度成了全球市场改革浪潮中的一员"。这些改革遭到了很多人的质疑。萨克斯写道："我因主张贸易自由化必然有效（印度的出口必然会增长）而遭到了反复的警告，理由是'印度与其他国家不同'……几乎令全世界震惊的是，印度成了新信息技术领域大规模服务业出口的中心。"就像在 20 世纪 90 年代得到回报一样，印度的勇气同样能够在 21 世纪 20 年代得到回报。

同样，印度显然也能够在地缘政治上获得优势。中美之间的较量无疑将是未来几十年里最大的地缘政治较量，我在《中国的选择》一书中对此有详尽的阐释。在这场较量中，印度是最幸运的国家。美国和中国都在努力拉拢印度，因为它们知道，印度是唯一一个能够打破地缘政治平衡的国家。在这种背景下，印度无需地缘政治天才也能做出最佳选择。如果有一位印度的亨利·基辛格或乔治·凯南提供建议，其就会建议：且把中美想象成在跷跷板两端保持平衡的两头大象。对第三头大象来说，最好的位置就是站在跷跷板中间。第三头大象无论倾向于哪一边，都将对中美地缘政治平衡产生重大影响。

这是地缘政治常识。然而，同样实际存在的是，印度国内已经形成了一种强烈的反华氛围。其中有些反华理由是可以理解的，因为中国支持巴基斯坦危及了印度的利益。今天，印度可以利用中国提供的经济机遇，例如"一带一路"倡议。现在，加入"一带一路"倡议对印度而言是一种难以想象的选择，然而地缘政治的高明之处正意味着一切皆有可能。

最后是道德勇气。世界上最有道德勇气的领导人来自印度。圣雄甘地就是这种道德勇气的代表。他不仅仅关心印度，他关心的是整个人类。正如莫迪总理所言："无论面对气候变化还是恐怖主义，无论面对公共生活中的腐败还是自私，每当涉及保护人类，甘地的思想都是我们的指路明灯。我相信甘地所展示的道路将引导我们走向一个更加美好的世界。"

如果甘地还健在，那么他会怎么说？他非常崇拜美国。1931年，他说："像美国这样的强国才能发起真正的和平和裁军……"因此，特朗普总统的号召——"让美国再次伟大"会让甘地深感不安。因为他希望的是，美国——世界上最富有和最强大的国家，能让世界再次伟大。

然而，实际上，美国已经疲于领导世界。美国深受国内问题的困扰。30年来，美国是唯一一个底层50%民众的平均收入持续下降的主要发达国家。正如普林斯顿大学的两位经济学家安妮·凯斯和安格斯·迪顿所言，美国的白人工人阶级过去发自内心地相信"美国梦"可以让他们过上更好的生活。然而今天，他们却被绝望笼罩着。鉴于此，美国将不再是"山巅之城"。

这便为印度提供了一个独特的机遇。我们正从一个由西方主导的单一文明世界转向一个亚洲文明正在强势回归的多文明世界，世界需要能够在东西方之间架起桥梁的领导者，印度的独特地位使其可以架设这座桥梁，因为东西方皆信任印度。

因此，全世界都渴望拥有一个像甘地这样的道德领袖，他将指出西方卷入许多战争的愚蠢之处。印度也确实曾为此发声。例如，印度高官希亚姆·萨仁山就曾生动地描写过西方愚蠢的干预行为。

多数情况下，西方的干预导致情况变得更糟糕，暴力行为变得更具杀伤力，干预的目的本来是保护人们，却使他们遭受更严酷的磨难。较早的例子如伊拉克，较近的例子如利比亚和叙利亚，类似的情形正在乌克兰重演。每一次干预行为都缺乏对后果的深思熟虑。

印度前国家安全顾问希夫山卡·梅农也曾表示："单边（有时是秘密的）干预，比如对利比亚或叙利亚的干预，已经导致了意料之外的危险结果……我们显然需要改进、加强和利用国际社会上已有的多边协商和行动的程序与机制。"梅农是对的。多边主义才是解决之道。印度是多边领域的天然领导者。

1941 年，《时代》周刊创办人亨利·卢斯规劝美国人通过富有想象力的愿景来创造美国世纪。

20 世纪的美国国际主义难以用一个狭义的定义来界定。

就像所有文明的形成一样，美国国际主义也将通过生活，通过工作与努力，通过尝试与失败，通过进取、冒险与经验而形成。

还要通过想象！

卢斯是对的。由于想象力的驱动，美国世纪辉煌又鼓舞人心。如今，印度有机会发挥同样的想象力，因此印度应抓住时机。

印度能够比中国更强大吗？是的，印度可以①

印度是一个潜力与表现差异最大的国家。印度所要做的就是向邻近的东南亚与中国学习，并开放经济竞争。

引言

印度能否变得比中国更强大？更强大是指什么？简单来讲，更强大就是成为更大的经济体。本次讲座的目的就是解释一下为什么我认为印度会成长为一个更大的经济体（成为世界上最大的经济体），以及印度应如何着手实现这一目标。

本场讲座将分为三部分。在第一部分，我将解释我笃信印度能够成为世界最大经济体的原因。在第二部分，我将阐释印度可以遵循哪些原则来实现这一目标。在第三部分，我将给出一些具体建议，印度可以采纳这些建议，进而发展成为比中国更大的经济体。

---

① 马凯硕教授在科切里尔·拉曼·纳拉亚南诞辰 100 周年纪念讲座上的发言，2021 年 8 月 5 日。

第一部分 为何我对印度充满信心

我对印度满怀信心，有两个原因。第一个原因是历史证据。据英国历史学家安格斯·麦迪森考证，从公元元年到1820年，中国和印度一直是世界上最大的两个经济体。

1820年以后，印度沦为英国的殖民地。喀拉拉邦乡绅沙希·塔鲁尔的记录显示，英国人占领印度时，印度占全球国民生产总值（名义）的23%。1947年，英国结束对印度的殖民统治时，印度占全球国民生产总值的比例降至3%左右。如今，印度的这一比例仍保持在3%左右，而印度人口占世界总人口的18%。因此，假设普通印度人的智慧和能力达到人类普遍水平，那么印度国民生产总值占全球的比例也应该达到18%。

这就是我对印度抱有信心的第二个原因，普通印度人显然和其他人类一样富有聪明才智。我希望这一说法不会引发争议。但我还是想提出一个颇具争议的说法：普通印度人可以比其他国家和地区的普通人做得更好。显然，这一说法天然地饱含争议。因此，让我用证据来证明。

美国是世界上人类竞争最激烈的地方。在我为麦肯锡撰写的一篇文章中，我曾写道："理解印度的潜力和它的表现之间的差距并非难事，人们可以发现，印度人在世界上竞争最激烈的地方——美国也能够发挥潜力。印度人刚到美国时，以为自己的人均收入能在那里排第五或第六位就不错了，但结果是他们排在第一位。"

如今，在美国的印度人的平均收入为55 298美元。如果在印度的印度人能够达到同样的人均收入水平，那么印度的国民生产总值将达到 71 万亿美元左右，超过美国的 21 万亿美元和中国的 15 万亿美元，成为世界上最大的经济体。如果这个数字令人难以想象，那么让我们假设，在本国的普通印度人只有在美国的印度人一半聪明，但即使这样，印度的国民生产总值仍将达到 35 万亿美元，远高于美国和中国的。

我为什么要强调这些数字呢？我想在讲座开头先强调一个重要事实：印度的经济潜力和实际表现之间的差距是世界上所有国家中最大的。如今，印度的国民生产总值为 2.6 万亿美元，但它理应达到现在的 10 ~ 20 倍。

可能会有人立即提出反对意见，他们可能会说，最聪明的印度人都去了美国，所以他们的人均收入超高。假设这是事实，我们不妨比较一下在本国的印度人和在其他国家的印度人的人均收入。我虽然没有所有海外印度人群体的数据，但我曾在世界各地旅行，在每个地方都遇到过印度人。在我到过的几乎每个国家，海外印度人群体都发展得很好。

那么，为什么印度人群体能蓬勃发展呢？原因可能很复杂，但我想提一个关键因素：印度人是天生富有竞争力的"经济动物"，能在竞争中茁壮成长。在这一点上，印度人与中国人非常相似。这就引出了我想强调的第二个重点：正是在改革开放总设计师邓小平提出了一个简单的问题之后，中国的经济命运才发生了转变，在此之前，中国人到了哪个国家都能取得成功，唯独在中国却成功不了，这是为什么？答案显而易见：除了在本国，中国人在世界各国都可以参与经济竞争。因此，邓小平做了一个简单至极的改变：开放中国经济，允许14亿中国人参与竞争。

那么，结果如何呢？邓小平于1980年开始开放中国经济。1980年是一个重要的年份。当年，中国的经济规模（1 910亿美元）和印度的经济规模（1 860亿美元）差不多。但如今，中国的经济规模为15万亿美元，而印度的经济规模为2.6万亿美元，中国是印度的5倍多。

那么，印度为何会落后这么多呢？原因极其简单。因为中国实行了改革开放，允许14亿人口参与竞争。中国人加入全球竞争后变得充满活力，因此中国的经济蓬勃发展、突飞猛进。

相比之下，13亿印度人则被剥夺了参与经济竞争的权利，这导致印度经济失去了蓬勃发展的动力，进而使得印度的经济发展落后于中国。

还有重要的一点：印度的经济发展也落后于其他国家和地区。我来自东南亚。在东盟十国中，有九个国家都有印度文化的基因。因此从某种程度上说，我们是印度的文化卫星国。东盟的总人口为6.5亿，是印度的一半。但2020年东盟的国民生产总值约为3万亿美元，略高于印度的国民生产总值（2.6万亿美元）。

另一组统计数字更令人震惊。1971年，当印度帮助孟加拉国实现独立时，许多评论家表示，按照亨利·基辛格的说法，孟加拉国将会经济瘫痪，丧失希望。事实上，我在1984—1989年和1998—2004年担任新加坡驻联合国大使时，孟加拉国是最不发达国家之一，而印度从来都不属于最不发达国家。然而，到2020年，孟加拉国的人均收入（1 968美元）却超过了印度的人均收入（1 900美元）。

那么，为什么东盟国家和孟加拉国的经济表现超过了印度？原因很简单，东盟和孟加拉国参与了全球经济竞争，而印度却没有。

这就引出了本场讲座的第二部分：要想成为世界上最大的经济体，印度应遵循什么原则？当然，一个笼统的回答是，印度需要让13亿人口参与全球经济竞争，以释放印度人充满活力的"经济动物"本能。然而，这个笼统的原则需要落实到具体措施。我将试着介绍一些具体措施。

第二部分　印度需要遵循的主要原则

在阐释印度可以遵循哪些原则来提高竞争力之前，我先声明一下，想要落实这些原则并非易事，因为这需要突破政治、经济、官僚体制、心理和既得利益等方面的许多障碍。事实上，中国当时也面临诸多挑战。在2017年达沃斯世界经济论坛上，习近平主席在演讲中表示："当年，中国对经济全球化也有过疑虑，对加入世界贸易组织也有过忐忑。但是，我们认为，融入世界经济是历史大方向，中国经济要发展，就要敢于到世界市场的汪洋大海中去游泳，如果永远不敢到大海中去经风雨、见世面，总有一天会在大海中溺水而亡。所以，中国勇敢迈向了世界市场。在这个过程中，我们呛过水，遇到过漩涡，遇到过风浪，但我们在游泳中学会了游泳。这是正确的战略抉择。"

因此，印度也不应幻想改革之路会一帆风顺。与中国一样，当印度投身全球化的海洋时，它也需要努力学会游泳。更加困难的是，印度在尝试开放经济，参与全球竞争时，必须遵循两个互相矛盾的原则。第一个原则是，印度需要彻底改变思维模式，意识到只有开放才能促进经济发展。第二个原则是，印度应采取谨慎务实的开放政策，而不是"颠覆式"的手段或者"休克疗法"。俄罗斯和东欧的经验表明，颠覆式的改革是行不通的。简言之，印度将不得不遵循两个互相矛盾的原则，而两者又同等重要。在这里，我将详细阐释这两个原则。

思维模式的彻底转变很重要，因为在印度，人们普遍认为保护穷人的最佳办法就是尽可能地实行封闭经济。因此，那些主张封闭经济的人的意图是崇高的：保护穷人。然而，近年发生的事实表明，经济开放程度越高，减贫的速度就越快。越南就是最好的明证。越南在建国初期曾照搬苏联模式，实行高度集中的计划经济体制。然而，冷战一结束，越南就和其他东亚国家一道开放了经济，取得了显著的减贫成果。时任世界银行行长金墉在 2016 年指出，过去 25 年中，越南实现了年均 7% 的 GDP 增长率，这使该国"在一代人的时间里跃升为中等收入国家"。金墉还指出，越南在这 25 年里取得了"特别显著的成就"，将极端贫困人口从总人口的 50% 减少到了 3%。

让我用一个简单的比喻来解释一下为什么开放印度经济能够帮助穷人脱困。我如此强调印度人在海外的卓越表现，主要是想表明，我们应该换一种方式看待印度人。我们应把他们看作 13 亿只蓄势待发的经济猛虎。那么，怎样才能让老虎表现出色呢？是把它们关在活动空间狭小、竞争对手有限的笼子里，还是将它们放归山林，让它们肆意奔跑，展示强悍凶猛的本色？

我想借助这个比喻来说明一个基本的观点：几代印度决策者犯下一个重大错误，他们低估了印度人的竞争能力。这就是与大多数东亚经济体相比，印度经济相对封闭的原因。有些人可能会质疑我的这一论断，在此我给大家提供一些统计数据：相对开放的经济体与世界的贸易往来比较多，相对封闭的经济体与世界的贸易交流则比较少。以下是相关数据：虽然中印两国人口数量大致相同，但中国与世界的贸易总额（4.5 万亿美元）是印度（8 000 亿美元）的 5 倍多。更令人震惊的是，尽管东盟人口只有印度的一半，但东盟的贸易总额（2.8 万亿美元）是印度的 3 倍多。

在此需要指出一点：印度开放经济会带来不可避免的"创造性破坏"（正如著名经济学家约瑟夫·熊彼特所指出的）。"创造性破坏"其实是好事，因为它消灭了经济中低效的部分，强化了经济中高效的部分。这正是中国走过的路。

让我补充一点：中国在决定开放经济时也有很多顾虑和担忧。新加坡前外交部长杨荣文先生曾讲过一个故事，他回忆说："2001 年 11 月，中国加入世界贸易组织时，我也在多哈。虽然当时举办了大型庆祝活动，但其实中国人在谈判过程中感到极为受挫，因为美国与欧洲和日本合作，从中国捞取了尽可能多的好处。出乎所有人意料的是，从 2001 年到 2019 年年底新冠肺炎疫情暴发前，以购买力平价计算，中国的经济总量增长了 7 倍，以人民币计算增长了 9 倍，以美元计算增长了 11 倍。"

由于本场讲座是为纪念科切里尔·拉曼·纳拉亚南总统而举办的，因此，我想在这里暂停一下，引用一句总统先生的话。大家可能都知道，他写的最重要的政府备忘录之一是关于 1964 年中国第一颗原子弹爆炸成功的长期影响的。在那份备忘录中，他对中印两国进行了对比，差距很明显。他表示："印度共产党的左翼群体已开始在人民中强调'社会主义中国'相对于'资本主义印度'取得的惊人进步。"

1964 年，印度是彻底的资本主义国家，而中国绝对不是。57 年过去了，如今的中国比美国的市场化程度更高。这不是我的观点，这是单伟建博士的观点，他是一位获得了经济学博士学位的经济学家。单伟建是这么说的："[美国人]不知道中国的市场化程度有多高。正是市场经济和私营企业推动了中国经济的快速增长。中国是世界上最开放的市场之一。中国不仅是全球最大的贸易国，而且于 2020 年超过美国，成为全球最大的外国直接投资接受国。中国财政支出的重点是国内基础设施建设。目前，中国在高速公路、铁路系统、桥梁和机场等基础设施领域领先美国……[中国人]也不知道美国的社会主义程度有多高，美国建立了较为完备的社会保障体系，向富人征收资本利得税。而中国的社会保障网络仍在建设中，这一保障网络在资金等方面尚待进一步完善，而且中国尚未征收个人资本利得税。2020 年，中国的亿万富翁数量比美国的多，而且中国亿万富翁的增长率是美国的3 倍。"

因此，中国极有可能在未来 10 年内超越美国，成为世界第一大经济体。这就为印度如何在 20 ~ 30 年内超越中国和美国，成为世界第一大经济体指明了道路。印度应开放经济，扩大与其他国家的贸易规模，并允许在一些低效的部分发生更多的创造性破坏。

由此，印度实现经济强劲增长的理论方向已经明确。然而，正如我在前面指出的那样，理论是一回事，实践是另一回事。俄罗斯和一些东欧国家认为，通过"颠覆式的改革"来开放经济是正确的。这些国家被一个著名的论断迷惑了——"不要害怕跨一大步，你不能以两小步跨越鸿沟"。匈牙利经济学家雅诺什·科尔奈说："如果对价格体系动一次大手术，改革成效就会显著得多。"波兰经济学家弗拉基米尔·布鲁斯说，中国应该"以最快的速度过河到达彼岸"。遗憾的是，试图迈出一大步的俄罗斯人和一些东欧人反而掉进了另一个鸿沟。

中国的改革者更为明智。他们听取了邓小平的建议：摸着石头过河——稳稳当当。然而，对印度而言，最重要的不是必须小心翼翼地过河，而是必须去过河。

第三部分　一些具体的改革措施

在经济改革中，阐明大原则有时很容易，但要列出具体的措施则比较困难。因此，在本场讲座的最后，我想给印度提出三个谨慎而又具体可行的建议，以帮助印度启动改革。幸运的是，有些目标印度可以很容易实现。当然，每前进一步都可能会伴随着一些风险。然而，冷静分析后你就会发现，不按步骤过河的风险会更大，印度将继续落后于快速发展的东亚国家。

第一步很简单：立即加入《区域全面经济伙伴关系协定》。为什么要加入该协定？原因有很多。首先，在当今的世界格局中，欧洲代表过去，美国代表现在，而东亚代表未来。通过加入

《区域全面经济伙伴关系协定》，印度将押注于未来，而不是过去。其次，该协定的成员国覆盖 23 亿人口，GDP 总量达 38 万亿美元，它能够为印度产品提供最大的市场。一组统计数字可以说明为何该协定覆盖市场的增速要比世界其他地区的更快。2009 年，中国的零售商品市场规模为 1.8 万亿美元，而美国的市场规模为 4 万亿美元。然而，到 2019 年，即特朗普发动贸易战两年后，中国的零售商品市场规模已扩大到 6 万亿美元，而美国的市场规模则为 5.5 万亿美元。

最后，也是最重要的一点，印度花了 6 年多时间就加入《区域全面经济伙伴关系协定》进行谈判，许多关切的问题都已得到解决。那么，为什么印度最终没有加入？我不知道确切的原因，但如果让我做一些有根据的猜测，我觉得是因为一些既得利益者感觉受到了威胁。如果事实果真如此，这就说明了为什么印度有必要彻底改变思维模式。对印度而言，是保护少数既得利益者的利益更重要，还是让 13 亿只印度经济猛虎参与全球竞争更重要？而且，说得更不客气一点儿，如果印度连东南亚十国都竞争不过，那么它还能和谁竞争？当然，印度的一些产业将难以与《区域全面经济伙伴关系协定》的成员国竞争。然而，即使最基本的经济测算也显示，印度如果不参与经济竞争，总体上会付出更严重的代价（并将使印度的穷人遭受更多苦难）。

印度可以前进的第二步是，推进南亚地区（包括所有南亚区域合作联盟成员国）像东南亚地区一样开放。大多数国家都是通过向邻国开放经济来实现增长的。看看欧盟和北美自由贸易区就知道了。考虑到欧盟和北美自由贸易区成员国签署的协定都非常高级且复杂，南亚永远也难以像这两个区域那样开放，但南亚并没有理由不能像东南亚那样开放。

在此，我想强调的一点是，在决定开放方式时，印度不需要白费力气做重复工作，它只需要将东盟自由贸易区协议拿过来，并与所有的邻国分享，然后承诺与邻国合作，并同意在所有南亚区域合作联盟成员国中签署类似的协议。

我要补充一点，我并不是抱有天真的幻想。我知道印度和一些邻国之间存在问题，印度和巴基斯坦之间甚至没有正常的贸易往来。东南亚也有过类似的情形。印巴两国的上一次大战发生在1971年。中越两国（两国相互猜疑了2 000年，比印度和巴基斯坦的不和睦历史更久）的上一次大战发生在1979年。然而，越南在1995年加入东盟后（越南与东盟也争吵了几十年），在2002年加入了中国–东盟自由贸易区。自20世纪90年代中期以来，越南和中国之间的贸易量增长了3 000倍。因此，印度和巴基斯坦之间的贸易也可以增长3 000倍。这种贸易增长的最大受益者将是印巴两国的穷人。

印度可以前进的第三步是，像东盟国家那样向外国直接投资敞开大门。这里有一组统计数据值得印度人反思。三个充满活力的东北亚经济体（中国、日本和韩国）的国民生产总值合计为21万亿美元。相比之下，相对较穷的十个东盟经济体的国民生产总值之和只有3万亿美元。从逻辑上讲，既然21万亿美元远远多于3万亿美元，那么美国在东北亚的投资理应比在东南亚的多。但事实恰恰相反，美国在东北亚的投资额是2 870亿美元，在东南亚的投资额则达到3 350亿美元。

　　这里我再补充一个重要的地缘政治观点。鉴于中美之间日益紧张的关系（我在《中国的选择》一书中有阐释），许多美国制造商正在寻找比中国更加合适的投资目的地。出于地缘政治因素的考虑，许多人想在印度投资。然而，在他们到了印度，感受到印度的官僚主义后，他们就会感到气馁。对于这个问题，有一个简单的解决办法。印度尼西亚、越南、马来西亚和泰国等许多东南亚国家都出台了简单明了的投资指南。印度各邦应积极参与，制作出和东盟国家一样优秀的投资指南。然后印度各邦就会发现，要想促进经济增长，最简单有效的方法就是吸引外国直接投资。

　　简言之，使印度超过中国和美国，成为世界上最大的经济体，并非复杂困难、无法实现之事，印度只需要回归简单的常识就足够了。印度需要做的就是模仿，向与其有 2 000 年密切联系的东南亚国家学习。辛格总理呼吁印度"向东方看齐"。莫迪总理呼吁印度"向东行动"。而我的建议简单得多：请到东南亚来，向东方学习。

西方需重新考虑对亚洲的战略目标 ①

冷战结束后，西方认为人类走到了"历史的终结"，没有认识到亚洲将回到世界历史舞台的中心。现在，与其指责中国崛起导致了西方面临的种种问题，西方更应该反思对亚洲的战略。

很少有思想家能像马凯硕那样权威地谈论全球治理。他曾任联合国安理会主席、新加坡外交部常务秘书，以及新加坡国立大学李光耀公共政策学院院长。他被誉为"亚洲世纪的缪斯"，并被英国《金融时报》、美国《外交政策》及英国《前景》杂志列为"全球最具影响力的100位公共知识分子"之一。

在马凯硕新著《中国的选择》一书中，他针对日益紧张的中美关系给西方提出一些坦率的建议。他曾明言，特朗普总统的当选以及随后发动的对华贸易战，应被视为美国拒绝

① *Forbes*, Feb. 27, 2019.

接受其必然从世界第一大经济体地位跌落的征候。在亚洲占主导地位的时代，美国应采取温和的战略性外交政策，以实现自身利益的最大化，而不是做一些无谓的挣扎。

问：您在上一本著作《西方失败了吗？》中指出：在过去的30年里，全世界人民的生活质量有了显著改善，但西方的公众舆论变得越来越悲观。为何会出现这种矛盾现象？

答：正如我在那本书中所强调的那样，最大的矛盾现象是，正是西方对其他国家的慷慨馈赠，尤其是西方馈赠的理性，使人类状况得到了显著改善。坦率地说，未来的历史学家回顾我们这个时代时会说，1980—2010年的30年里，人们生活水平的提高可能是人类历史上最显著的。因此，这应是西方普天同庆的时刻，因为西方改善人类境况的伟大计划已经取得成功。

但出乎意料的是，西方从未如现在这般沮丧。我认为其中一个原因是西方在1989年冷战结束时犯了一个巨大的战略错误：它受到了弗朗西斯·福山《历史的终结？》一文的诓骗，该文的基本观点是，西方打败了苏联，可以高枕无忧了，而世界上其他国家需要进行战略调整，以适应这个新世界。

福山的文章对西方的思想造成了很大伤害。正当中国与印度开始觉醒时，福山让西方陷入了沉睡。在过去2 000年间的1 800年里，中国与印度一直是世界上最大的两个经济体。过去200年则是历史出现了重大的偏差。当然，所有的偏差终将重回正轨。

但在1989年，没人能预见到中国和印度重新崛起的速度。1980年，按购买力平价计算，美国占全球GDP总量的比例为

21.7%，中国为 2.3%，中国的比例约为美国的 10%。但到 2014 年，中国的比例出现了惊人的增长。因此，这段时期在人类历史上非常引人注目。

问：您概述了破坏西方稳定的两个关键因素：其一，在中国和东欧加入全球贸易体系后，西方人的实际工资下降了；其二，西方各国政府正变得无力控制全球化的力量。您认为哪一项更重要呢？

答：二者是相关的。我认为，正如西方在冷战结束时犯了一个重大战略错误一样，2001 年"9·11"事件发生时，西方犯下了另一个战略错误。"9·11"事件发生时，我正在曼哈顿，所以我能理解美国人受到的震动。"9·11"事件导致的后果是，美国认为其最大的战略挑战来自伊斯兰世界，故而发动了阿富汗战争和伊拉克战争。

这是一个错误，因为 2001 年发生的最重要的战略性事件不是"9·11"事件，而是中国加入世界贸易组织。中国的加入为全球资本主义体系增加了 8 亿工人——约瑟夫·熊彼特告诫我们，这将导致"创造性破坏"。因此，在随后的 10 年里，美国和欧洲有很多人失业也就不足为奇了。但由于精英阶层正从全球经济的扩张中获益，因此他们并未注意到本国的普通民众正在受苦受难。

所以，我想说，未来的历史学家会发现，2016 年特朗普的当选绝非偶然，而是精英群体不关心百姓疾苦所导致的必然结果。40 年来，美国工人的平均收入一直没有提高。这令人震惊。

问：最近，许多美国评论员都在争论允许中国在 2001 年加入世界贸易组织是不是一个"错误"。您对这种争论有何看法？

答：西方有一句谚语：马跑了以后关上门是没有意义的。此事是对这句话的最佳证明。中国已经加入了世界贸易组织，已经成为全球贸易体系中的一员，并且紧密地融入了这个体系。对此，你无能为力。

西方，尤其是美国，需要做的是适应这个全新的全球竞争体系。我认为美国能够做出调整，也能够适应得很好，但这需要与中国合作而不是对抗，因此，当前的贸易战是不明智的。事实上，任何一位通晓原理的西方经济学家都会告诉你，美国的贸易逆差并不是中国的行为导致的。实际上，这是美国拥有全球储备货币的结果，这使得美国的消费量大于生产量。这实际上是一种特权。

问：在近期为《报业辛迪加》撰写的一篇文章中，您谈及在最近的一次美国休假期间，看到美国精英们果断地转向反对中国，您感到十分震惊。是何种原因导致了这种变化？

答：我不知道，这令我百思不得其解，但事情已经发生了。我认为人们正逐渐意识到，中国正在变得越来越强大。尽管美国人不喜欢谈论自己成为世界第二之事，但在潜意识里，他们一定意识到了美国正朝着这一次序滑落。与照镜子扪心自问犯下何种错误相比，找替罪羊总是更为容易的，而中国显然就是那只替罪羊。但危险之处在于，在寻找替罪羊时，美国人忽视了在这个新时代自身必须解决的核心的结构性问题。

问：中国应该如何倾听美国对其经济和贸易实践的抱怨？

答：我认为中国人应该弄清楚哪些指责是有根据的，哪些是无稽之谈。无稽之谈指的是，双边贸易逆差是中国的不公平贸易行为导致的——这纯属天方夜谭。事实上，贸易逆差在某种程度上反而帮助了美国工人。尽管他们的收入没有增加，但由于中国制造产品的存在，他们能够以更低的价格购买更多的商品。

我认为，中国需要做的是拿出一定的慷慨精神来回应，毕竟中国得益于西方开放了市场。现在，中国可以通过进一步开放市场来回报。这也将使美欧在与中国保持良好关系方面获得更大的战略利益。

问：美国日益关注《中国制造 2025》战略。您对该战略有何看法？

答：我认为中国立志成为技术超级大国的诉求是正当的。坦率地说，我认为中国将会取得成功。美国不应指责中国的作为，而应扪心自问做何反应是好。但在这里，像美国贸易代表罗伯特·莱特希泽那样，认为所有政府主导的产业政策都行不通的思想观念成了障碍。

如果产业政策不起作用，那么为何不静观这个政策走向失败呢？如果你抱怨它，这正说明你相信它会起作用。如果这一战略在中国行得通，那么美国为何不推出自己的全面国家战略来保持技术领先地位？与其抱怨《中国制造 2025》，美国应该制定出《美国制造 2025》。

问：如果中国真的成为世界第一大经济体，那么您认为中国将如何重塑全球秩序？

答：正如美国不愿面对中国将超越自己的前景一样，我认为，中国人也不愿面对成为世界第一的前景。中国人应该对这一问题考虑得更多一点儿，因为中国需要让世界放心地相信它将维持西方建立的以规则为基础的现行秩序。这一点非常重要，而中国需要为此付出巨大努力。中国需要向世界反复传达这个信息。

加强世界贸易组织、联合国、国际货币基金组织和世界银行的作用对中国来说是明智之举，但这要求西方放弃相应的控制权。50多年前有这样一条规则，即国际货币基金组织的总裁应始终是欧洲人，世界银行行长应始终是美国人。当西方在全球GDP总量中占压倒性份额时，这一规则是站得住脚的。但当其占全球经济的份额下降，而最具活力的经济体出现在亚洲时，我们为何要剥夺亚洲人管理这两个组织的资格呢？

问：在亚洲主导的全球体系中，美国和欧洲应该如何做好自身定位？

答：欧洲和美国需要面对这样一个事实：过去两个世纪里，西方的主导是一种历史反常现象，而现在历史正在回归正轨。西方需要准备好面对这样一个世界，在这个世界中，西方依然很强大，但其在全球GDP总量中的相对份额已经下降。如果占全球GDP总量的份额下降了，西方就需要采取一种新的战略。在《西方失败了吗？》一书中，我建议西方采取一种全新的"三M"战略。

第一个M是"极简主义"（Minimalist）。西方应扪心自问：西方有必要卷入这么多战争吗？西方是否应干涉阿富汗、伊拉克、利比亚、叙利亚、也门等国的内政？自1979年越南战争结束以来，中国已经40年没有开过一枪了，然而，即使在诺贝尔和平奖得主——爱好和平的奥巴马担任总统的最后一年，美国也曾向7个国家投下了2.6万枚炸弹。这太疯狂了。

第二个M是多边主义（Multilateral）。在这里，我借鉴了美国前总统克林顿的建议，他告诉自己的美国同胞，如果美国人能想到有一天美国会成为世界第二，那么加强多边秩序肯定符合美国的利益，这也将对下一个排名第一的国家——中国形成制约。但可悲之处在于，尽管多边机构是西方给予世界的礼物，但美国与欧洲的秘密勾结一直在削弱这些机构。这并非明智之举。

第三个 M 是马基雅维利主义（Machiavellian），也就是"务实"。西方需要专注于自己的优先事项，做对自己重要的事情。例如，欧洲的长期挑战不会来自俄罗斯——俄罗斯的坦克不会入侵德国。但非洲的人口爆炸将是一个挑战。欧洲会有更多难民涌入，而我们已经看到了难民涌入欧洲所导致的政治后果。因此，非洲的发展符合欧洲的利益，而中国是推动非洲发展的最佳伙伴。美国忌惮中国在非洲的影响力，因此谴责中国在非洲的投资，而欧洲人也在批评中国，因为他们屈从于美国。但中国在非洲的长期战略投资对欧洲来说是一份礼物。这就是我建议用马基雅维利主义思考利益所在的用意。

缅甸可能会通过温和外交的手段
来启动中美合作 ①

孤立的缅甸和分裂的东盟对中国没有好处。对拜登来说，最
明智的做法是证明美国的外交策略在亚洲能再次取得成功。

社会学家马克斯·韦伯有一句名言："真实的情况不是'善果
者惟善出之，恶果者惟恶出之'，而是往往恰好相反。任何不能
理解这一点的人，都是政治上的稚童。"

缅甸的事态证明了这一名言包含的智慧。西方领导人的"善
行"导致了"邪恶"，西方对昂山素季的孤立和排斥鼓励了将军
们接管政权反对她。然而，邪恶也可能会带来善果。

缅甸能够温和地促进北京与华盛顿——拜登新政府之间谨慎
的地缘政治合作。

分裂的东盟只会成为中国对手的机会，加之中国总是着眼于
长远利益而非短期目标，因此其能够敏锐地意识到，保持东盟的

---

① *South China Morning Post*, Feb. 10, 2021.

团结才符合自身利益。鉴于此，中国将默默支持东盟为扭转缅甸局势所做的努力。

当然，各国也会做出权衡取舍。在我担任新加坡驻联合国安理会大使的两年间，我几乎每天都能看到 5 个常任理事国间的权衡取舍，包括美国和中国。

这样的行为合乎道德吗？如果咨询马克斯·韦伯，那么他的答案将会是肯定的，如果能够通过地缘政治上的权衡取舍使缅甸军政府退出，那结果就是合乎道德的。

同样重要的是，如果中国、美国及东盟主要国家之间强大而温和的合作最终能扭转局势，那么这也将发出一个强有力的信号。

东盟各国政府并不完美。事实上，东盟十国政权的更迭令人震惊。然而，民主政府势不可当。印度尼西亚最具代表性，它成功创造出了伊斯兰世界最具韧性的民主政体。

然而，要在东南亚取得成功，华盛顿必须再次配合东南亚的规范和做法。这种情况以前也发生过。冷战期间，在 1978 年 12 月越南入侵柬埔寨后，里根政府明智地采取了让东盟掌控局面的做法。

1984 年，当 35 岁的我作为一名驻联合国大使新手赴任时，时任美国驻联合国大使是传奇人物弗农·沃尔特斯大使，他时年 67 岁。有一次，他要与我会面。我提出去拜访他。然而，尽管年事已高，他仍坚持到我的办公室拜访我。这样的谦逊态度为他赢得了许多朋友。

要理解东盟规范的弹性，美国人需要记住一个重要的历史事实。1975 年，当美国灰溜溜地从越南撤军时，东南亚国家本可能像多米诺骨牌一样纷纷倒下。但相反，它们发展出了世界上第二大成功的区域组织（在美国的默默支持下）。

进入新时代，伴随着亚洲世纪的发展势头，我们最好采用亚洲的方法来解决棘手的问题。在西方国家，国内政治压力导致了哗众取宠。这是导致西方公开批评昂山素季的原因。然而，在亚洲，温和外交才能够奏效。尽管这次缅甸军方接管政权是一次倒退，但重要的是要记住，以前的缅甸军政府更加顽固、难以对付。

随着时间的推移，在缅甸军方官员参加的数千次东盟会议上，无声的同行压力传递出这样一个信息：缅甸要想取得成功并赶上亚洲其他国家，就必须开放并融入区域。因此，拜登政府能够采取的最明智的举措就是与北京、东盟各国首都（以及东京和新德里）开展温和外交，向缅甸释放一个默认的、连贯的信号。

这里的关键词是外交。外交的本质是什么？一个风趣幽默的人给出了恰如其分的解释：一个好的外交家应该是这样的人，当他告诉你"下地狱吧"时，他也会让你觉得你会很享受这段旅程。目前的挑战是，如何才能悄悄地、不扫面子地发出这一信号，以便让缅甸军人政权体面地摆脱窘境。

我有一个可以从根本上改善问题的建议供美国考虑。为什么印度尼西亚能够顺利地从军政府统治转变过来，而缅甸却倒退回军人政权的状态？一个关键因素是，即使在苏哈托的独裁统治时期，印度尼西亚军官仍在美国的军事学院接受培训。前总统苏西洛·班邦·尤多约诺（2004—2014 年在任）在印度尼西亚民主化的历史上添了浓墨重彩的一笔。尽管他曾在苏哈托手下任将军，但他支持民主，这是为何？

原因是，他曾在美国陆军指挥与参谋学院受训。在那里，他学到了美国民主最重要的价值：民众必须始终掌握军队的权力。因此，解决办法很明确：华盛顿必须邀请年轻的缅甸军官到美国的军事学院进修。这难以实现吗？

如果不难，那么华盛顿必须再次温习马克斯·韦伯蕴含智慧的名言。与公开谴责缅甸军方相比，正确的、能够彰显政治魄力的做法是抛弃美国的传统套路，与缅甸军方展开对话，而非孤立它。

如果拜登政府能够通过温和的手段成功地使缅甸军方归还政权，那么这将表明，美国的外交策略能够在亚洲再次取得成功，这将为美国采取新的、可持续的对亚洲的接触政策铺平道路，这种政策将因为低调和节制而显得更加奏效、更为明智。

亚洲能助拜登一臂之力吗 [①]

若想保持全球领导地位，美国需要变得强大且自信。如果美国愿意聆听，亚洲将能够助其一臂之力。

"不要问美国能为你做些什么，而要问你能为美国做些什么。"

美国总统拜登要想在最近的就职演说中向世界各国传达诚挚坦率的信号，那他就应该化用肯尼迪在 60 年前的就职演讲中的名言："不要问你的国家能为你做些什么，而要问你能为国家做些什么。"

事实正相反，受困于美国的政治传统，拜登总统不得不宣扬："我们能够恢复美国在世界上的主导地位并永久地保持下去。"

现实则令人遗憾：美国的全球领导地位再也不是毫无争议的了。

---

① *The Straits Times*, Jan. 22, 2021.

美国的领导曾使全世界受益：美国在二战后主导建立的多边规则和机制防止了第三次世界大战的爆发，美国开放的市场环境帮助"亚洲四小龙"和中国大陆实现了经济腾飞，美国海军保障了全球自由航行。但只有强大且自信的美国才能彰显出这样强大的全球领导力。60年前，肯尼迪用激动人心的就职演说激励了这样的美国。

遗憾的是，特朗普留下了一个支离破碎、严重分裂的美国，这样一个美国既没有志气也没有意愿来领导世界。2021年1月6日发生的国会山沦陷事件部分要归因于特朗普的暗示和鼓动。此次事件导致拜登当选后让美国再次强大和自信的幻想化为泡影。

这就是为何美国最负盛名的外交政策智库——外交关系协会的主席理查德·哈斯当天在推特上发文称："世界上可能再也没有人像以前一样看待、尊重、害怕或依赖美国。如果'后美国时代'有一个起始日期，那几乎可以肯定就是今天。"

马丁·沃尔夫同样悲观。他在《金融时报》上撰文称："虽然美国的共和政体经受住了特朗普的考验，但它仍然濒临死亡、亟须拯救。"

在拜登总统就任后，包括亚洲在内的世界其他地区面临着一大问题：旁观美国继续衰落是否符合世界（或亚洲）各国的利益，我们是否应帮助美国恢复昔日的辉煌？

毋庸置疑，一个强大且自信的美国能够让世界更美好。

然而，只有当美国认为自己需要帮助时，亚洲（或世界）才能对其施以援手。尽管像政治学家弗朗西斯·福山这样的美国思想家也承认，美国内部存在着一些严重的问题亟待解决，但十足的骄傲让美国人难以接受自己需要帮助的事实。

福山表示，美国"内部分裂严重，现状背离了民主理想"。

美国的内部问题是深层次的、结构性的。我在《中国的选择》一书中写过，这些问题包括根深蒂固的金钱政治和深陷绝望的白人工人阶级，愤怒的白人工人阶级毫无理智地支持特朗普，这十分可悲。

没有灵丹妙药能够解决所有这些深层次的、结构性的问题。

毋庸置疑，拜登总统正在采取正确的措施来推动美国重回正轨。他在就任后的100天内宣布了以下措施：实施1.9万亿美元的新冠肺炎疫情援助计划，在100天内完成1亿剂新冠疫苗接种，将联邦最低工资提高到每小时15美元，延长联邦学生贷款支付的暂停期，以及延长全国租客驱逐禁令。希望这些措施能够改善美国内部的问题。

同样重要的是，拜登总统应避免对外做出艰难又苛刻的承诺。为了使美国和世界从新冠肺炎疫情的冲击中恢复，拜登最明智的选择是暂停中美地缘政治竞争。这才是完全合乎常理的选择。

遗憾的是，由于美国国内弥漫的反华情绪，拜登无法停止这场竞争。如果被认为对华态度软弱，他就会遭到抨击。因此，在公开场合，他必须表现得对中国很强硬。

令人惊讶的是，拜登总统在就职演说中对中国只字未提。

然而，他任命的内阁成员，包括财政部长珍妮特·耶伦、国务卿安东尼·布林肯和国家情报总监艾薇儿·海恩斯，在参议院的提名听证会上强烈地抨击了中国。海恩斯表示："中国对美国的安全、繁荣及价值观等一系列问题构成了挑战，在某种意义上，我确实支持美国采取积极的姿态来应对我们面临的挑战。"

然而，尽管拜登无法做出既合乎逻辑又理智的选择，但他仍然可以重新平衡中美竞争。

如果说美国前总统奥巴马在中美关系上选择了 60% 的合作和 40% 的竞争，特朗普就基本上选择了 90% 的竞争和 10% 的合作，那么拜登总统至少可以选择 60% 的竞争和 40% 的合作。

黄金机会

然而，拜登总统无法靠自己的力量来实现这种再平衡。他需要亚洲的帮助。这为东盟（包括新加坡）提供了一个黄金机会。

要想为更理性的对华政策争取政治支持，拜登需要政治掩护。而东盟可以提供相应的政治掩护——通过集体呼吁中美双方首先集中精力解决紧迫的共同挑战，如新冠肺炎疫情和气候变化。

对拜登来说，最明智的做法是派遣高级外交官到东亚"倾听"各国的声音。

事实上，所有成功的外交皆始于倾听和理解。拜登总统的外交官们无疑会在东南亚各国听到这样的声音：东南亚各国虽然希望美国能在该地区加强存在感，但并不想被迫在中美之间选边站队。

印度尼西亚前驻美大使迪诺·帕蒂·贾拉尔说得好："如今，东南亚国家希望与中美两国友好相处，同时也希望中美两国能够和睦相处，至少在东南亚地区能够和睦相处。这个要求过分吗？"

他补充道："我们不想被欺骗并卷入一场反华运动。"

幸运的是，拜登总统选择了有"亚洲沙皇"之称的库尔特·坎贝尔，他是一位经验丰富的外交官。在新冠肺炎疫情封锁期间，我与他一起参加了一场美国《智慧广场》①辩论会，我们两人作为正方就"新冠病毒将重塑有利于中国的世界秩序"这一议题展开辩论。

在辩论中，坎贝尔说道："我们期望美国能够展现出足够的能力与实力来应对新冠肺炎疫情，但没有人认为美国能够做到。看到美国在应对疫情上如此不力，这真是个悲剧。

"我们期望居于领导地位的国家能够为其他国家提供个人防护设备和其他防疫物资，但美国没有做到。

"相反，尽管新冠肺炎疫情最先在中国暴发，但自那时起，中国就一直在为世界各国提供防疫物资和支持。"

他又补充道："新冠肺炎疫情席卷全球后，不可否认的是，中国成功遏制住了疫情，并积极开展疫苗研发工作。相形之下，美国却显得手足无措。"

优先事项正发生变化

坎贝尔先生也是一位优秀的聆听者。如果他访问东南亚，他就将听到东盟关于如何设定优先事项的明确信息。

所有国家在国际事务中都必须优先考虑政治、经济和安全问

---

① 《智慧广场》是美国全国公共广播电台的一档辩论节目。——译者注

题。美国倾向于将安全问题放在首位，其次是政治和经济问题。中国则倾向于优先考虑经济问题，其次是政治和安全问题。毫无疑问，东盟的优先事项跟中国的而不是美国的更相似。

鉴于美国面临的社会和经济困境，以及工人阶级深陷绝望的现实，将经济的优先级别提到安全之前也是符合美国自身利益的。

"9·11"事件发生后，美国在战争上花费了5万多亿美元却徒劳无功。如果这5万多亿美元能够花在美国社会50%的底层民众上，这一群体中的每个人都能获得超过3万美元的支票。这是一笔非常可观的钱，尤其是在60%的美国人连400美元的应急钱都拿不出的情况下。

简言之，与华盛顿强烈主张加速与中国的地缘政治竞争这一过时观念恰恰相反，对美国来说，明智的做法是至少应该暂停这场竞争，把精力放在让美国和全球经济重回正轨上。

东盟（和新加坡）可以为拜登提供必要的政治掩护，以便他寻求更明智的做法来处理中美关系，这是东盟（和新加坡）的黄金机会。这样一来，东盟也能够回报美国的帮助。没有美国的支持和扶持，东盟不可能在1967年创立成功。现在，轮到东盟助力美国顺利重启了。

中国的和平崛起

————

随着中国和其他亚洲国家的崛起，东西方力量的对比正在发生变化，权力正在从西方向东方转移。中国和其他亚洲国家的崛起是和平的，但仍然引发了西方的重重顾虑。这种顾虑主要关于中国将在多大程度上影响世界新秩序的形成。

中国：威胁还是机遇^①

如今的中国是世界上最具"精神活力"的超级大国。许多美国人担心中国将会威胁到美国在世界上的主导地位，但他们其实应该选择与中国合作来改善美国人民的生活。

对美国而言，中国是威胁还是机遇？

这是一个简单的问题吗？作为一个学哲学专业的人，我清楚地知道，一个简单问题的背后可能隐藏着许多更为复杂的问题。就这个问题而言，它的背后隐含着这样几个问题：中国是否打算削弱美国？还是说中国的崛起是由于国内因素的推动？中国是否有一个庞大的战略？如果有，其主要目标是什么？中国的崛起是对美国霸主地位的威胁，还是对美国人民的威胁？而且，也许最富争议的是，在应对来自中国的挑战时，美国是应该优先考虑其在地缘政治方面的主导地位，还是应该优先考虑其国民的利益？

奇怪的是，美国人民几乎没有严肃地辩论过这一复杂挑战。

---

① *Noema*, Jun. 15, 2020.

相反，许多美国人不约而同地认为中国是一个威胁，哪怕他们在政治观点上存在严重的两极分化。皮尤研究所近期的一项民意调查显示，9/10 的美国人认为中国是威胁。"深层政府"也反对中国。正如亨利·保尔森 2019 年所说："美国国土安全部、联邦调查局、中央情报局、国防部皆视中国为敌人，国会议员们也竞相比拼谁是最好战的对华'鹰派'。没有人逆势操作，以平衡国内意见。"

本文的目的是提供一些平衡和客观性。

尽管大多数美国人认为中国是一个威胁，但多数有思考能力的美国人都会认同，中国没有入侵或占领美国的计划。因为这将是一个不可能完成的任务。中国也不会梦想发动核袭击。因为中国只有 290 枚核武器，而美国有 6 000 多枚。中国也不打算像德国在二战中所做的那样关闭海上通道。中国的国际贸易规模比美国的更大。但令人意外的是，美国海军一直没有关闭中国商业的海上通道。

然而，中美之间的军事平衡也确实发生了重大变化。1996 年，美国总统克林顿派出两艘航母在中国近海巡逻，以阻止北京对台湾采取行动。而如今，在面对中国的高超音速导弹时，这两艘航母会显得不堪一击。中美之间的军事力量对比发生了变化，这引起了华盛顿的不适。

即便如此，这也不是中国崛起所带来的主要挑战。在核武器时代，超级大国的主导地位很可能取决于经济实力，而非军事实力。

美国最明智的战略思想家之一是外交官乔治·凯南，当美苏之间展开激烈的地缘政治较量时，他说，最终的结果将取决于

"美国能在多大程度上给世界人民营造出一种整体印象：这是一个知道自身诉求的国家，它正在成功处理内部问题并承担起作为世界强国的责任，它具备能够在时代的主要思想潮流中稳住自身的精神活力"。

凯南补充道，有了这种"精神活力"，美国就能结交更多的"朋友和盟友"。他还忠告美国要"谦逊"，并大胆地建议美国应避免"侮辱"苏联，因为美国仍将不可避免地与苏联打交道。

幸运的是，凯南的战略建议基本上得到了采纳。美国在与苏联的地缘政治较量中大获全胜。奇怪的是，尽管中国是一个强大得多的超级对手（中国的人口是美国的 4 倍多，中国的历史延续了 5 000 年），但美国从未想过制定全面的长期战略来予以应对。

如果凯南是对的，中美两国之间的博弈将由其国内的"精神活力"决定，那么中国将会赢得较量。因为 30 年来，美国是唯一一个底层 50% 民众的实际收入下降的主要发达国家。根据普林斯顿大学经济学家安妮·凯斯和安格斯·迪顿的研究，这一事实导致美国白人工人阶级陷入"绝望之海"。

相比之下，14 亿中国人的生活水平有了惊人的提高。过去 40 年是中国人 5 000 年来过得最好的 40 年。因此，正如研究人员范琼所说："中国的文化、自我观念和士气正在迅速转变——大多朝着好的方向转变，这与美国的停滞不前形成了鲜明的对比。"中国活力饱满，而美国却不是那么精力充沛。

如果凯南现在还活着，那么他一定会非常警醒。他会强烈反对在无用的对外干预上烧钱。事实上，2003 年伊拉克战争爆发时，他还在世——他反对这场战争。如果美国政府听取了他的建议，将花在"9·11"事件后的中东和中亚战争上的大约5.4万亿美元花在本国国民身上,那么底层50%民众中的每个人都会得到一笔超过3.3万美元的收入。这就是为什么艾森豪威尔曾在1953年提出忠告:"我们所制造的每一支枪,所动用的每一艘军舰,所发射的每一枚火箭,归根结底,都是在窃取那些食不果腹、衣不蔽体的人的财富。"①

美国的人均收入约为63 000美元,中国的则为9 700美元,所以美国仍比中国富裕得多。美国的大学和科技水平明显优于中国。然而,当新冠肺炎疫情肆虐时,中国每10万人中仅有0.33人死亡(截至2020年5月中旬),而美国则有27人死亡。一组数字虽不能说明一切,但显示出中国一直在投资加强国内机构,尤其是公共服务领域的机构,美国所做的却与之相反。当里根总统宣称"政府不是解决问题的办法,政府才是问题所在"时,美国就开始了这种趋势,而中国持相反的观点。

所有这些导致了美国在应对来自中国的战略挑战时所面临的一个关键困境:美国应将重点放在捍卫美国的主导地位上,还是放在人民的福祉上?大多数美国人认为美国足够富有和强大,可以同时兼顾这两方面。但遗憾的是,数据显示情况恰恰相反。正如诺贝尔经济学奖得主约瑟夫·斯蒂格利茨和哈佛大学教授琳达·比尔姆斯在谈到花在伊拉克战争上的钱时所说:"如果对纳税人按同等额度减税,或者将这些钱用于医疗保健,那么这些都会改善中产阶级家庭的困境。"若美国的医疗系统更完善,那么就

---

① Dwight D. Eisenhower, "The Chance for Peace," Washington D.C., April 16, 1953, http://www.edchange.org/multicultural/speeches/ike_chance_for_peace.html.

不会有那么多人死于新冠肺炎。美国将维护自身主导地位视为头等大事，美国人民却为此付出了代价。

美国能否改变立场，将精力放在国内经济与社会发展上，而不是浪费在外部冒险上呢？理论上来讲，答案是肯定的。但这在实践中是困难的。美国有许多杰出的国防部长，但为何没有一个能减少国防部的开支呢？这是因为国防支出基于复杂的游说系统，而非全面的理性战略。

尽管如此，在美国国内，尤其是精英阶层中，一直有一个强烈的共识，那就是美国应保持世界第一。美国人感觉有义务领导世界。1998 年，国务卿马德琳·奥尔布赖特明确表达了这一观点："如果我们必须使用武力，那就是因为我们是美国；我们是那个不可或缺的国家。我们站得高，比其他国家看得更远，我们看到了所有人面临的危险。"美国人希望美国成为"山巅之城"，激励全世界。

事实上，世界也乐于看到一个强大、自信的美国激励着所有人。然而，美国的"光辉"应当来自国内政绩，而不是来自对外军事行动。显然，被绝望笼罩的工人阶级、民粹主义的兴起、特朗普的当选以及最近抗击新冠肺炎疫情的不力削弱了美国在世界上的地位。任何实证研究都可以表明，美国的地缘政治影响力一直在衰落，而中国的地缘政治影响力却在逐渐上升。

然而，即使中国的影响力有所增长，它也无意取代美国，扮演全球领导者的角色。1840—1949 年，西方势力对中国进行了肆意践踏，因此中国只有一个关键的战略目标：强大到足以防止再次陷入长达一个世纪的屈辱。1945 年，美国建立了基于规则的全球秩序，通过融入这个秩序，中国获得了新生。

中国无意推翻这一秩序。中国很乐意在秩序框架下与美国合作。简言之，中美两国可以实现共同繁荣、和平共处，而这在美国有毒的政治环境中似乎是不可思议的。

因此，归根结底，美国并未失去一切。它能够扭转自己的地缘政治命运。然而，要做到这一点，美国必须听取其战略思想家（如凯南等人）的建议。凯南曾说过，美国应变得谦虚，停止侮辱对手，结交朋友和盟友，关注国内的精神活力。即使对一个不专业的观察者来说，这也是常识。美国仍然可以获胜——不是靠发展军事力量，而是靠建立道德高位。否则，美国会将竞争优势拱手让于中国。

"黄祸论"复燃加剧了西方对中国崛起的担忧 [①]

> 西方对中国崛起的忧虑并不完全出自冷静和理性的分析。历史显示，这种忧虑还与西方人潜意识中对非高加索文明的恐惧有关。

我们对地缘政治的判断足够冷静、理性吗？如果我们的判断受到了情绪的影响，那么这些情绪是有意识的还是无意识的？对这些问题的任何诚实的回答都将表明：非理性因素总是会起到一定的作用。因此，西方媒体对美国国务院政策规划办公室主任基伦·斯金纳的污蔑是错误的，后者将对黄种人的种族排斥列为中美地缘政治角逐中的一个因素。

斯金纳说，"美苏之间的竞争，在某种程度上是西方家族内部的斗争"，这一说法是正确的。在谈到与中国的竞争时，她说："这是我们第一次面对一个非白种人的大国竞争对手。"中国不是白种人国家是导致这场地缘政治竞争的一个因素，这或许也解释

---

① East Asia Forum, Jun. 5, 2019.

了西方国家对中国崛起的强烈情绪反应。

大多数西方人对中国崛起为大国的描述失之偏颇。他们倾向于强调中国崛起的消极方面，而遗漏了其积极方面。2018年10月4日，美国副总统彭斯就中国问题发表长篇演说时说："过去17年里，中国的GDP总量增长了9倍，成为世界第二大经济体，这很大程度上得益于美国对中国的投资。"这一说法与事实相悖，因为中国经济的成功主要是由中华民族的复兴而非美国的投资推动的。

尽管华盛顿自诩为冷静理性的战略思考中心，但这种偏颇的言论并未受到自由媒体的攻击。相反，许多人为美国副总统攻击中国而欢呼。

这种恶毒的反华气氛让人想起了20世纪80年代中期西方媒体对日本的猛烈攻击。对黄种人的不信任再次浮出水面。正如美国前驻华大使傅立民所说："看待中国时，许多美国人现在下意识地将阴险的小说人物傅满洲、20世纪80年代日本对美国工业和金融主导地位构成的令人不安的挑战，以及激发了《反苦力法案》和《排华法案》的一种貌似'恐华症'的生存威胁联系到一起。"[1]

美国民众需要扪心自问，他们对中国崛起的反应，有多少是出于冷静的理性分析，又有多少是因为对非白种人文明的成功深感不适。这些理性与情感之间的斗争是在潜意识中上演的，所以我们也许永远不会得到真正的答案。即便如此，我们还是要感谢

---

[1] Chas W. Freeman Jr., "On Hostile Coexistence with China," May 3, 2019, https://chasfreeman.net/on-hostile-coexistence-with-china/.

基伦·斯金纳曾暗示，这种潜意识维度正在发挥影响，现在是时候坦诚地讨论一下中美关系中的"黄祸"意识维度了。弗洛伊德曾教导我们，应对潜意识中的恐惧的最好方法就是让恐惧进入意识层面，这样我们才能加以处理。

中国是扩张主义者吗 [1]

许多人担忧中国成为强国后会变得富有侵略性并趋向军国主义。历史上，欧洲列强就是这么做的。但中国的悠久历史告诉我们，这个国家以一种完全不同的方式展示自己的力量。

2020 年 6 月中旬，中印边界发生冲突，印度上校桑托什·巴布死亡。军事法庭应该介入这场冲突。双方都遭受了自 1975 年以来最严重的伤亡。同样重要的是，这一事件强化了一种日益增长的想法，尤其是在西方世界：随着中国经济越来越强大，中国将放弃"和平崛起"，成为一个军事扩张主义大国。我们不排除这种可能性。如果觉得这完全不可能，那我们就太天真了。然而，对中国历史和文化进行的深入研究显示，持续和平崛起同样是有可能的。[2]

首先需要强调一个关键点。随着中国变得越发强大，它会像所有大国通常做的那样展示自己的实力和影响力。事实上，"仁

① *PRISM*, Oct. 21, 2020.
② 马凯硕是《中国的选择》的作者，本文包含《中国的选择》的部分内容。

慈的大国"这个说法是自相矛盾的，因为没有哪个大国是利他的，所有的大国都追求自己的国家利益，中国也一样。然而，尽管所有的大国目标相似，但实现目标的方法可能有所不同。中国已经非常自信，并将变得更加自信。然而，它却没有必要变得更加激进。"自信"和"激进"这两个词常常被混淆。对美国和中国大国行为的研究将说明这一差异。

哈佛大学教授格雷厄姆·艾利森郑重地警告他的美国同胞，要当心，别认为中国人会变得更像他们。他写道："美国人喜欢宣讲中国人将'更像我们'。也许，他们应该对这一愿望更加谨慎。历史上，新兴霸权国家都是怎么做的？更具体地说，在一个多世纪以前，当西奥多·罗斯福领导美国进入他超级自信的'美国世纪'时，美国是如何表现的？在罗斯福入主白宫之后的 10 年里，美国向西班牙宣战，将其逐出西半球，并夺取了波多黎各、关岛及菲律宾群岛；它以战争威胁德国和英国，要求它们同意按照美国提出的条件解决争端；它支持哥伦比亚起义，建立了一个新的国家巴拿马，就为了修建一条运河；它宣称自己是西半球的警察，主张在它认为有必要的任何时候、任何地方，它都有权力进行干预——仅仅在 7 年多的任期里，西奥多·罗斯福总统就进行了 9 次干预。"[①]

如果美国作为一个大国在其崛起期间的行为符合历史规范，那么中国迄今为止的行为就是违反规范的。因为在联合国安理会 5 个常任理事国（代表大国）中，只有中国 40 年来没有发起过战

---

① Graham Allison, *Destined for War: Can American and China Escape Thucydides's Trap?* New York: Houghton Mifflin Harcourt, 2017.

争。事实上，自 1989 年与越南发生海上小规模冲突以来，中国甚至没有向其边境开过一枪。中印士兵之间最近发生的冲突是残酷和野蛮的，但双方都坚守了不使用武力的协定。1996 年签署的该协定第六条规定："任何一方不得在实际控制线己方一侧两公里范围内鸣枪、破坏生态环境、使用危险化学品、实施爆炸作业、使用枪支或爆炸品打猎。"[①] 中国和印度士兵所表现出的战略纪律意识值得赞扬。

与中国的做法相反，在过去的 30 年中，美国每年都发动战争或参与其他军事行动。美国国会研究服务部是一个独立机构，该机构编撰了一份研究报告，题为《1798—2018 年美国海外武装力量使用实例》。理论上，在 1989 年冷战结束后，美国的对外干预应该有所减少。但研究显示：在冷战结束前的 190 年里，美国总共启用军队 216 次，年均 1.1 次；在冷战结束后的 25 年里，美国大幅增加军事干预，动用武装力量 152 次，年均 6.1 次。[②]

芝加哥大学政治学教授约翰·米尔斯海默在他的著作《大幻想》中对此进行了详细描述。他写道："随着 1989 年冷战结束和 1991 年苏联解体，美国成为迄今为止世界上最强大的国家。不出所料，克林顿政府从一开始就奉行'自由主义霸权'；在小布什和奥巴马执政期间，这一政策贯穿始终。毫不奇怪，美国在此期间卷入了许多战争，而且在几乎所有冲突中都没能取得有意义的

---

① "Agreement Between the Government of the Republic of India and the Government of the People's Republic of China on Confidence-Building Measures in the Military Field Along the Line of Actual Control in the India-China Border Areas," November 29, 1996.

② Congressional Research Service, "Instances of Use of United States Armed Forces Abroad, 1798–2018," December 28, 2018, https://www.hsdl.org/?view&did=819747.

成功。"^①哈佛大学国际关系学教授斯蒂芬·沃尔特补充道："在过去 30 年中，美国的军事行动直接或间接导致了 25 万穆斯林死亡（这是一个保守估计，不包括 20 世纪 90 年代美国对伊拉克的制裁导致的死亡人数）。"^②

因此，这里的主要问题是，为什么近几十年来中国从不动用武力？这种行为模式背后更深层次的原因是什么？亨利·基辛格准确地解释了中国人这么做的原因。他说："中国在动荡时期奠定了（独特的军事理论的）基础，当时，与敌国的残酷战争使中国人口大量减少。面对这种屠杀（并想从中获胜），中国的思想家发展出一种战略思想，即宣扬避免与敌军直接发生冲突，而是通过心理优势来取胜。"^③基辛格准确地提出了中国著名战略家孙武给予的建议之精髓，他曾说："兵者，诡道也……卑而骄之……百战百胜，非善之善者也；不战而屈人之兵，善之善者也。"^④

如果中国要说清楚自己本质上并非一个军国主义大国，那么它可以用许多强有力的证据来证明。比如，第一个证据是历史经验。如果中华文明天生就是黩武的，那么这种军国主义倾向，尤其是想征服他国领土的倾向，早就暴露了。过去 2 000 多年来，中国经常是欧亚大陆上最强大的文明。如果这个国家天生黩武，

---

① John J. Mearsheimer, *The Great Delusion: Liberal Dreams and International Realities*, New Haven: Yale University Press, 2018.

② Stephen M. Walt, "The Myth of American Exceptionalism," *Foreign Policy*, October 11, 2011, https://foreignpolicy.com/2011/10/11/the-myth-of-american-exceptionalism/.

③ Henry Kissinger, *On China*, New York: Penguin, 2011, 25.

④ 同上。

它就会像西方列强那样去征服海外的领土。举例来说，未来的历史学家会对这样一个事实感到惊讶：澳大利亚在地理位置上离中国较近，但它实际上被遥远得多的英国军队占领和征服。的确，1768年8月，詹姆斯·库克从普利茅斯的船坞出发，航行至澳大利亚的植物学湾至少需要90天；他如果从中国出发，不到30天就能抵达。

中国人不愿征服澳大利亚和其他海外领土，并非因为中国缺乏海军。在葡萄牙和西班牙于16世纪开启欧洲的残酷殖民统治之前，中国人一直拥有世界上最强大的海军。15世纪初，中国就已经派出传奇人物郑和7次远下西洋，这比哥伦布寻找通往所谓"香料群岛"的航线早近100年。郑和乘坐的船只远比葡萄牙和西班牙的大得多，他最远抵达了非洲。"中国的明星船队是'宝船'，这种船是中国式帆船，有几层楼高，长达122米，宽达50米。事实上，它比哥伦布代表西班牙皇室航行至美洲乘坐的'圣玛丽亚号'大4倍。"

一路上，郑和也的确参与了军事战斗。例如，在1409—1411年的航行中，他"俘获了锡兰国王亚烈苦奈儿，拥立耶巴乃那为新国王"；在1413—1415年的航行中，他"俘获了苏门答剌国的国王苏干剌，随后推举了新国王"。[①]

然而，值得注意的是，中国并没有征服或占领任何海外或遥远的领土。新加坡前外交部长杨荣文评论道："纵观中国历史，

---

① Andreas Lorenz, "Hero of the High Seas," *Der Spiegel*, August 29, 2005, https://www.spiegel.de/international/spiegel/china-s-christopher-columbus-hero-of-the-high-seas-a-372474-2.html.

中国人一直不愿意把军队派往远方……8世纪时，在中国唐朝的巅峰时期，朝廷在中亚的费尔干纳山谷附近部署了一支军队，当时阿拔斯王朝正在东进侵略。双方发生了冲突。在著名的怛罗斯之战中，阿拔斯王朝的军队击败了唐朝军队，此后，中国人在历史上再未越过天山一步。"①

和一些邻居比起来，中国汉族人显得更爱好和平。中国北方的近邻蒙古人发动了人类历史上规模最大、最为可怕的扩张。在野心勃勃的成吉思汗的领导下，这些规模相对较小（人口数量远比汉族少得多）的蒙古部落不仅征服了汉族政权，还吞下了几乎整个亚洲，成为13世纪东亚地区唯一一支威胁入侵欧洲的力量。然而，更强大的中华帝国却从未效仿邻国去征服他国。

蒙古人征服并统治了中国约一个世纪。让·约翰逊为亚洲协会撰文写道："1211年，成吉思汗率军进入金朝统治下的华北地区，1215年攻陷了金国首都。他的儿子窝阔台于1234年征服了整个华北，并于1229—1241年统治该地区。成吉思汗的孙子忽必烈在1279年击败了南宋统治者。1271年，忽必烈将他的王朝命名为元，意即'宇宙的起源'。中国的元朝从1279年持续到1368年。"②结果就是，蒙古文化和中原文化发生了大规模的融合。其间，蒙古人本来有可能将军国主义文化渗透至中华文明的血液中。但情况正相反，中华文明使蒙古统治者变得文明起来，虽然

---

① George Yeo, "A Continuing Rise of China," *Business Times* (Singapore), October 30, 2019, https://www.businesstimes.com.sg/opinion/thinkchina/a-continuing-rise-of-china.

② Jean Johnson, "The Mongol Dynasty," Asia Society, https://asiasociety.org/education/mongol-dynasty.

忽必烈对邻国发动了战争，但他并未像成吉思汗那般想去征服世界。

究竟是中华文明中何种强大的反战基因最终影响了蒙古统治者呢？这或许要追溯到孔子时代。中国人很早就有句俗语："好男不当兵，好铁不打钉。"在《论语》中，孔子多次告诫那些只崇尚军事力量的人。比如，在一次对话中——子路曰："君子尚勇乎？"子曰："君子义以为上。君子有勇而无义为乱，小人有勇而无义为盗。"再如，在另一次对话中——子路曰："子行三军，则谁与？"子曰："暴虎冯河，死而无悔者，吾不与也。必也临事而惧，好谋而成者也。"①

美国人对军人怀有根深蒂固的崇敬，但在中国文化中，人们更尊敬学者而非士兵，哪怕民间传说和文学作品也会赞扬一些军人的爱国主义和忠诚。总体上，中国人对同时具备这两种技能的人——文武双全的人——更加尊敬，他们既是优秀的学者，也是优秀的军人。

尽管如此，所有这些历史论据仍欠缺说服力，许多人仍然认为中国近年在南海的行为显示出了军国主义倾向，而且刻意隐瞒了其军事意图与行动。美国鲜有像芮效俭大使那般的"中国通"。芮大使出生在中国，能讲一口流利的普通话，1991—1995 年曾担任美国驻华大使，所以他对中美关系了如指掌，他分析道，2015年 9 月 25 日，在与奥巴马总统一起召开的联合记者招待会上，中国领导人其实就南海问题提出了一个更加合理的方案，表示会

---

① Confucius, "The Analects of Confucius," trans. Robert Eno, 2015, https://chinatxt.sitehost. iu.edu/Resources.html.

支持全面、有效地落实中国在 2002 年同东盟签署的《南海各方行为宣言》，并呼吁尽早完成中国–东盟关于"南海行为准则"的磋商，还表示，尽管中国在南沙群岛的部分礁石和浅滩上进行了大规模的填海作业，但并不打算在有争议的南沙群岛"搞军事化"。芮大使说，奥巴马错失了利用这个合理提议的机会。相反，美国海军加强了巡逻力度。简言之，中国领导人没有食言。中方的提议实际上是被美国海军拒绝了。

毫无疑问，中国在军事上克制了自己的"侵略"行为，但随着中国崛起为一个新的大国，在利用非军事手段来彰显自身力量上，中国显然变得更加自信了。2010 年，中国"暂停"了与挪威的双边关系。2020 年 4 月，中国冻结了对澳大利亚大麦的进口。不过，利用经济手段向小国施压是大国通常会采用的手段。当埃塞俄比亚没能按时向美国银行偿还高息贷款时，美国切断了世界银行对贫穷的埃塞俄比亚的贷款。由于对方拒绝听从指挥，法国惩罚了其在非洲的前殖民地。同样，中国的外交也变得更加自信。一些年轻的外交官发表了更尖锐的声明和驳斥，这引发了强烈的反响，但他们只是言辞尖锐而已，并未诉诸武力。如果能用犀利的言辞代替武力，那么这个世界将变得更加安全。

与其他大国一样，中国在遵守国际法方面是有斟酌评估的。它尊重《联合国海洋法公约》，但不太认可国际海洋法法庭对中国南海仲裁案的裁决。美国在 1986 年也拒绝履行国际法院的裁决，当时国际法院裁定美国对尼加拉瓜桑地诺主义者的支持违反了"不对他国使用武力""不干涉他国事务""不侵犯他国主权""不妨碍和平海运通商"等国际法律义务。① 随后，美国驻联合国大使称国际法院是一个"半合法、半司法、半政治的机构，世界各国对它的地位有时承认，有时不承认"。②

在一件事情上，中国的立场坚定不移：决不允许任何势力干涉中国内政。因此，中国会反对他国对新疆或香港问题指手画脚。到目前为止，中国对香港问题没有采取军事化的应对方式，不像印度总理尼赫鲁那般不顾时任美国总统肯尼迪与英国首相麦克米伦的抗议，武力夺回了葡萄牙殖民地果阿。在新疆问题上，中国的立场是符合国际法的。当联合国试图调查英国在北爱尔兰的行为时，时任英国外交大臣迈克尔·斯图尔特对联合国表示，这无异于干涉英国内政。这也说明了为何西方国家联合向联合国致信批评中国对新疆问题的处理时，没有一个伊斯兰国家支持它们。记录显示，只有占世界人口12%的西方国家对中国的内政持批评态度，而占世界人口88%的其他国家并未与西方同流合污。

要解释清楚为何西方一直对中国抱有怀疑，我再加上一个略带挑衅性但从历史角度来说十分准确的注解。西方对中国的强烈怀疑是有深层次原因的。在西方心灵的潜意识深处，埋藏着一种对"黄祸"本能而真实的恐惧。它深埋在潜意识里，所以很难被察觉到。因此当美国高层决策者就中国问题做出决定时，他们可

---

① "Case Concerning Military and Paramilitary Activities in and Against Nicaragua," International Court of Justice, 27 June 1986, https://www.icj-cij.org/files/case-related/70/070-19860627-JUD-01-00-EN.pdf.

② Graham Allison, "Heresy to say great powers don't bow to tribunals on Law of the Sea?" *The Straits Times*, 16 July 2016, https://www.straitstimes.com/opinion/heresy-to-say-great-powers-dont-bow-to-international-courts.

以诚恳地说，自己做出的决定是出于理性的考量，而非情感的驱动。然而，对外部观察者而言，美国对中国崛起的反应显然也受到了深层情感的影响。就像人类个体很难挖掘出驱使行为的无意识动机一样，一个国家和一种文明也难以意识到自身的无意识冲动。

"黄祸论"已经在西方文明中深藏了几个世纪，这是事实。拿破仑有一句名言："让中国沉睡吧，因为它一旦醒来，就会撼动世界。"为什么拿破仑这样评论中国，而不是印度——一个同样庞大且人口众多的文明？因为没有成群结队的印度人曾威胁或蹂躏过欧洲各国的首都。相形之下，13世纪，成群结队的蒙古人（黄种人的一种）就出现在了欧洲的门口。诺琳·吉夫尼记述道："1235年，蒙古军队入侵东欧，1236—1242年又入侵罗斯公国……蒙古人在猛攻之后，又神秘地迅速撤退，这让西方人大吃一惊，也松了一口气。"①

对"黄祸"的潜在恐惧时不时地体现在文学和艺术作品中。我小时候生活在英国殖民地，读过当时流行的"傅满洲系列"小说，这些小说给我留下了深刻的印象。潜意识里，我开始认为在人类社会中，邪恶的化身是一个毫不顾及道德的斜眼黄种人。我并不是西方人，但我都能够内化吸收这类种族滑稽漫画，我怀疑潜意识中的"黄祸"恐惧也影响了美国决策者对中国崛起的反应。

席卷华盛顿特区的强烈反华情绪，也许部分出于对中国某些政策的不满，或者出于对中国陌生文化的恐惧，但也可能出自更

---

① Noreen Giffney, "Monstrous Mongols," *Postmedieval: A Journal of Medieval Cultural Studies* 3, no. 2, (May 2012): 227–245.

深层次的潜在情绪。美国前驻华大使傅立民曾观察道："看待中国时，许多美国人现在下意识地将阴险的小说人物傅满洲、20世纪80年代日本对美国工业和金融主导地位构成的令人不安的挑战，以及激发了《反苦力法案》和《排华法案》的一种貌似'恐华症'的生存威胁联系到一起。"

鉴于这股"黄祸"恐惧的潜意识心理，美国民众需要扪心自问，他们对中国崛起的反应，有多少是出于冷静的理性分析，又有多少是因为对非白种人文明的成功深感不适。这些理智与情感之间的斗争是在潜意识中上演的，所以我们也许永远不会得到真正的答案。即便如此，我们还是要感谢特朗普政府国务院前政策规划办公室主任基伦·斯金纳，她曾暗示，这种潜意识维度正在发挥影响。正如她在国会听证时所说："这是我们第一次面对一个非白种人的大国竞争对手。"现在是时候坦诚地讨论一下中美关系中的"黄祸"意识维度了。应对潜意识中的恐惧的最好方法就是让恐惧进入意识层面，这样我们才能加以处理。

中国作为一个大国的重新崛起本不应让人感到意外。从公元元年到1820年，中国和印度一直是最大的两个经济体，所以它们的强势回归是非常自然的。然而，中国回归的速度却有些反常，它的回归速度超乎想象。1980年，以购买力平价计算，中国的经济规模是美国的1/10，但到2014年，中国的经济规模已经变得相当大了。

随着经济的增长，中国的国防预算也在增长。如今，中国的军事实力已经有了显著的增长，中美力量对比发生了巨大的变化，而且中国对国防预算的使用也相对明智。中国主要采取的是军事实力相对较弱的国家在不对称战争中所采取的战略。中国把预算花在复杂的陆基导弹上，这可能使美国航母战斗群完全失去战斗力。建造一艘航母可能需要耗资130亿美元，但据中国媒体报道，中国的 DF-26 弹道导弹可以击沉一艘航母，而成本只有几十万美元。新技术也在为中国抵御航母助力。哈佛大学的蒂莫西·科尔顿教授告诉我，高超音速导弹机动灵活，能以不同高度高速飞行，面对高超音速导弹的威胁，航母不堪一击。

对中国重新成为一个军事大国感到不适是完全可以理解的，因为中国显然已成为一个更强大的军事竞争对手。然而，中国悠久的历史表明，中国在动用军事力量方面十分谨慎。最近中印边境发生的悲剧只会让中国人更加坚信：将武力作为首选是不明智的。中美之间真正的竞争将发生在经济和社会领域。美国之所以不费一兵一卒就成功击败了强敌苏联，主要是因为美国经济发展得更好。里根总统威胁要扩大军费，超过苏联，这一举动最终迫使苏联总理戈尔巴乔夫求和。同样的剧情会在中美之间上演吗？或者会发生反转的剧情吗？大多数预测显示，在10～20年内，按名义市场价格计算，中国的经济规模将超过美国。当美国降为世界第二大经济体时，它是否应该改变战略？还是它应该未雨绸缪？同样，美国是否应听从艾森豪威尔总统的良言劝诫？艾森豪威尔总统曾对美国报纸主编协会表示："我们所制造的每一支枪，所动用的每一艘军舰，所发射的每一枚火箭，归根结底，都是在窃取那些食不果腹、衣不蔽体的人的财富。"

毫无疑问，中国将成为美国强大的地缘政治竞争对手，事先为此做好谋划是明智的。然而，正如乔治·凯南在美苏争霸之初曾英明地指出的那样，这场竞赛的结果不是由军事竞争来决定的。相反，他说，结果将取决于美国是否有能力"给世界人民营造出一种整体印象：这是一个知道自身诉求的国家，它正在成功处理内部问题并承担起作为世界强国的责任，它具备能够在时代的主要思想潮流中稳住自身的精神活力。"

在当前的中美地缘政治较量中，凯南对"精神活力"的强调显得尤为重要，因为决定对抗结果的将是这一层面的较量，而非军事层面的。中国拥有世界上最古老的文明，中华文明是历史上唯——个经历了4次衰微又复兴的文明，因此，在中美两国之间的和平较量中，美国决策者低估中华文明的力量和韧性将是一个严重错误。

中国有多危险 [1]

中国的和平复兴是现代人类历史上最伟大、最成功的壮举
之一。

《德国时代周刊》：马教授，在过去几十年里，西方一直与中国保持着密切的接触，寄望于双方互惠互利，民主能够在中国生根发芽。但这种结果似乎并没有出现。中国的崛起加剧了西方国家内部日益严重的不平等现象，中国模式甚至在今日的一些民主国家里赢得了仰慕者。西方过去与中国建立密切关系是一种愚蠢之举吗？

马凯硕：绝对不是。西方对中国的失望颇令人惊讶，因为实际上西方已经成功实现了对中国的许多关键目标。当美国在19世纪末崛起为一个大国时，你猜怎么着？美国很快就发动了战争。而中国是联合国安理会常任理事国中40年来唯一没有发动过战争的国家。中国的和平崛起是当代人类历史上最伟大的成功故事

① *Die Zeit*, Jun. 17, 2020.

之一。

马蒂亚斯·多夫纳[①]：凯硕，我们不否认中国崛起这一事实，但我们强烈不认同其崛起所带来的后果。西方民主国家应该重新定义与中国的关系。2001 年中国加入世界贸易组织是一个历史性的错误。人们期望"通过贸易改变"中国，然而中国只享受了贸易带来的好处：中国经济占全球 GDP 总量的比重从 8% 增长到了约 19%，而美国的比重则从 20% 下降到了 15%，欧洲的比重从 24% 下降到了 16%。这从来都不是一场公平的竞争。我们认为中国从未接受过以互惠原则为指导的自由开放的市场规则。所以我们要千方百计地制定新规则，不仅是出于商业原因，欧洲民主的未来正岌岌可危。

马凯硕：历史上，中国和印度一直是世界上最大的经济体。欧洲和北美只是在过去的 200 年里才实现了经济腾飞。因此，西方在过去两个世纪的主导是一个重大的历史反常现象。1960 年，占世界人口不到 5% 的美国，在全球 GDP 总量中所占比例竟高达 50%。这种情形该结束了。你还必须看到，中国廉价的制成品使欧盟民众能维持其生活水平。当然，你可以将这场辩论定性为一个好的独裁国家和一个好的民主国家之争。但我认为你们现在见证的是中华文明的回归。美国对中国发起地缘政治上的非理性、情绪化的重大挑战是不明智的。

我认为，当未来的历史学家回顾历史时，他们会对西方的期望感到不解：美国这样一个建国不足 250 年的国家竟然期待改变

[①] 马蒂亚斯·多夫纳（Mathias Döpfner），阿克塞尔·施普林格集团首席执行官，德国报纸出版商协会会长。——译者注

中国这样一个拥有 5 000 年历史的国家。随着时间的推移，世界上其他国家也将采取西方国家的模式，这样的假设是傲慢的。

多夫纳：区分自由社会与不自由社会并非出自傲慢。你似乎把民主和独裁放在了同一个道德层面上。

马凯硕：我想说的是，应该尊重各国的选择。自由已经在中国发展起来了。1980 年，我第一次去中国时，中国人必须穿中山装，他们无法选择住在哪里或从事什么工作。但如今他们可以选择居住地点和工作类型，甚至可以自由旅行。如果中国确实是一个黑暗的、充满压迫的"劳改营"，那么为什么每年会有 1.3 亿中国游客自愿回国呢？中国人民尊重和支持他们的政府，因为在 1842—1945 年的百年屈辱史中，西方蹂躏了中国。现在中国强大了，你来问为什么不对政府进行改革？

多夫纳：中国的经济增长确实取得了令人难以置信的成功，但我很确定一件事：中国模式不能出口到欧洲。我想在一个开放的社会里过自由的生活。

马凯硕：马蒂亚斯，我可以向你保证，在一个开放的社会里，中国人不会剥夺你自由的生活方式。

《德国时代周刊》：多夫纳先生，您指出欧洲应与美国站在一边，与中国脱钩。那么在这一过程中，您愿意牺牲掉多少欧洲就业机会？

多夫纳：举例来说，2019 年，大众向美国交付了 65 万辆汽车，却向中国交付了 420 万辆汽车。我认为这并不是说中国市场多么有吸引力，而是对中国市场形成了依赖。但我们必须坚持真正的互惠原则。要想在这方面取得实质性进展，我们不应排除脱钩的可能性。德国对华贸易占德国对外贸易总额的约8%，我们不可能在一夜之间改变这种状况。因此，脱钩无疑将困难重重，但并非毫无可能。然而，我们希望在中国遵守的原则同样适用于中国公司。因此，如果中国能切实遵守相关原则，我们就会停止对这些原则问题的争论。

马凯硕：在70多亿世界人口中，12%的人口生活在西方，88%的人口生活在西方以外的国家。这意味着，无论哪个西方国家决定与中国脱钩，那么该国也是在与世界其他国家脱钩。谈及地缘政治，各国都不会把价值观放在第一位，每个国家都是如此，美国也不例外。世界上大多数国家，无论它们是否认同中国目前的做法，都仍致力于改善人民的生活，提升人民的福祉，寻找可靠的合作伙伴以实现自身的发展目标。若不考虑这一现实，你说的很对，在理想的情况下，我们确实必须为各方制定明确的规则，提供公平的竞争环境。

《德国时代周刊》：马教授，在您看来，中国历来是一个爱好和平的国家，因此世界各国的担忧只是杞人忧天罢了。然而，在今年的全国人民代表大会上，中国共产党删除了"和平统一"台湾论述中的"和平"一词。另外，中国在南海问题上也有些不太在意国际规则。习近平主席似乎在以一种相当有力的方式推动中国的崛起。

马凯硕：地缘政治角逐的历史告诉我们，根本不存在所谓的仁慈的超级大国。但迄今为止，中国表现出了非凡的战略克制。倘若动用军事手段，中国能在24小时内拿下南海诸岛，但事实上中国并没有这样做。

多夫纳：中国之所以没有诉诸武力，是因为它明白现代战争依靠的不是炸弹和士兵，而是商业力量和数据。在这两个领域，中国也是极具进攻性的。

马凯硕：我强烈反对"中国对世界的民主构成了威胁"这个观点。

《德国时代周刊》：那您对澳大利亚等国家有何建议？澳大利亚如今正面临着中国的经济制裁。荷兰和瑞典在批评中国后也受到了来自北京的压力。

马凯硕：借助经济实力来达到地缘政治目标的行为并非始自中国。长期以来，美国一直在这么做。就澳大利亚而言，我的建议是澳大利亚应学会适应新的现实，因为它的邻居是40亿亚洲人。当初，美国崛起并在中美洲扶持傀儡政府时，中美洲各国不得不进行调整。鉴于此，我对所有中小国家的建议是，当新的超级大国出现时，我们必须学着适应和自我调整。

《德国时代周刊》：既然德国和欧洲有条件发挥一定的政治优势，那么在中美新一轮竞争中，德国和欧洲应如何进行自我定位呢？

马凯硕：对欧洲来说，最佳选择是做自己的主人。只要自己足够强大，欧洲就不必做任何人的附庸。我发现，在诸如联合国等多边机构中，欧洲实际上一直不愿站出来告诉美国：加强全球规则能使美国和世界其他国家共同受益。我不理解欧洲为什么不这么做。

《德国时代周刊》：您为何对中国会遵守多边规则抱有希望？因为事实并非如此。

马凯硕：美国自创了"美国例外论"，中国也可以这么做。但是，如果你制定出将使各国共同受益的多边规则，我预测中国在绝大多数情况下都会遵守相关规则。

多夫纳：从长远来看，异质竞争要比同质垄断更具生命力。我不太确定在未来几十年里，自由和公平竞争的原则是否将仍然盛行。以人工智能为例，遗憾的是，中国在该领域的处境比美国或欧洲的好得多。为什么这么说呢？因为人工智能的发展速度在很大程度上是由监管框架驱动的。中国却压根儿没有关于隐私或数据所有权的限制，那里唯一的监管原则就是要服务于国家的整体发展水平。① 所以，我们该如何应对这种不公平的优势？

马凯硕：我认为欧洲已经足够成熟，可以明确地告诉美国和中国：你们如果想发展人工智能，就必须基于相关规则。世界上其他国家会信任欧洲，这很重要，因为欧洲没有专制议程。

《德国时代周刊》：问两位最后一个问题。回看百年历史，当英德两国作为对手争霸时，这标志着一些人所谓的"全球化1.0"时代的结束。那么，随着中美两国卷入包括惩罚性关税在内的贸易战，二位是否担心我们可能正在见证"全球化2.0"时代的终结？

马凯硕：我很看好全球化的未来。亚洲如今是世界上最大的中产阶级群体聚集地，我也深知他们的愿望：过上与许多西方人一样舒适的生活。因此，一旦新冠肺炎疫情结束，一旦大家都可以再次随心所欲地到各地旅行，我保证，全球化将以势不可当之

---

① 中国已经推出了多项针对数据隐私保护的相关标准，并且开展了对行业的检查。——译者注

势卷土重来。事实上，我想说：小心点儿，"全球化3.0"时代就要来了！

多夫纳：在我看来，我们正在见证着"重新民族国家化"——一场欧洲和全球化的危机，原因有二：一是新冠肺炎疫情的大流行，按理说，面对疫情，各国应勠力同心，携手抗疫，但事实上，这场疫情导致了大多数国家将更多注意力放在自身利益上；二是中国作为一个非西方民主概念的超级大国的崛起。不过，从长远来看，我完全相信全球化将成为时代主流，这是唯一的选择。因为所有重大问题的解决都离不开世界各国的共同努力，比如气候变化。如果我们能加强"美国-欧盟"联盟对北京施加的建设性压力（结合对话），我们或许能够达成新的贸易协议。如此一来，自由和全球化将成为时代主流。

中国威胁到了什么？中美应如何避免战争[①]

> 美国应该建立将中国纳入应对全球性挑战的战略，而不是徒劳无功地限制和阻碍中国成长为世界第一大经济体（这是不可避免的）。

在大约 15 年内，中国的经济体量将超过美国，成为世界上最大的经济体。而随着这一时刻的临近，华盛顿达成共识，认为中国对美国的利益和福祉构成了重大威胁。美国参谋长联席会议前主席约瑟夫·邓福德将军曾表示，"到 2025 年前后，美国最大的威胁可能来自中国"。美国在 2018 年《国防战略报告》的概要中声称，中国和俄罗斯是"修正主义大国"，正在寻求"塑造一个符合其独裁模式的世界，从而可以对其他国家的经济、外交和安全决策指手画脚"。美国联邦调查局局长克里斯托弗·雷则说过："我们正在试图将中国的威胁看作不仅是对整个政府的威胁，而且是对整个社会的威胁……我认为美国社会需要对此做出

---

① *Harper's*, February 2019.

反应。"这种观念非常普遍，以至 2018 年 1 月特朗普引发对华贸易摩擦时，甚至得到了民主党参议员查克·舒默等温和派人士的支持。

两个主要趋势驱动着这些担忧。一是经济方面，他们认为中国通过不公平贸易、要求技术转让、窃取知识产权以及实施非关税壁垒阻碍市场开放，破坏了美国经济；二是政治方面，他们认为中国经济的成功发展并未带来西方政府尤其是美国所期望的自由民主改革，而且中国在与其他国家打交道时变得强势。

美国官员认为中国对美国构成了迫在眉睫的威胁，了解这些便不难理解为何格雷厄姆·艾利森在《注定一战：中美能避免修昔底德陷阱吗？》一书中得出了一个令人沮丧的结论：两国发生武装冲突的可能性很大。然而，由于中国无意于动用武力威胁或侵略美国，没有试图干涉美国国内政治，也没有谋求蓄意破坏美国经济，因此我们必须考虑到，即使中国威胁论的呼声越来越高涨，美国仍然可以找到方法，与将在 10 多年后成为头号经济大国，也可能成为地缘政治大国的中国和平共处，并使这种方法在限制中国利益的同时促进美国的利益。

美国必须重新审视对中国政治制度根深蒂固的看法。自苏联解体以来，美国决策者一直坚信，中国共产党步苏联共产党的后尘走向灭亡只是时间问题。两党的政治家和决策者都或含蓄或坦率地接受了弗朗西斯·福山的著名论断，即历史只有一个方向可走。

2000 年 3 月，克林顿在解释他为什么支持中国加入世界贸易组织时强调，经济自由化必然带来政治自由化，并得出结论：

"如果你相信中国人民的未来会更加开放和自由，那么你就应该支持中国加入世界贸易组织。"他的继任者小布什也持同样的看法。小布什在2002年的《国家安全战略》中写道："中国迟早会发现，社会和政治自由是铸造伟大国家的唯一源动力。"

值得深思的是，美国决策者坚信他们可以自信满满地为中国开出"政治处方"。当然，没有哪个帝国像美国那样积累了如此强大的经济、政治和军事力量，虽然自1776年《独立宣言》签署至今还不到250年。相形之下，中国的历史要悠久得多，中国人民从几千年的历史中认识到，当中央政府软弱分裂时，百姓的境遇最差，例如1842年鸦片战争后近一个世纪，中国都在遭受外敌入侵、内战、饥荒和其他许多灾难的蹂躏。然而，自1978年以来，中国已经使8亿人摆脱了贫困，创造出了世界上最大的中产阶级群体。正如格雷厄姆·艾利森在为中国政府旗下的一家报纸《中国日报》海外版撰写的一篇评论文章中所言："可以说，40年的奇迹式增长为更多人创造了更大福祉，这比过去5 000多年的变化都要大。"这一切都发生在中国共产党执政期间。中国人也注意到，苏联共产党的垮台导致了俄罗斯人的预期寿命下降、婴儿死亡率上升和居民收入急剧下降。

在美国人看来，美中政治制度之间的竞争是民主政体与专制政体之间的竞争：美国是民主政体，人民可以自由地选择政府，享有言论和宗教自由；中国是专制政体，人民没有这种自由。然而，在立场中立的观察家看来，这不过是在美国的金钱政治与中国的精英政治之间做一种选择：在美国，主要公共政策决定最终偏向于富人而非普罗大众；在中国，由党内精英根据能力与表现选出的官员制定重大公共政策，这带来了显著的扶贫成果。一个无法否认的事实是，在过去 30 年里，美国工人的收入中位数并未提高：1979—2013 年，每小时工资的中位数平均增长率仅为 6%，每年的增长率不足 0.2%。

这并不意味着中国当今的政治体制已经完美到无需任何改变。新疆问题仍然受到广泛关切。如今，中国国内也有许多呼吁改革的声音，例如著名的自由主义学者许纪霖。在《反思中国的崛起：自由主义批判》（*Rethinking China's Rise: A Liberal Critique*）一书中，王大为将许教授过去 10 年间撰写的 8 篇文章翻译成出色的英文。许教授对中国学者提出了最尖锐的批评，尤其是批评他们过分关注民族国家，坚持中国与西方政治模式在文化和历史上有本质差别。他认为，这种对特殊性的过分强调实际上是对中国传统文化的背离，因为在中国传统的"天下"模式中，对外关系是一个普遍性的、开放的体系。他批评中国学术界同行中的"极端民族主义者"对"西方人创造的任何东西"全盘否定，相反，他认为中国之所以能在历史上取得成功是因为它是开放的。然而，即使像他这样的自由主义者也不会要求中国照搬美国的政治制度。相反，他认为中国应该"利用自己的文化传统"，创建一种"新天下"模式：在内部秩序方面，"汉族和各少数民族在法律与身份上相互平等，尊重和保护不同民族的文化独特性与多样性"；在国际外部秩序上，"中国与周边及世界各国不分大国、小国，相互承认与尊重独立的主权，平等对待，和平共处"。

中国的政治制度理应随着社会和经济条件的变化而变化。而且，在许多方面，它已经发生了重大变化，变得比以前更加开放。比如，1980 年，当我第一次去中国时，所有中国普通居民都不能以个人游客身份出国旅游。但 2018 年，大约有 1.34 亿人出国旅游，而且这 1.34 亿人也自由地选择了从度假地回到中国。同样，数百万年轻的中国精英学子赴美留学，得以享受美国大学里的学术自由。而在 2017 年，有 80% 的中国留学生仍旧选择了回国。尽管问题依然存在：如果事情进展顺利，那么习近平主席为什么要对共产党员实施更严格的政治纪律？他的前任胡锦涛在任期间实现了惊人的经济增长，但这一时期也出现了腐败。习近平主席认为，这些趋势将阻碍中华民族的伟大复兴。面对这些严峻挑战，他认为除了再次加强党中央领导，别无其他可行的选择。尽管如此（或者因为他这么做了），习近平主席仍然深受欢迎。

许多西方人对中国中央政府拥有的权力感到担忧，认为这是发生武装冲突的前兆，事实并非如此。例如，中国避免了无谓的战争。美国的地理环境得天独厚，两个邻居加拿大和墨西哥都温和无害。中国则不同，中国与印度、日本、韩国和越南等一些强大的民族主义邻国之间关系紧张。需要注意的是，自 1988 年中越两国之间发生短暂的海上冲突之后，在联合国安理会 5 个常任理事国（中国、法国、俄罗斯、美国和英国）中，中国是唯一一个 30 年来从未与他国发生武装冲突的国家。反观美国，即使在相对和平的奥巴马政府时期，美国军方也在一年内向 7 个国家投下了 2.6 万枚炸弹。显然，中国人更懂得战略克制的艺术。

当然，有时中国似乎徘徊在战争的边缘。理查德·麦格雷戈的著作《亚洲审判日》(*Asia's Reckoning*) 集中讲述了二战后美、中、日三国间的战略关系，生动地记录了 2012 年以来中日之间的紧张时刻。2012 年 9 月，时任日本首相野田佳彦声称将有争议的钓鱼岛"国有化"，此后中日两国的军舰一度在海上危险对峙。然而，尽管很多经验丰富的观察家预测中日两国可能将于 2014 年发生军事冲突，但实际上后来什么也没有发生。

还有不少人认为中国南海海域很有可能会发生军事冲突。全球每年 1/5 的海运都要经过这一地区，中国人在部分岛礁和浅滩上修建军事设施，以扩大对争议海域的主权范围。然而，与西方分析人士的结论相反，虽然在政治方面中国对待南海地区的态度无疑更加强硬，但在军事上并没有变得更加激进。像马来西亚、菲律宾和越南这些较小的海域竞争对手控制着南海海域的一些岛屿，中国完全可以轻而易举地将它们赶走，但中国并没有这样做。

在看那些有关"中国侵略"的陈词滥调时，不要忘了这一点：美国已经错过了缓和南海地区紧张局势的良机。美国前驻华大使芮效俭曾对我提到，2015 年 9 月 25 日，在与奥巴马总统一起召开的联合记者招待会上，中国领导人曾就南海问题向美方提出了一些建议，包括认可东盟十国提出的一些声明，不仅如此，还表示尽管中国在南沙群岛的部分礁石和浅滩上进行了大规模的填海作业，但并不打算在有争议的南沙群岛"搞军事化"。然而，奥巴马政府对中国的合理建议无动于衷，甚至还加强了在南海的巡逻力度。作为回应，中国加快了在这些岛礁上建设防御工事的步伐。

正如在军事外交上需要谨慎一样，中美在处理两国间的经济关系时同样需要谨慎。特朗普和他的首席贸易顾问彼得·纳瓦罗、贸易代表罗伯特·莱特希泽坚持认为，是与其他国家进行的不公平贸易导致了美国的贸易逆差。但事实上，没有任何一位德高望重的主流经济学家同意这种论调。美国前总统里根的经济顾问委员会主席马丁·费尔德斯坦指出：美国在全球的贸易逆差是由国内消费总量超出其国内产能导致的，因此，对低廉的中国商品征收关税并不能解决这个结构性问题，只能导致美国普通百姓难以负担许多生活必需品。

尽管如此，特朗普对中国的贸易战还是为他赢得了美国主流的广泛支持。对此，中国其实也难辞其咎。长期以来，美国主流人物一直在抱怨中国的许多经济政策不符合公平贸易原则，但中国一直忽略了美方发出的日益强烈的误解和怨言。正如牛津大学中国中心研究员乔治·马格努斯在《红旗》（Red Flags）一书中指出的那样，美国强烈反对中国运用不公平政策来惩罚外国企业以利好本国公司。他建议美国通过诸如中美全面经济对话等方式，敦促中国在非政治敏感的商业领域和服务领域放宽市场准入。

马格努斯建议中美两国通过现有的一些机制进行对话，这远比特朗普的贸易战更加明智。如果特朗普只是抨击和谴责中国那些不符合贸易公平原则的经济政策，那么他将得到全世界的支持，而世界贸易组织也为此提供了许多途径。然而，特朗普政府的所作所为不禁让中国和其他国家怀疑，其真实目的不仅是要消灭不公平的贸易，而且是要阻挠或破坏中国靠自身实力成为技术强国的长期计划。正如马丁·费尔德斯坦所言，美国当然有权利实施防止他国偷窃技术的政策，但是，美国不应以此为由，试图破坏中国的长期国家工业计划——《中国制造2025》，阻挠中国发展自己的电动汽车、机器人和人工智能等技术以跻身世界制造强国之列。

费尔德斯坦和马格努斯都认为，要维持自身在航空航天和机器人等高科技产业中的霸主地位，美国政府应加大对高等教育和研发的投资，而不是诉诸关税措施。简言之，美国需要制定自己的长期经济发展战略与中国相竞争。无论从政策层面还是从理论层面来看，中国领导人对于国家经济和民生的未来发展均更有远见。《中国制造2025》计划以及"一带一路"倡议中的基础设施建设项目，如高铁建设等，都展示了中国正在努力成为全球先进的新兴制造业的有力竞争者。与此同时，中国领导人开始强调未来绝不能再以制造不平等和牺牲环境等社会代价来片面地追求经济增长。2017年，习近平主席宣布，中国社会主要矛盾已经转化为"人民日益增长的美好生活需要和不平衡不充分的发展之间的矛盾"[①]。马格努斯以此预测，中国政府未来的执政重点将转移到"改善环境、治理污染、缩小贫富差距和地区发展不平衡、加强社会安全网络建设"等方面。马格努斯认为，尽管中国的经济发展面临着一些严峻挑战，但中国领导人至少已经开始想办法应对。美国也是时候这样做了。

然而，为了制定长期战略，美国需要解决其经济假设中的一个根本矛盾。大多数老练的美国经济学家认为，让政府来主导产业政策不能发挥作用，因而主张自由市场资本主义。如果这一理念是正确的，那么特朗普的主要贸易谈判代表罗伯特·莱特希泽就不应反对《中国制造2025》计划，这一计划由中国政府主导，

---

① 中国共产党第十九次全国代表大会在京开幕［N］. 人民日报，2017-10-19.

旨在提升技术能力。莱特希泽应该坐视不管，任由中国的工业计划失败，就像苏联的经济计划一样。

然而，如果莱特希泽相信《中国制造2025》这一计划能够成功，那他就应该考虑到，美国应重新审视其意识形态假设，并像中国一样制定一个长期的综合经济战略，以便与中国抗衡。世界领先的工业大国德国也有这样一个战略，叫作"工业4.0"。在德国的战略中，政府的参与程度显然没有中国高，正如美国战略与国际研究中心的甘思德所描述的那样，在中国版的产业政策中，国家扮演"重要角色……提供整体框架，利用金融和财政工具，支持创建制造业创新中心"。为什么美国不能制订一个与之匹敌的计划呢？

具有讽刺意味的是，在制定这样一个长期经济战略时，美国的最佳合作伙伴很可能就是中国。中国渴望动用3万亿美元的外汇储备，在美国进行更多投资。颇具影响力的彼得森国际经济研究所负责人亚当·波森已经指出，特朗普与中国和其他国家的贸易摩擦导致2018年美国的外国投资净流入几乎跌至谷底。2013年，中国政府提出了"一带一路"倡议，旨在通过对基础设施的大规模投资加强亚洲、欧洲和非洲的区域经济合作，美国应该考虑加入这一倡议。目前加入该倡议的国家将欢迎美国加入，因为这将有助于平衡中国的影响力。简言之，有很多经济机会美国可以善加利用。正如波音和通用电气两家美国大企业从中国航空市场的爆炸式增长中获益一样，卡特彼勒和柏克德工程等公司也可以从"一带一路"地区的大规模建设中获益。不幸的是，美国意识形态上对国家主导经济政策的厌恶，将阻碍中美互利的长期经济合作和美国制定所需的产业战略。

随着中国的崛起，美国面临着两个严峻的选择。第一，美国是否应该继续其目前对中国的矛盾政策，一方面寻求加强双边关系，另一方面却切实地破坏双边关系？在经济方面，美国向来把中国当作经济伙伴，除了特朗普近年发动的贸易战；而在政治政策尤其是军事政策方面，美国大多数时候都将中国视为对手。第二，美国能否与中国并驾齐驱，制定出一个同样有效的长期战略来应对后者的崛起？简明的答案是肯定的。然而，如果中国将成为美国的首要战略重点，也理所当然地应该成为美国的首要战略重点，那么一个令人关注的问题是，美国能否像中国一样在战略上严于律己，放弃对伊斯兰世界无谓的战争和对俄罗斯不必要的污蔑。

当作为世界第一大经济体时，美国拥有世界上最大规模的国防预算是合理的。但世界第二大经济体拥有世界上最大规模的国防预算是否合理呢？如果美国固执己见，那么这不是给了中国战略借口吗？中国从苏联的解体中吸取了一个重要教训：必须先发展经济，再发展军事。因此，美国把钱浪费在不必要的军事开支上，实际上符合中国的长期利益。

如果美国最终改变对中国的战略思维，它就会发现，制定出一个既能遏制中国又能促进美国利益的战略是有可能的。2003 年，克林顿在耶鲁大学的一次演讲中为这样的战略提供了思路。他的主要意思是，应对下一个超级大国的唯一方法是建立多边规则和伙伴关系，对其进行遏制。例如，尽管中国对南海海域的珊瑚礁和浅滩提出了主权要求，但《联合国海洋法公约》使得中国无法主张南海为其内海。中国也有义务执行世界贸易组织对其不利的裁决。国际规则确实可以发挥作用。幸运的是，在习近平主席的领导下，中国仍然赞成加强美国创建的全球多边架构，包括国际货币基金组织、世界银行、联合国和世界贸易组织。中国派遣的联合国维和人员超过了联合国安理会其他4个常任理事国的总和。因此，中美在多边场合有合作的机会。

为了抓住这个机会，美国决策者必须接受一个不可否认的现实：中国（和印度）的回归势不可当。为什么？因为从公元元年到1820年，中国和印度一直是世界上最大的两个经济体。而过去200年来，西方对全球商业的主导是一种反常现象。正如普华永道预测的那样，中国和印度将在2050年或更早的时候恢复第一和第二的地位。

中印两国领导人都明白，我们现在生活在一个相互依存的小小地球村里，面临着包括全球变暖在内的许多新挑战。在特朗普宣布退出《巴黎协定》后，中国、印度本可以紧随其后，但两国都没有这么做。尽管两国的政治体制截然不同，但它们都决定做负责任的全球公民。或许，这可能是弄清楚中国是否会威胁到美国和世界的最佳途径。如果中国愿意接受多种全球规则和伙伴关系的约束，那么它很可能会保持一种不同的政体且这种政体并不会构成威胁。这是美国的"中国威胁论"派应该考虑并为之努力的另一种方案。

特朗普对华策略的矛盾之处①

特朗普政府过分高估了中国对美国民生和价值观念的威胁。
然而，没有制定一个全面、长期的对华战略就发起与中国的
地缘政治竞争，特朗普政府又低估了中国共产党的支持度和
韧性。

在应对来自中国的挑战时，特朗普政府最大的矛盾之处就是，
它既高估了又低估了这一挑战。高估是显而易见的，但低估不那
么明显，这更加危险。

2020 年 7 月 23 日，美国时任国务卿蓬佩奥在尼克松图书馆
发表演讲时，明确阐述了自己为何会高估来自中国的挑战。蓬佩
奥说："中国滥用贸易行为的统计数据非常惊人，这剥夺了美国
人的就业机会，并对包括南加州在内的美国各地经济造成了沉重
打击……而且我们发现，中国军事实力正在增长，甚至越来越有
威胁性。"如果有人认为中国即将对美国发动军事入侵，那也是

---

① *The National Interest*, Jul. 29, 2020.

可以理解的。然而，毫无疑问，在军事领域，美国比中国强大得多。蓬佩奥在演讲中说："我们敦促中国开展行动，使其核能力符合当代的战略现实。"中国如果听从他的敦促，那么就必须增加5 500多件核武器储备，因为中国只有300多件核武器，而美国有近6 000件。

蓬佩奥还宣称，中国共产党正在利用美国的"自由开放社会"，并"派宣传员参加我们的新闻发布会，加入我们的研究中心、高中、大学甚至家长会"。总之，中国的影响力已经渗透进美国社会的各个阶层，会对美国社会造成破坏。蓬佩奥用了一个最有力的词来形容中国共产党——"弗兰肯斯坦"①，这个词暗示着一个怪物正在威胁美国，所以美国人听了演讲后感到害怕也是情理之中的。

然而，尽管特朗普政府官员近年关于中国的言论很尖锐，但他们终究还是低估了中国带来的挑战，因为他们都没能正确地阐释这一挑战的性质。如果中国的目标确实是取得全球霸权，那么美国人大可放宽心，因为任何这样的野心都终将在全球人民的一致反对下走向失败。

对美国而言，中国共产党实际上是一个更令人敬畏的对手，因为其首要目标并非谋求全球霸权，而是要重振世界上最古老、最具韧性的文明，使之恢复昔日地位——在人类历史上大多数时期内，它都是最成功的文明。中国共产党在这一复兴进程中表现出色。还有个事实鲜为人知：自中华人民共和国于1949年成立

① 弗兰肯斯坦源自英国作家玛丽·雪莱（Mary Shelley）于1818年创作的同名长篇小说《弗兰肯斯坦》（*Frankenstein*），又译作《科学怪人》。——译者注

以来，现阶段是中国共产党最强大的时候。

2020 年 7 月，哈佛大学肯尼迪学院阿什研究中心发表了一份题为《理解中国共产党的韧性》（*Understanding CCP Resilience*）的研究报告，解释了共产党在中国如此受欢迎的原因。报告称："长期以来，政权理论一直认为，专制制度依赖于威压、决策过度集中、个人权力凌驾于制度权力之上，因此天然就不稳定……随着时间的推移，这些缺陷往往会削弱执政政府的合法性，导致普遍的动乱及民众的不满。"本来这些都可能发生在中国的，但事实恰恰相反，如同这份报告所言："中国共产党似乎一如既往地强大，其更深层次的韧性建立在人民对党的政权政策的支持上。"因此，该报告的结论认为，"几乎没有证据表明中国共产党在人民眼中正在失去合法性"。

蓬佩奥将中国共产党与中国人民区分开来，这也低估和误解了中国所带来的挑战。他说："我们还必须介入并赋予中国人民权利——中国人民是一个充满活力、热爱自由的民族，完全不同于中国共产党。"这里有一些非常重要的数据：每年有超过 2 000 万名中国人申请加入中国共产党，但只有大约 12% 的人能成功，加入共产党的难度不亚于在美国申请一所一流大学。简言之，中国共产党并没有因为美国的施压而即将分崩离析：它被 14 亿中国人赋予执政的合法性，中国人现在很幸福，因为中华文明正在焕发新的生机。2020 年《爱德曼信任度调查报告》称，九成中国人支持中国政府。

所有这些都彰显出了美国对华战略的一个主要弱点。当美国急于和中国对抗之际，没有哪个国家跳上美国的战车，除了不明智的本届澳大利亚政府。就连像英国这样的美国亲密盟友都没有加入。2020年1月，一位英国高层人士在达沃斯世界经济论坛指出，英国将继续安装华为的5G，因为英国情报机构已经彻底证明了华为软件的清白。他自信地断言，美国不能对英国施压，因为两国是相互依存的。但到7月，英国已经选择了屈服。我们只能想象美国对英国施加了多大的压力。这与冷战时期形成了鲜明对比，彼时的英美是同一战壕的铁哥们。

美国若想平衡中国的影响力，理智和周详的战略是在全球建立广泛的朋友圈。但美国采取的策略恰恰相反，如理查德·哈斯所说："在本届政府的领导下，我们将欧盟视为经济敌人，对韩国和日本重拳出击……如果盟友都不能信任我们，那么指望他们站出来与强大的邻国抗衡是不现实的。"

特朗普政府或美国如果想要认真对待中国的挑战，就需要推倒现有的计划，重新制定一个周详的长期战略。要理解中国共产党的本质，美国还应该听取其以前的战略思想家的建议。正如乔治·凯南所说："第一步是必须对我们所面对的问题的本质有一个清醒的认识，而认识这一问题同样需要勇气、超然与客观的立场和解决问题的决心，以免我们被情绪影响或击败。"

凯南还建议美国养成"谦逊、谦卑"的美德。美国如果想对中国造成的巨大挑战形成客观深刻的认识，就必须重拾这些美德。

香港人应该明白自己沦为了别人的棋子[①]

香港地区的抗议活动被某些人认为是为了民主和自由而战。但我们必须将抗议活动放在中美地缘政治竞争的大背景下去理解。

编者按:

为什么美国和中国这两个世界上最大的国家越发互相敌视？在中美竞争态势下应如何看待香港事务？美国和其他西方国家正深陷内部危机，现在是时候改革其政治制度吗？在一个发生着深刻变化的世界里，今天的国际事务观察家们正在努力找寻这些问题的答案。《环球时报》记者于金翠和白云怡在近期的一次书面采访中征求了新加坡国立大学亚洲研究所的杰出研究员马凯硕的真知灼见。

《环球时报》：最近几个月中美关系的恶化是否超出了你的预期？在美国2020年11月大选后，这一趋势还会继续吗？不同的

①　*Global Times*, Jun. 18, 2020.

选举结果将如何影响双边关系？

马凯硕：我对中美关系近期的恶化并不感到惊讶。正如我在《中国的选择》一书中所写，美国决定发起对华地缘政治竞争是由几股结构性力量推动的：第一，如哈佛大学教授格雷厄姆·艾利森观察到的那样，当第二大国（中国）力量直逼第一大国（美国）时，地缘政治竞争不可避免会爆发；第二，美国不满中国通过亚洲基础设施投资银行和"一带一路"倡议等举措在国际上扩大影响力；第三，正如美国前助理国务卿坎贝尔所说的那样，美国曾期待"美国的力量和霸权可以轻易地将中国塑造成美国喜欢的样子"，简单地说就是，美国曾期待中国变成像美国那样的自由民主国家，没能实现这一期待（即使它是错的）让它感到失望；此外，西方社会长期以来一直存在恐惧"黄祸"的心理。这些结构性因素推动美国两党取得一致，支持对中国发起地缘政治竞争。

无论谁赢得这次大选，中美之间的地缘政治较量都将继续。只不过如果拜登获胜，其政府将会更有"礼貌"，停止对中国的公开侮辱。与此同时，拜登领导下的美国也可能成为中国强大的竞争对手，因为拜登政府将会更有效地团结美国的朋友和盟友。目前，欧洲等盟友对特朗普政府已不再抱有幻想。当然，我认为一个更加理性的拜登政府也有很大可能接受我在书中提出的建议，即中美应合作应对新冠肺炎和全球变暖等共同挑战，而不是相互对抗。

《环球时报》：中美两国在经济、技术、政治制度和全球领导力方面的竞争与冲突日益加剧。您认为两国在哪些领域可以缓解冲突，在哪些领域仍将趋于紧张？

马凯硕：中美地缘政治竞争的未来走向很难预测，因为美国还没有制定出一个全面、周详的对华长期战略。是亨利·基辛格博士与我分享了这一洞见。由于缺乏战略，美国此前对中国采取的贸易战等行动也损害了美国人民的利益，尤其是在新冠肺炎疫情暴发后。

而在制定对华战略之前，美国需要回答这样一个根本问题：美国的核心战略目标，究竟应该是维护其在全球体系中的主导地位，还是增进人民福祉？选择显而易见：要主导地位还是要人民福祉？

直到今天，美国政府内的很多人还认为，美国应维护自己的主导地位。但可悲的是，这种冲动导致美国发动了许多不必要的战争，比如美国在"9·11"事件后的战争上浪费了5万多亿美元，而在过去30年里，美国底层50%民众的平均收入却一直在下降。如果将这5万多亿美元发放给这些人，每人都能分到3万多美元。

简言之，如果美国专注于增进人民福祉和应对气候变化，那么中美在许多领域的竞争都可以避免，比如贸易战。但如果美国专注于维护其主导地位，两国之间的竞争将在很多领域加剧，类似抵制华为的5G和中国提出的"一带一路"倡议等行为还会发生。

全世界都希望，美国能够选择增进本国人民福祉这条更加明智的道路。

《环球时报》：中美两国的一些学者认为，中美关系处于过去40年来最糟糕的时期，要解决这种隔阂需要花费几十年时间。若真如此，中美对抗将如何影响未来几十年的世界格局？其他国家必须"选边站"吗？

马凯硕：美国有 3.3 亿人口，中国有 14 亿人口，其他 60 多亿人口分布在其余 191 个国家。[①]中美地缘政治竞争让其他国家深感不安，它们希望两国与世界其他国家合作，一道应对紧迫的全球挑战，如新冠肺炎疫情和全球变暖。因此，很少有国家（如果真有的话）会急于选边站队。如果中美两国都能抛开地缘政治竞争，专注于复苏自新冠肺炎疫情暴发以来陷入严重停滞的全球经济和促进经济可持续发展以应对气候变化，绝大多数人将感到欣慰和高兴。我的《中国的选择》一书的主要目的之一，就是要说服两国更加重视其他国家的观点。

当美国宣布退出世界卫生组织时，没有一个国家追随它的脚步，这已经清楚地表明了其他国家的立场。因此我认为，传达全球 70 多亿人想法的一个办法是振兴联合国等主要多边组织并与之合作。德国总理默克尔与法国总统马克龙都强调了多边主义的重要性。多边机制有助于稳定世界，抵挡中美地缘政治竞争导致的混乱，因此我们应当鼓励欧盟在这方面多发挥领导作用。

《环球时报》：您近期说，香港已经沦为美国和中国日益加剧的对抗中的一枚"棋子"，您能进一步阐述一下这个观点吗？

马凯硕：在美国发起的对华地缘政治竞争中，美国自然会寻找各种机会让中国难堪。这对超级大国来说很寻常。美国还认为，

---

① 目前，世界上共有 197 个国家，包括 193 个联合国会员国、2 个联合国观察国（梵蒂冈、巴勒斯坦）和 2 个未加入联合国的国家（纽埃、库克群岛）。此书作者采用 193 个联合国会员国的说法来指代世界各国。——编者注

香港近期的动荡和即将出台的国家安全法①，为它提供了一个合适的反华"宣传武器"，尤其是在西方国家。在这种背景下，香港人必须认识到，他们已经成为"政治足球"，将被卷入这场地缘政治竞争。在任何一场球赛里，选手们都会追求进球、得分，尤其是得到"宣传分"，但悲哀的是，足球在这个过程中不可避免地被损坏。如果香港人还不能明白他们已经成为地缘政治竞争的棋子，那他们注定会为此付出代价。

许多西方国家认为香港的不稳定符合其利益，所以支持示威和骚乱，因为这打了中国的脸。但事实上，如果英美等国冷静地衡量一下切实的长期利益，尤其是复苏全球经济这个首要需求，它们就会意识到，香港的稳定与保持充满活力的商业和金融中心地位，将使西方企业从中国的增长中充分受益。

《环球时报》：1997 年以前，英国殖民统治下的香港一直是西方在亚洲的前哨，但如今中国恢复了对香港行使主权。北京正在为香港制定国家安全法，此举遭到西方国家的强烈反对。这种冲突的原因是什么？

马凯硕：每个国家都有国家安全法。《中华人民共和国香港特别行政区基本法》第 23 条明确规定："香港特别行政区应自行立法禁止任何叛国、分裂国家、煽动叛乱、颠覆中央人民政府及窃取国家机密的行为，禁止外国的政治性组织或团体在香港特别行政区进行政治活动，禁止香港特别行政区的政治性组织或团体与外国的政治性组织或团体建立联系。"正是因为香港当局未能

---

① 全称为《中华人民共和国香港特别行政区维护国家安全法》，于 2020 年 6 月 30 日第十三届全国人民代表大会常务委员会第二十次会议通过。——译者注

履行其职责，中央政府才进行了这项立法。

每个国家都有国家安全法。这些法律旨在保护各个国家免受外国干涉，尤其是对国内政治的干涉。比如，虽然美国拥有世界上最广泛的媒体自由，但直到最近，外国公民都不能在美国拥有电视台所有权。当年传媒大亨鲁伯特·默多克不得不先放弃自己的澳大利亚国籍，在成为美国公民后，才在美国拥有电视台的所有权。直到2017年，美国才允许外国法人拥有100%的媒体所有权。但是，美国国务院通过替代立法——《外国代理人登记法》来管理外国法人拥有的电视台。再比如，关于特朗普的"通俄门"报道尽管未得到证实，但还是引发了美国民众的不满。不过，据《纽约时报》报道，美国却有不少干预其他国家选举的先例。据卡内基-梅隆大学国际关系助理教授多夫·莱文研究，1946—2000年，美国以公开或秘密形式干预他国选举的事件就有81起，而同期苏联/俄罗斯只有36起。2018年2月17日，《纽约时报》记者斯科特·沙恩在报道中写道："美国的行为有时会背离民主理念很远。美国中央情报局在20世纪50年代帮助推翻了伊朗和危地马拉的民选领导人，又在60年代支持其他几国的暴力政变，还策划了暗杀行动，并支持拉丁美洲、非洲和亚洲几个残暴的反共政府。"

我认为，制定香港国家安全法时，可以考虑参照那些和中国香港人权情况类似的国家的有关法律，没有必要白费力气做重复工作。

我深信，只要国家安全法符合既定的国际规范并由香港司法独立的法院执行，香港就将继续成为一个充满活力的商业金融中心和开放的国际大都会。然而，要实现这一目标，香港领导者必须大力开展公共教育，向香港民众解释这些新法律。

《环球时报》：乔治·弗洛伊德之死在美国引发了大规模抗议。抗议活动开始后不久，美国政客就威胁要动用军队来镇压——为什么他们对香港的暴力抗议者采取完全不同的态度？

马凯硕：在大多数国家（并非所有）中，和平抗议是合法的，但在任何国家中，暴力示威都是违法的。因此，中国香港和美国警方制止暴力示威都是合法的，然而，明智的警察机关会保持谨慎和克制。香港警队的表现着实令人钦佩，他们既有效地制止了暴力行为，又没有造成任何伤亡。而一些美国人却因此丧生。

部分香港示威者转向暴力行为是一个巨大的错误。因为在所有健康的社会中，都有一条不可逾越的基本原则：只有国家机关有权使用暴力手段维护法律与秩序。这就是为何警察有权逮捕涉嫌违法的公民，而公民却不可以逮捕警察。香港的暴力示威者用石块、金属棒来攻击警察，这极大地损害了他们的本质诉求。

历史已经告诉我们，最成功的示威是和平示威，就像圣雄甘地和马丁·路德·金所领导的和平抗议运动那样。与此同时，大多数抗议都是由根本的社会经济问题引发的。悲哀的是，与美国最穷的 50% 的民众一样，香港底层 50% 民众的生活水平在最近这些年也没有得到提高，这正是中国香港和美国发生示威游行的根本原因。但幸运的是，香港在应对这一群体的问题上处于有利地位，因此，我很看好香港。

《环球时报》：美国对新冠肺炎疫情的反应令人失望。为什么这个世界上唯一的超级大国在疫情中的表现如此糟糕？特朗普政府是罪魁祸首，还是美国社会及其政治制度中累积的问题造成如此结果？

马凯硕：美国对新冠肺炎疫情的应对非常令人惊讶和失望，因为在过去几十年里，美国一直是一个令全世界羡慕和嫉妒的国家。1979 年 1—2 月邓小平先生访美期间，中国人民见证了美国工人阶级当时的富裕程度。但正如我在《中国的选择》一书中指出的那样，遗憾的是，在接下来的 30 年，直到 2010 年，美国成了唯一一个底层一半人口收入持续下滑的主要发达国家。普林斯顿大学的两位经济学家——安妮·凯斯和安格斯·迪顿，记录下了这一事实是如何使得美国白人工人阶级陷入"绝望之海"的。他们也记录了这种糟糕的经济状况是如何随着家庭功能失调、社会孤立、吸毒成瘾、肥胖和其他社会问题而日益加剧的。

因此，仅仅将美国当前的问题归咎于特朗普政府是错误的，因为这些问题已经累积了很久。里根-撒切尔革命才是引发美国社会问题最主要的原因。里根总统曾说过一句名言："政府不是解决问题的办法，政府才是问题所在。"于是，美国的主要政府机构，包括联邦航空管理局、食品药品监督管理局等在内的国际知名专业机构都被严重削弱。当政府机构变得软弱时，政府处理社会危机（比如贫富不均）和卫生危机（比如新冠肺炎疫情）的能力自然会受到严重限制。

《环球时报》：在您看来，新冠肺炎疫情之后，西方会逐渐开启"大政府"的时代吗？西方国家自 18 世纪以来鲜少改革其政治制度，它们需要做出反思或改革吗？

马凯硕：当我们谈论"西方"与"大政府"时，我们需要将欧盟与美国分开来看。的确，从这次疫情来看，欧盟和美国的应对都很差，因为欧美国家每百万人口的死亡率远高于东亚。

然而，总的来说，在发达国家之中，大部分欧洲国家在政府与市场两个角色间保持了健康的平衡。它们的经验也验证了诺贝尔经济学奖得主阿马蒂亚·森的名言：成功的国家是那些将自由市场这只"看不见的手"和良好的治理这只"看得见的手"结合在一起的国家。这也是丹麦、芬兰等国常被视为榜样的原因。

相比之下，在里根总统之后，美国就已经放弃了良好的治理这只"看得见的手"。当下，美国需要就重振主要政府机构达成新的共识，以解决国内长期累积的重大社会经济问题。美国前副国务卿、卡内基国际和平基金会主席威廉·伯恩斯曾写道，他目睹了"（美国）政府缓慢而痛苦地脱水——政客们只对贬损各个机构感兴趣，而不推动其现代化。官僚程序庞杂烦琐，公众看到了自身利益与政治精英利益之间的巨大差距"。他进一步指出，"针对政府的战争早就该结束了"。倘若美国人民听取了威廉·伯恩斯大使的建议，结束对政府的战争，他们一定会过得更好。

《环球时报》：美国的动荡令人担忧，这会在更多国家引发类似的混乱吗？在后疫情时代，世界上更多国家会更频繁地发生政府崩溃、财富差距扩大和动荡吗？

马凯硕：美国仍是世界上最大的经济体。如果美国经济增长放缓，或者继续下滑，这不仅对美国，也将对世界产生不利影响。美国经济恢复增长符合全球的利益。

然而，如果美国以及世界经济想要恢复增长，我们就必须重新回到特朗普总统当选前各国达成的全球共识。第一，我们必须一致认为，如果我们不打贸易战，而是共同努力降低关税，减少非关税贸易壁垒，那么世界将会更美好。第二，我们必须努力加强而不是削弱世界贸易组织。事实上，正如我在《大融合》一书中所写，我们必须加强所有联合国所属多边组织的职能，包括世界卫生组织。第三，我们还必须继续推动达成自由贸易协定，如《区域全面经济伙伴关系协定》和《全面与进步跨太平洋伙伴关系协定》。2020 年 5 月 28 日，李克强总理表示，"对于参加 CPTPP（《全面与进步跨太平洋伙伴关系协定》），中方持积极开放的态度"[①]，这非常令人鼓舞。

总之，尽管美国经济的放缓会拖累全球经济，但如果我们对开放经济和自由贸易保持信心，包括东北亚和东南亚在内的东亚经济仍有可能保持增长。在 20 世纪 50—60 年代，美国和欧洲通过一步步推动经济自由化保持了经济的强劲增长，那么同样，东亚如今也可以带头推动经济自由化。如此将吸引亚洲其他地区、非洲和拉丁美洲的许多发展中经济体与东亚经济实现更深入的融合。

幸运的是，1945 年由西方为世界建立的基于规则的秩序并未崩溃，尽管特朗普政府已经放弃了它，尽管与许多美国人一样，许多欧洲人也对未来感到不安，但以德国和法国为首的欧洲并未退出全球多边机构。东亚和欧洲应共同努力，借助新加坡前总理吴作栋首创的亚欧会议平台，稳定以规则为基础的全球秩序。

---

① 国务院总理李克强回答中外记者提问［EB/OL］.（2020-05-28）. http://www.xinhuanet.com/politics/2020lh/zb/zlizh/index.htm.

新冠肺炎疫情"提高了中国在世界秩序中的地位"①

中国是世界上第一个面对新冠肺炎疫情暴发的国家。即便如此，与美国和西欧等传统强国比起来，中国的应对措施也切实地提高了其在国际上的地位。

2020年，新型冠状病毒（正式名称为SARS-CoV-2）引发的呼吸道疾病——新冠肺炎的暴发使世界经济突然停摆。为了遏制病毒的快速传播，许多国家实施了封锁和其他史无前例的物理隔离措施，将全球大量人口约束在家中。

随着死亡人数的不断攀升，全世界都在争相研发疫苗，人们对这种病毒的源头也产生了各种各样的猜测。

有人指责中国是疫情的源头，但这种病毒的起源尚不明确。

尽管面临种种挑战，但与一些西方国家相比，中国成功

---

① DW, Apr. 30, 2020.

地将死亡率控制在相对较低的水平。

新加坡前外交官、著名学者马凯硕在接受德国之声采访时谈到了中国和其他东亚国家对这场疫情的反应，以及与西方国家的对比。

德国之声：新冠肺炎疫情似乎极大地改变了世界秩序。这场突发的公共卫生事件如何影响了中国在全球事务中的地位？

马凯硕：在疫情暴发前，中国正逐渐成为世界第一经济大国。在应对这次疫情危机时，中国一开始手足无措，但一旦缓过神来，中国就对新冠肺炎疫情进行了有力回击。中国十分有效地阻止了这种极其危险的病毒的传播，这令全球感到惊讶。这些做法都提高了中国在全球秩序中的地位。

德国之声：中国是如何做到在新冠肺炎疫情中保持低死亡率的？

马凯硕：中国大陆（内地）与其他东亚国家（新加坡、日本、韩国）以及中国台湾和中国香港等地区的死亡率都很低。中国迅速且果断地暂停了全国人员流动，控制住了疫情。这就是保持低死亡率的秘诀。

中国拥有非常强大的行政机构，这些机构的治理能力多年来不断加强。这是中国能出色地应对危机的另一个原因。相形之下，美国则在削弱公共服务机构的能力，例如减少资助、打击士气、弱化权威性等。

美国指责世界卫生组织在政策上"以中国为中心"，对世界卫生组织的政治不满日益高涨，在这种情况下，世界卫生组织将如何发挥好作用？

我曾担任过十多年的新加坡驻美国大使。在任期间，我敏锐地观察到各国是如何试图削减对联合国的经费支持的。尽管世界卫生组织对世界各国都至关重要，但包括美国和欧盟在内的西方世界仍然减少应支付的义务性会费，进而削弱了该组织。

仅靠自愿捐款不足以支持世界卫生组织制订长期计划和招募长期的卫生检查人员。中国正在崛起为一个大国，如果中国能将世界卫生组织的义务性会费恢复到以前的比例，这将是一件大好事。中国的做法将会获得广泛的支持。中国承诺向世界卫生组织提供 3 000 万美元（2 750 万欧元）的自愿捐款，这已经开了个好头。但我认为，在加强世界卫生组织的长期能力建设方面，北京能够做出更大的贡献。

德国之声：关于新型冠状病毒的起源有种种阴谋论。您认为人们为什么更关注这一点而不是去抗疫，尤其是在西方社会？

马凯硕：当新冠肺炎疫情暴发时，中美本可以抛开分歧共同抗疫，这才是理性又明智的选择。遗憾的是，美国总统特朗普发动的对华贸易战原本就加剧了中美之间的地缘政治竞争，新冠肺炎疫情更是雪上加霜。

美国和一些西方国家正在利用新冠肺炎疫情给中国制造难堪。它们声称新冠病毒是中国的一家实验室秘密制造的。幸运的是，西方既有谴责中国的声音，也有赞扬中国的声音。

例如，《柳叶刀》和《自然》等权威西方期刊对这些指控进行了研究，结论是中国提供的信息是正确的，病毒是自然因素导致的。中国一破解病毒全基因组序列，就与世界进行了共享。

德国之声：新冠肺炎疫情会让西方对中国和中国企业更加警惕吗？

马凯硕：美国对中国的提防不仅仅是因为新冠肺炎，这是两国的地缘政治竞争导致的。特朗普总统只在打击中国这一个问题上获得了两党支持。这种反华情绪是中美之间长期的结构性地缘政治竞争而非新冠肺炎导致的。

即使在2020年11月的大选中特朗普总统没有获胜，我也可以遗憾却自信地预测，中美之间的地缘政治竞争仍将持续下去。美国一定会利用中国在新冠肺炎疫情中犯下的错误来加重对中国的指责。

德国之声：在您的著作《中国的选择》中，您赞扬了习近平主席的治理，并说："习近平主席极有可能为中国提供一位哲学王者的仁慈领导方式。"在观察中国的抗疫方式之后，您认为这种说法是否依然成立？

马凯硕：管理一个拥有14亿人口的国家是世界上最难的工作之一，中国作为一个国家而存在的每一天都堪称奇迹。如果你想评价中国任何一位领导人，那么你不应该根据他们的言论来评判，而应以他们的政绩为标尺。

在过去的三四十年里，中国人的生活水平得到了极大提高，这显然得益于中国共产党的领导。如果人民生活水平持续提高，我认为这表明中国在领导和政府管理方面已经达到了一定的水平。

德国之声：西方许多国家批评中国趁着这次疫情之机送出口罩和装备，这种说法有多少可靠性呢？

马凯硕：很难辨别孰真孰假。我会听一听意大利、希腊、塞

尔维亚等国政府的声音，对于中国所提供的帮助，它们似乎还是
比较满意的。

然而，反观法国和德国政府，它们似乎对中国的言行感到不
安。中国并不完美，也会犯错误。也许中国援助口罩时行动得太
快了，而没有检查口罩的质量。

归根结底，关于整个局势将会发展到哪一步，我们必须拭目
以待。我预测，随着疫情越来越严重，越来越多的国家将会向中
国寻求帮助。

德国之声：新加坡的新冠肺炎病例很大一部分出现在外国工
人的宿舍，新加坡政府是如何处理的？

马凯硕：新加坡对新冠肺炎疫情的应对赢得了世界其他国家
的高度赞扬。然而，我们迟迟未能发现外国工人宿舍里发生的疫
情。我们本来可以早点儿行动，并阻止疫情在外国工人宿舍里蔓
延的。但在新加坡意识到这个问题后，我认为其采取的应对措施
是非常有效的。

新加坡对外国工人提供了非常慷慨的帮助。新加坡总理给这
些工人身在印度和孟加拉国等国的家属发出信息，告诉他们不要
担心，新加坡正在照顾他们的家人。新加坡的外国工人也可以像
本国公民一样享用世界一流的医疗设施。

在新加坡，新冠肺炎疫情导致的死亡病例只有 14 人，与美
国等死亡人数超过 55 000 人的国家相比，这非常了不起。

德国之声：与美国等国家相比，新加坡、中国和韩国等亚洲
国家是如何处理新冠肺炎疫情相关的谬误信息的？

马凯硕：东亚国家从西方学到了科学的力量。即使在今天，

东亚在医药等领域的重大突破仍依赖于西方。因此，我们东亚都对特朗普政府在应对疫情时放弃科学治疗方法深感困惑。当然，并非所有的西方国家都如此，新西兰和德国的应对与东亚的一样科学、谨慎。

中国如何才能在后疫情时代取胜，超过美国①

随着中美地缘政治竞争的势头加剧，美国必须反身自问能否真正改善其他 191 个国家的福祉。

要了解即将到来的后疫情世界，我们必须铭记一个重要的统计数据：美国有 3.3 亿人口，中国有 14 亿人口，另有 60 多亿人口生活在其他 191 个国家。这些国家已经开始为中美地缘政治竞争做准备。它们的选择将决定谁是赢家。

对大多数美国人而言，这场竞争是不需要动脑筋的。他们相信世界上另外 60 多亿人将会选择热爱自由民主的美国。事实上，美国在许多方面仍然更具吸引力：世界一流的大学（例如哈佛大学和耶鲁大学）、百老汇和好莱坞。然而，衰落的大国也仍然保有文化吸引力，例如拥有剑桥大学和牛津大学、莎士比亚和简·奥斯汀的英国。

管理这 191 个国家的精英阶层大多接受过西式大学的教育。

---

① MarketWatch, Apr. 18, 2020.

他们已经学会运用冷静的理性演算，对美国和中国能够给予他们的东西进行成本收益分析。打感情牌是没用的。这些精英最终必须决定到底是美国还是中国能够改善他们人民的生活条件。

非洲就是一个最佳例子。非洲领导人研究了东亚经济的成功案例，并从中吸取了经验，明白了刺激经济增长的是贸易而非援助。中国现在是世界上最大的贸易大国，贸易总额为4.43万亿美元，而美国为3.89万亿美元。要促进非洲内部的贸易，就需要一流的基础设施，而中国现在是世界基础设施建设的超级大国，在非洲建设了急需的港口、铁路、公路和发电站，包括位于坦桑尼亚的巴加莫约大港口和亚吉铁路——非洲第一条完全电气化的跨国铁路。卢旺达总统保罗·卡加梅曾表示："中国人带来了非洲需要的东西：为政府和企业提供投资和资金。"这里有个关键性指标：当中国召开中非首脑会议时，所有非洲国家领导人都出席了。

有些人认为，中国正在把所有这些穷国拖入债务陷阱，但一项同行评议的学术研究发现，这种看法是不正确的。在2019年的一篇研究论文中，约翰斯·霍普金斯大学的教授德博拉·布罗蒂加姆得出结论称，这些国家中的大多数都自愿签署了这些贷款，并且与中国合作愉快。布罗蒂加姆写道："迄今为止的证据，包括斯里兰卡的案例，表明对中国银行在'一带一路'沿线国家和其他地区为基础设施提供资金的警告言过其实了。"她继续补充道："许多人对中国的经济模式表示赞成，并认为中国是一个有吸引力的发展合作伙伴。"

例如，在2014年，肯尼亚65%的人、加纳67%的人以及非洲人口最多的国家尼日利亚85%的人都对中国看法良好。因此，当中国提出"一带一路"倡议，开展从中亚到非洲（甚至到拉丁美洲）的基础设施建设时，大多数国家都签署了协议。诚然，中国在"一带一路"上也有过失误。2018 年出任马来西亚总理的马哈蒂尔·穆罕默德对相关协议中的条款表示抗议。然而，两国后来又悄悄重新谈判，马哈蒂尔也成为 2019 年北京"一带一路"峰会开幕式上的主要发言人之一。

作为西方俱乐部核心集团（七国集团）的成员，意大利是标明世界动向的一个主要风向标。意大利经济持续不景气，中国已加紧向意大利提供新的投资。意大利前经济和财政部长乔瓦尼·特里亚称，中国的投资能够为意大利经济带来"良性循环、令人满意和广泛的增长"，"意大利不能错过这趟列车"。如今，新冠肺炎疫情极大地推动了中意关系的发展。欧盟成员国起初不愿意帮助意大利，但中国几乎立即做出了回应，向意大利输送了 31 吨急需的呼吸机和其他医疗设备、口罩和防护服等物资。

以往的灾难（比如 2004 年印度尼西亚的节礼日大海啸）发生时，美国是第一个施以援手的国家，而中国提供的援助很少。但在抗击新冠肺炎的斗争中，中美两国的角色发生了逆转。中国对疫情的有力应对与美国的乏力应付之间形成了鲜明对比，全球除中美两国以外的 60 多亿人对此深感震惊。他们赞同世界卫生组织的评估："中国遏制这种新型呼吸道病原体迅速蔓延的大胆做法已经改变了其迅速升级为致命大流行病的过程。"

同样重要的是，著名西方医学杂志《柳叶刀》发表了一封来自医学和公共卫生领域主流专业人士的公开信，这封信也赞扬了中国的应对措施，指出"中国的科学家、公共卫生专业人士和医学专业人士……所做出的努力是了不起的"。

赢得朋友，影响他人

然而，所有这些并不意味着绝大多数国家会抛弃美国，加入中国的阵营，形势还远远未到这一步。大多数国家都希望能够与这两个大国保持良好的关系，它们不想被迫做出选择。例如，如果中国的华为能够提供又好又便宜的 5G，那么大多数国家（包括美国的盟友，如英国、德国和法国）都希望能自由地选择最好的技术或电信基础设施。因此，当美国对购买华为产品的国家实施制裁时，其与朋友的关系受到了影响。

美国的许多朋友都呼吁要自由地为自己的国家做出最合适的选择。印度和土耳其希望能够自由地从俄罗斯购买 S-400 导弹；印度尼西亚希望能够自由地购买苏霍伊喷气式战斗机。同样，英国、法国和德国希望能够通过"贸易互换支持工具"（INSTEX 机制）与伊朗进行贸易，这是它们为开展与伊朗进行贸易而建立的一种特殊的清算机制。

美国仍然有望恢复它享有的庞大影响力。例如，东南亚的十个东盟成员国对美国仍旧善意十足。事实上，其中两个国家——菲律宾和泰国，在"技术层面"上还是美国的条约盟友。然而毫无疑问的是，这些国家目前与中国的关系更为紧密。十个东盟成员国与中国的贸易规模都比与美国的大。为了平衡这一点，美国增加了对东盟成员国的投资存量。事实上，美国对东盟的总投资高达 3 280 亿美元，远远超过了其对印度、中国、日本和韩国的投资总和。相比之下，中国对东盟的投资只有约 1 500 亿美元。

与其他国家一样，东盟十国亦不想陷入中美之间的零和地缘政治博弈。它们希望能够拥有开放性的选择，这个诉求相当合理。因此，若辅以巧妙的外交手段，美国仍然可以赢得这场博弈。但遗憾的是，华盛顿特区已经丢掉了外交艺术，这就创造出一个巨大的机会，这个机会可以被中国充分利用，使其在后疫情时代掌握主导权。

为何建立新的反华联盟的企图会落败 [①]

对"四方安全对话"同盟来说，最大的问题是发生在亚洲的
重大战略博弈并不是军事层面的，而是经济层面的。"四方
安全对话"同盟的成员在经济利益和历史因素上分歧过大，
难以形成长久、可靠的同盟。

　　澳大利亚、印度、日本与美国对中国的担忧是完全合情合理
的，因为与一个更强大的中国共存会令人如坐针毡。它们意图通
过"四方安全对话"机制来预防中国所带来的挑战也是合情合理
的。但不幸的是，"四方安全对话"机制不会改变亚洲历史的进
程，原因很简单：第一，四国有不同的地缘政治利益和弱点；第
二，更重要的是，它们错误地理解了这场博弈——发生在亚洲的
重大战略博弈不是军事层面的，而是经济层面的。
　　在这场博弈中，澳大利亚是最脆弱的，因为其经济高度依赖
于中国。澳大利亚人对本国经济长达 30 年的显著增长感到自豪，

---

① *Foreign Policy*, Jan. 27, 2021.

但殊不知这只能归功于澳大利亚在功能上成为中国的一个"经济省份"：2018—2019年，澳大利亚33%的出口产品流向了中国，仅有5%的出口产品流向了美国。

所以说，澳大利亚当众掌掴中国，要求对中国和新冠肺炎疫情进行国际调查并不明智。私下里发出这样的信号也许会显得更加聪明和慎重。现如今，澳大利亚掉进了自己挖的坑里。当前，整个亚洲都在密切关注着事态发展，看谁会在这场对峙中先退缩。从许多方面看，结果早已注定。如果中国先退缩，那么其他国家就可能会群起效仿澳大利亚羞辱中国。因此，事实上，澳大利亚把自己逼进了死胡同。

中国等得起。正如澳大利亚学者休·怀特所说："堪培拉所面临的问题在于，中国手里握着大多数的牌。在国际交往中，权力掌握在那些能以较低成本使别国遭受较大损失的国家手中。中国正可以这样对待澳大利亚，但（澳大利亚总理）斯科特·莫里森和他的同事们似乎并未领悟到这一点。"重要的是，早在2019年11月，澳大利亚前总理保罗·基廷就曾警告他的同胞，"四方安全对话"机制不会起作用。他在澳大利亚战略论坛上表示："概括来讲，所谓的'四方安全对话'机制并未发挥作用……印度仍对美国应对中国的计划首鼠两端，并将回避任何针对中国的激进行动。中日和解的趋势也很明显……所以，日本不会参与任何遏制中国的计划。"虽然自基廷发表这番讲话以来，印度在中国问题上采取了更强硬的立场，但印度不太可能会明确成为美国的盟友。

日本也有弱点，但它的弱点与别国的不同。澳大利亚有幸拥有几个隶属东盟的友好邻国，而日本却只有不友好的邻国：中国、俄罗斯和韩国。日本与这三个国家之间的关系都很糟糕甚至很紧张。日本能够应对与俄罗斯和韩国的棘手关系，因为这两个国家的经济规模都较小。但日本人已经敏锐地意识到，他们现在必须再次适应与更强大的中国共处。当然这并不是什么新鲜事。除了20世纪上半叶，日本几乎一直与中国这个更强大的邻国和平相处。

东亚研究学者傅高义在2019年写道："以在历史上的交往时长而论，没有任何国家可以与中日两国相比：1 500年。"他在著作《中国和日本1 500年的交流史》一书中提醒说，历史上大部分时间，中日两国都保持着深厚的文化联系，但长期以来，拥有伟大文明与丰富资源的中国都占据着上风。如果在过去1 500年的大部分时间里，日本都能够与中国和平共处，那么在接下来的1 000年里，日本同样可以与中国和平共处。然而，正如日本著名的歌舞伎表演一样精妙，两国关系的变化将是非常微小和渐进的，双方将逐渐巧妙地进入一种新的交往模式。两国不会很快成为朋友，但日本会巧妙地发出信号，表示它理解中国的核心利益。诚然，尽管前路坎坷，但中日两国会缓慢、稳步地做出调整。

中印关系则正好相反。作为两个文明古国，它们也曾和睦共处上千年。然而，由于喜马拉雅山的有力阻隔，两国几乎并不直接接触。但不幸的是，现代科技已经使得喜马拉雅山不再难以逾越。因此，中印两国士兵面对面接触的机会越来越多。这样的接触总会引发事故，2020年6月就发生了一起。此后，反华情绪如海啸般席卷印度。未来几年，两国关系将继续恶化，这起事件导致中印关系的恶化，就像雪崩被触发一般。

然而，中国会保持耐心，因为中国在时间上占有优势。1980年，中印两国的经济规模大致相同，但到 2020 年，中国的经济规模已经是印度的 5 倍。从长远看，两个大国之间的长期关系总是取决于两国经济规模的对比。苏联之所以输掉冷战，是因为美国经济远比苏联经济强大。美国 2017 年退出《跨太平洋伙伴关系协定》，此举相当于向中国送上一份地缘政治厚礼。同样，印度没有加入《区域全面经济伙伴关系协定》，也等于给中国送上了一份地缘政治厚礼。经济领域是大国博弈的赛场。随着美国退出《跨太平洋伙伴关系协定》，印度放弃加入《区域全面经济伙伴关系协定》，以中国为中心的庞大经济生态圈正在该区域孕育发展。以下这组数据值得深思：2009 年，中国零售商品市场规模为 1.8 万亿美元，而美国为 4 万亿美元；10 年后，中美两国的零售商品市场规模分别为 6 万亿美元和 5.5 万亿美元。未来 10 年，中国的进口总额有可能会超过 22 万亿美元。20 世纪七八十年代，美国凭借庞大的消费市场击败了苏联，同样，庞大且不断增长的中国消费市场将是决定这场地缘政治竞争胜负的最终因素。

因此，在印度洋举行的四国海军演习不会影响亚洲历史的走向。随着时间的推移，四国不同的经济利益和历史弱点将使"四方安全对话"机制越来越没有存在价值。一个基本的信号能说明问题：其他亚洲国家，甚至包括美国最坚定的盟友韩国，都不急于加入"四方安全对话"机制。亚洲的未来将由 RCEP（《区域全面经济伙伴关系协定》）四个字母，而非 Quad（"四方安全对话"）四个字母来书写。

拜登应表面上对中国"强硬"，"私底下"与中国开展合作①

拜登政府的当务之急是解决美国国内问题和阻止特朗普未来再次当选。这可能意味着拜登需要在表面上对中国表现得强硬，但在私下里，他应该通过美国在亚洲的盟友与中国开展合作。

在美国当选总统拜登于 2021 年 1 月 20 日举行就职典礼前几天，马凯硕接受了新加坡网络媒体 Mothership 的采访，就拜登当选对新加坡和该地区意味着什么、迄今为止拜登的内阁人选以及美国民主的未来，尤其是最近的国会山沦陷事件发表了看法。以下是对马凯硕的采访记录。

问：拜登的就职典礼将于下周举行。您认为他是当前合适的人选吗？

---

① Mothership, Jan. 17, 2021.

马凯硕：当然。因为美国从未像今天这样分裂和两极分化，如今的美国社会是一个严重分裂的社会。事实表明，尽管世界上大多数人都认为特朗普不适合担任美利坚合众国总统，但仍然有7 400万美国民众把票投给他，这也恰恰表明了美国社会的分裂和两极分化程度已经变得多么严重。

美国现在需要的是一个慈祥、友好、轻声细语的人，人们会立刻爱上他，这个人就是拜登。

实际上，美国很幸运，拜登将于1月20日就任总统。试想一下，如果拜登心脏病发作，那么卡马拉·哈里斯将成为总统——她虽然很能干，但不能像拜登那样把国家团结起来。因此，拜登的继任至关重要。

问：您认为拜登上任100天内的工作重点是什么？

马凯硕：我认为拜登在上任100天内的首要任务显然是集中精力抗击新冠肺炎疫情。

我的意思是，美国的死亡人数和疫情传播情况确实相当令人震惊，特朗普政府对疫情的应对显然十分不力。所以我想，拜登必须想办法改变这一现状，这是显而易见的。

当然，接下来就是经济问题。我想拜登也知道，7 400万美国人投票给特朗普，其中一个原因是许多中下层工人阶级的收入在过去30年间没有得到提升。我在《中国的选择》一书中谈及此点。正如诺贝尔经济学奖得主安格斯·迪顿所说，这一事实使美国白人工人阶级深陷"绝望之海"。所以拜登必须解决这个问题。他必须想办法提高这些愤怒的白人工人阶级的生活水平。如果他做到了，美国就不会那么两极分化了。

问：您见过拜登本人吗？您能和观众们分享与他的个人互动，或者您从一些美国朋友那里得知的情况吗？

马凯硕：嗯，我尚未有幸与拜登会面，但我至少有两个好朋友是他的亲密顾问，他们已经跟随拜登几十年了。从他们那里，我可以得知关于拜登动向的第一手资料。

假设我们这次采访发生在一年前，即2020年1月15日。如果你当时问我，拜登有机会当选吗，我会说没机会，因为他差得太远了！但当我和他的顾问交谈时，他们说："凯硕，我们知道他会在新罕布什尔州失利，会在艾奥瓦州失利，这些我们都知道。但我们需要一直走到北卡罗来纳州，然后才能扭转局势。"而且事实也果真如此。

谁即将获胜？特朗普还是拜登？拜登更有机会率先获得270张选举人票。

问：您已经从朋友那里听说了拜登的情况，对选举结果还感到惊讶吗？

马凯硕：我对特朗普的卓越表现感到惊讶。

传统上，在选举前会有一个蓝色浪潮。民主党人得到了很多支持。民主党将争取到众议院的更多席位，他们失败了，可能会夺回参议院，但他们几乎没有成功。他们将赢得更多的立法席位，但他们也失败了。

他们认为拜登会大获全胜。但事实上，有那么多人投票给特朗普，包括一些黑人、拉丁美洲裔等少数族裔，这真是令人惊讶。这说明美国有很多人仍然非常非常愤怒。

但归根结底，我们应该高兴获胜的是拜登，因为他能使美国平静下来，我认为他也将使世界平静下来。

问：谈到中国，您认为中国政府会对美国大选结果感到惊讶吗？您认为中国人更愿意与特朗普还是拜登打交道？

马凯硕：我认为中国总是着眼长远。

中国人明白，他们无法控制美国大选的结果，所以不管谁当选，他们只要接受就行了。不是特朗普，就是拜登。

如果拜登当选，对中国而言的矛盾之处在于，一方面，一切都会改变。因为拜登和他的内阁会非常文明，他们不会侮辱中国，他们将缓慢而谨慎地制定政策，而非一味地发推特或者要性子。后者正是特朗普所做的，对吧？

拜登会非常非常不同。他的风格将与特朗普的截然相反。

另一方面，什么又都不会改变，因为对于有些事，拜登是束手无策的。华盛顿已经形成强烈的反华共识。

人们强烈地认为美国这次必须与中国抗衡。因此，如果人们认为拜登对中国态度软弱，他就将在华盛顿受到攻击。

所以，一方面，看似一切都在改变；另一方面，其实一切又都没有改变。

问：您认为拜登政府会改善中美关系吗？

马凯硕：这个问题的答案极其复杂。如果你不介意的话，我就从三个方面来谈一下。

首先，拜登应该改善中美关系。我前面提到，拜登需要集中精力完成三个优先任务：抗击新冠肺炎疫情，提振经济，改善美国人的生活。

但要做到这些，他需要先暂停与中国的地缘政治较量，然后说，好吧，让我先修好我的"母舰"美利坚合众国，再来对付中国。我们应该做合乎逻辑、理性、理智的事情。我们都认为美国是一个有逻辑的、理性的、理智的社会。但遗憾的是，事实并非如此。

因为美国人，特别是建制派的关键成员，对中国的看法极其情绪化，他们认为中国是个真正的威胁，他们真的很担心美国会沦落为第二大国。因此，由于华盛顿达成了坚如磐石的共识——必须与中国抗衡，所以拜登不能按下暂停按钮。他必须表现得对中国态度强硬。

举个例子，他能做的也就只有取消特朗普对中国加征的关税。但他如果那样做了，就会陷入四面楚歌的境地，对吧？所以他不能那么做，他依旧束手无策。这就是原因。

拜登无法做到取消加征的关税。最后，拜登能做些什么呢？我认为他能做的就是精明地做事。他应该假装每天都在打击中国。所以，他的言辞应该表现为激烈地反华。

但在幕后，他应该悄悄努力，看看在有共同利益的问题上，比如在气候变化、新冠肺炎疫情，以及经济增长方面，他能如何与中国合作。我实际上在《中国的选择》一书中已经提到，中美两国在很多领域都有共同利益，拜登应巧妙地在这些领域与中国寻求合作。所以，在明面上，他对中国的态度应该极其强硬；在私底下，他应该与中国开展合作。这需要他有一定程度的政治手腕，但很明显，中国是美国的头号挑战。

问：美国刚刚宣布，库尔特·坎贝尔将担任驻该地区的最高外交官。您认为这意味着什么？

马凯硕：嗯，我非常重视库尔特·坎贝尔。事实上，在新冠肺炎疫情封锁期间，我们在一个名为《智慧广场》的辩论节目上与另外两个美国人——裴敏欣和董云裳展开了辩论。

你可以看看那个视频，你会看到我和库尔特是如何站在同一立场，主张对中国采取更理性的态度的。在这个过程中，当我们为这次辩论做准备时，我也和他进行了一次长时间的谈话。我很尊重库尔特，我认为他是一个很好的人选，因为他是一个冷静、稳重和理性的人。顺便说一下，我还和他一起录了一期播客。我和库尔特有过很多互动。

所以，我相信，像他这样的人会对中美关系起到安抚作用。但与此同时，我也毫不怀疑库尔特会对中国非常强硬。

还有，顺便一提他的背景，他更像是一个日本学家。我听说他是日本首相菅义伟先生的好朋友。所以我想，所有这些都会在处理中美关系时起到作用。

问：截至目前，您对拜登的内阁人选有何看法？

马凯硕：我认为人选都很好。我想，选择托尼·布林肯做国务卿是对的，虽然我不认识他，但我的朋友有的和他一起工作，有的为他效力，他是一个非常冷静、稳重、理性的人。我想，历史将会证明，特朗普的国务卿蓬佩奥在很多方面都将被认为是美国最糟糕的国务卿之一，因为他非常不可靠，而且总是意气用事。

举例来说，差不多在特朗普政府任期的最后两周内，蓬佩奥突然解除了对台湾的所有限制。

等一等，这些关于台湾的协议是由像亨利·基辛格这样的顶尖谈判者经过多年谈判达成的，在中美利益之间保持着非常谨慎的平衡。可蓬佩奥竟然一下子抛弃了它们！太惊人了！他怎么能这么做？

而且如果国务卿可以单方面撕毁协议，那么其他国家将来为何还要与美国签署协议呢？

我的意思是，这正是一个国务卿典型的错误行为。当然，蓬佩奥并不蠢，他这样做是有原因的。他想成为美利坚合众国的下一任总统。他想成为下一个特朗普，所以才会表现得像特朗普一样。

问：所以您对拜登的团队充满信心。您认为他们会对东南亚地区产生什么影响？

马凯硕：我觉得现在还无法确定，因为这在很大程度上取决于即将上任的拜登政府是否有能力倾听东南亚的呼声。而且很明显，如果拜登政府能够派人到东南亚，包括印度尼西亚、马来西亚、泰国、新加坡等所有国家私下会谈，他们就会得到非常明确的信息。

这一信息包括两部分。首先，我们希望看到美国增强在东南亚的存在，希望看到美国对东南亚进行更多的投资，希望看到美国在东南亚的军事存在。

其次，不要让我们在美国和中国之间做出选择，因为我们既想和美国做朋友，也想和中国做朋友。事实上，新加坡副总理王瑞杰最近在发言中也表明了这一点，李显龙总理最近在《外交》杂志上发表的文章中也表达了这一点。

所以，美国需要做一些调整。因此，这对拜登政府中曾任职于奥巴马政府的人而言非常重要，他们一定不要以为还能回到奥巴马时代，因为过去几年东南亚已经发生了改变。现在的东南亚是一个全新的东南亚。

因此，对拜登的新团队而言，不遗余力地做好东南亚的工作、认真倾听东南亚人的心声非常重要。

当然，拜登政府可能会比特朗普政府更愿意倾听（别的声音），而特朗普政府完全不懂倾听的艺术。

问：我们想听听您对美国民主未来的看法。我们看到了国会山沦陷事件中发生的非常悲惨的事。您认为是什么导致了这次暴力事件？

马凯硕：是的，虽然特朗普使问题恶化，但我认为美国的自由主义者单单指责他绝对是错误的，因为真正的原因在于美国社会深层次的结构性问题，我在前面提到过，底层 50% 民众的收入水平在过去 30 年没有得到改善。

所以美国的白人工人阶级非常愤怒。这也是为什么我在《中国的选择》中用了一整章的篇幅来解释美国社会出现了什么问题——这是一个根深蒂固的结构性问题，我在书中第七章谈及"美国已成为由富豪统治的国家"并做出解释。

你必须花点儿时间去理解金钱政治有多危险，它与民主政治的差别非常明显。在一个民主国家，你拥有的是一个民有、民治、民享的政府。但在金钱政治下，政府"由极少数人拥有，被极少数人统治，为极少数人服务"。

过去，美国社会的流动性很大，竞争环境向穷人倾斜，穷人想出人头地更容易。所以如果你在踢足球，对吧，你在往下坡跑，就更有可能进球，而有钱人则必须向上跑。这是公平的，你必须给穷人更多的进球机会，他们才能与富人竞争。

但在过去 30 年里，竞争优势和劣势发生了转变。如今美国的穷人为了进球不得不爬坡，而富人可以下坡进球。整个竞争环境都向富人倾斜。

因此，过去以社会流动性著称的美国失去了社会流动性。如果你看看《外交》杂志，著名经济学家布兰科·米兰诺维奇发表过一篇文章，你只需读读最后一句话。

最后一句话说的是，拯救美国的唯一方法就是让政治脱离财富的控制，因为财阀不仅控制着经济，还控制着政治制度，而底层民众却在受苦。

所以，这是一个非常深层的结构性问题，试图让竞争环境更公平或更有利于穷人将是一件非常困难的事情。

可悲的是，尽管全球一些非常重要的人物，比如我已故的朋友保罗·沃尔克曾告诉过我，美国已变成由富豪统治的国家，但许多美国人仍不肯接受这一事实。

英国《金融时报》副主编、首席经济评论员马丁·沃尔夫和诺贝尔经济学奖得主约瑟夫·斯蒂格利茨也都这么说。

因此，美国的当务之急是接受这一现实，因为只有接受了这个现实，才能解决问题。

问：最近，社交媒体公司封了特朗普的账号，包括德国总理默克尔在内的一些世界领导人发出批评，认为这么做违反了民主精神。您如何看待这种观点？

马凯硕：舆论在这个问题上分歧很大，不同国家的看法反映了各自的历史经验。

例如，在欧洲，人们经历过像希特勒那样的暴君的统治，所以德国总理默克尔才会对推特封禁特朗普的账号予以批评。他们主张每个人都有权大声说出自己的想法。这是一种观点，可能对，也可能不对。

但我认为，每个国家都应该考虑自身的情况，这很重要。以新加坡为例，我很高兴新加坡采取了强硬态度，这种态度使得任何人都不能在新加坡煽动舆论，因为归根结底，新加坡仍然是一个多种族的年轻国家。

因此，对我们来说，更严格的防护措施是有必要的。例如，在欧洲，马克龙会支持有关先知穆罕默德的漫画，但类似的事情在我们新加坡绝不允许发生。没门儿，对吧？

因此，我们有必要了解不同国家的国情，这直接影响决策。

但归根结底，我坚信，权利和责任是硬币的两面，谁也不能光谈权利而不谈责任，要两者兼顾。

问：关于美国民主的未来，您会给美国朋友们提什么建议？您对美国领导人有何建议？

马凯硕：我想，我对美国领导人的建议是，他们应该意识到，虽然美国在过去100多年里一直表现得异常出色，但现在，美国正在经历一段非常困难的时期。所以，美国必须问自己一个非常根本的问题：是应该继续任其发展，还是应该彻底转型、改变政策？

顺便说一句，从积极的方面来讲，有一件事让我振奋，那就是如果你能给美国人提供强有力的理性论据，他们就会欣然接受。

所以，法里德·扎卡利亚将我的书列入2020年度书单。此外，你知道，美国前财政部长与哈佛大学校长拉里·萨默斯将我的书选为 2020 年度最值得读的三本书之一。

这就是我认为美利坚合众国具有的力量。毕竟，他们在努力倾听与学习。所以，我希望美国人现在能够深刻反思，这正是美国现在所需要的。

坦率地说，我想强调的是，我们希望看到一个强大的而非软弱和分裂的美利坚合众国。因此，我们更希望看到美国花一些时间进行自我修复，解决庞大的内部问题，变得更加强大，这对世界而言将会更好。

问：您认为新加坡的年轻人如何才能一直保持警醒？您对他们有何建议？

马凯硕：简单地说，就是不要在感情上亲中、亲美、亲印度或者亲马来西亚，继续做好自己就够了。

另外，作为新加坡公民，我们必须始终捍卫新加坡的国家利益，这是我们的责任所在。所以，当其他国家之间出现问题时，我们必须非常小心，不要让自己陷入被动。

拜登应鼓起勇气改变对华策略 ①

如果拜登能汲取乔治·凯南的地缘政治智慧，他将取消特朗普政府发动的对华贸易战，这场灾难性的贸易战只损害了美国人民的利益，同时让中国共产党变得更加强大。

2021 年 3 月在阿拉斯加，美国国务卿安东尼·布林肯和国家安全顾问杰克·沙利文就民主与人权问题公开指责中国的外交政策高官杨洁篪和王毅。他们这么做，是因为坚信美国知道如何步步为营地战胜一个社会主义对手。

然而，尽管美国赢得了冷战，但中国可能更了解苏联社会主义瓦解的原因，所以中国绝不会重蹈覆辙。

中国的分析与美国战略大师乔治·凯南的分析是一致的。凯南曾预言，冷战的结果将取决于华盛顿是否有能力"给世界人民营造出一种整体印象：美国是一个知道自身诉求的国家，它正在成功处理内部问题并承担起作为世界强国的责任"。事实上，与

---

① *Financial Times*, Apr. 7, 2021.

苏联相比，美国在上述三个方面都遥遥领先。但与中国相比，美国在这些方面均不占优势。

苏联解体的第一征兆是其在社会福利指标上的恶化，这些指标包括预期寿命、婴儿死亡率、自杀率、阿片类药物（或酒精）成瘾。如今，美国在这些指标上也表现得很糟糕。与其他发达社会相比，美国人的预期寿命正在缩短，美国青少年的受教育水平也落后于许多先进工业国家。

如果凯南还健在，当他看到美国在无谓的战争上斥资 5 万多亿美元，而半数底层美国人的收入几十年来却一直停滞不前时，他一定会震惊不已。美国白人工人阶级深陷"绝望之海"。

中国目前的做法与苏联的恰恰相反。中国认为，苏联领导人之所以会失败，是因为他们脱离了群众，卷入对外战争而忽略了民生福祉。中国在过去 40 年间没有打过一场大仗。中国控制着军事开支，这与苏联的做法也不同。

没有哪个国家能像中国一样大幅改善人民的福祉。就人类发展而言，过去的 40 年是中国 5 000 年历史中最好的 40 年。

中国仍面临着许多国内问题，成功与否尚需拭目以待。然而，在遭受了一个多世纪的屈辱和苦难后，中国人民的生活从未如此美好。因此，美国的冷战策略是行不通的。

拜登政府延续特朗普的对华政策是在犯一个战略错误。奇怪的是，拜登本人在 2019 年曾宣布，特朗普的贸易战并未能使美国的工人受益。数据也支持拜登的论断。2009 年，中国的零售商品市场规模为 1.8 万亿美元，而美国的为 4 万亿美元。到 2019 年，在特朗普打了三年贸易战之后，中国的市场规模达到 6 万亿美元，而美国的仅为 5.5 万亿美元。

拜登政府即使希望改变对华策略，也会受制于美国政界日益高涨的反华情绪，因为特朗普政府所采取的不明智的措施，包括限时关闭中国驻休斯敦领事馆，限制中国记者签证，终止在中国的"和平队"和"富布赖特"奖学金计划等，仍在发挥威力。

拜登政府的官员显然害怕被扣上对华"软弱"的帽子。然而，只要愿意，他们也可以借助一个强有力的事实来扭转特朗普的对华政策。他们可以指出：特朗普政府实际上使中国变得更强有力。为什么这么说呢？

中国人民有目共睹：在新冠肺炎疫情危机中，中国政府为人民提供了强有力的保护。同期，特朗普政府举步维艰，导致 50 多万美国人丧失了生命。因此，当美国副总统彭斯和国务卿蓬佩奥辱骂中国时，他们相当于变相地夸赞了中国政府。同样，大多数中国人认为在阿拉斯加的中美高层对话中，中方政策制定者占了上风。许多其他亚洲人也这么认为。

所有这些都表明，拜登政府可以采取更明智的做法。它应像拜登本人曾经声明的那样，宣布特朗普的对华策略有误，然后按下中美地缘政治竞争的暂停键，同时评估华盛顿能否制定出更好的战略来应对中国这个强大的竞争对手。

结束与中国的贸易战将促进美国的经济增长，助力拜登在 2022 年的中期选举中获胜。如果拜登政府能够按下"暂停键"，那么世界上大多数人都会为之欢呼，尤其是在新冠肺炎疫情仍在肆虐的时刻。

西方应听从拿破仑的建议让中国沉睡 ①

21 世纪将会见证中国重返世界历史舞台的中心。西方该深刻反思所有的对华基本假设了。

进入 21 世纪 20 年后的今天，中国重返世界舞台中心已明显对西方构成主要挑战。1980—2020 年，西方成功应对了中国第一阶段的改革，中国在这一阶段未发动任何战争；但目前，面对中国第二阶段的改革，西方正在走向失败。

三个错误的假设将导致这种失败。第一个错误假设，也是西方人心目中最根深蒂固的想法，就是只要中国还在中国共产党的统治下，中国就不可能成为一个好的合作伙伴，20 世纪 90 年代初苏联解体后，共产主义就该被抛弃在历史的垃圾桶里。因此，有人认为，世界怎能与一个压迫性的、反智的政党合作呢？

然而，大量证据表明，大多数中国人并不认为中国共产党在压迫人民。事实上，最新的《爱德曼信任度调查报告》显示，中

---

① *Financial Times*, Sep. 20, 2020.

国政府的民意支持率在世界上名列前茅。斯坦福大学美籍华裔心理学研究员范琼在 2019 年访问中国后表示："中国正在以一种深刻而内在的方式发生着变化，而且变得很快，如果不亲眼看看，这种变化真是让人难以理解。中国的文化、自我观念和士气正在迅速转变——大多朝着好的方向转变，这与美国的停滞不前形成了鲜明的对比。"

尽管如此，很少有西方人能够避免做出第二个错误假设：虽然大多数中国人对共产党的统治感到满意，但如果他们能立即转向民主制度，他们和世界其他国家的境况就会更好。

在苏联解体并导致俄罗斯人民生活水平骤降之前，部分中国人可能还会主张立即转向民主制度。但现在，许多人毫不怀疑，一个软弱的中央政府将给中国人民带来巨大的混乱和痛苦。为了寻找支持证据，中国人对近 5 000 年的历史进行了研究，尤其是 1842—1949 年中国遭受的"百年屈辱"的历史。

此外，民选政府并非一定是自由开放的政府。1961 年，印度民选产生的总理尼赫鲁不顾时任美国总统肯尼迪与英国首相麦克米伦的抗议，夺回了葡萄牙殖民地果阿。一个民主的中国在处理香港和台湾问题时也许会更缺乏耐心。

一个民选的中国政府也不愿在处理"疆独"问题上表现得软弱无能——看看印度政府对克什米尔的镇压你就明白了。事实上，没有一个中国的邻国，包括亚洲最大的几个民主国家，急切地推动中国的政权更迭。它们更加愿意与一个稳定的、可预测的中国为邻，即使这个中国更加"独断"。

第三个错误假设可能是最危险的：一个民主的中国必然会接

受西方的规范与做法，并像日本一样兴高采烈地成为西方俱乐部的一员。

但是，这并不符合席卷整个亚洲的文化动态。土耳其和印度都是西方的朋友。然而，土耳其已经从穆斯塔法·凯末尔·阿塔图尔克的世俗意识形态转向雷杰普·塔伊普·埃尔多安的伊斯兰意识形态，而印度总理也已从亲英的尼赫鲁变成了笃信印度教的莫迪。

我们必须承认，一场去西方化浪潮正扑面而来。更为重要的是，当埃尔多安宣布将圣索菲亚大教堂改建成一座清真寺，而莫迪决定在一处有争议的宗教遗址重建早已消失的印度教寺庙时，他们都在表达一种回归前西方文化根源的愿望。

拿破仑曾警告西方国家"让中国沉睡吧，因为它一旦醒来，就会撼动世界"，他的警告是对的。中国的情况比在土耳其和印度的更加严峻，在这里，反西方的情绪正在酝酿，随时有可能如火山般爆发。而目前唯一有足够力量压制这种民族主义势头的政治力量就是中国共产党。

共产党的继任者很可能远没有这般理性。要记住这一点，而不要放任推行现行对华政策。对西方国家来说，现在是时候该彻底重新思考对中国的所有基本假设了。西方政府应该学习如何与中国领导层共处与合作，而不是期盼中国领导层转型或早日败落。

西方遗产的亚洲继承人？①

我们必须承认，西方对全球性治理机制做出了极大的贡献，尤其是美国。但随着亚洲国家影响力的提升——尤其是中国，亚洲国家获得了继承和改革现行世界秩序旧治理机制的机会，以适应新的时代。

《人民日报》：过去一年，新冠肺炎疫情使整个世界遭殃，这对当前和未来的国际关系有何影响？

马凯硕：新冠肺炎疫情对人类产生了巨大的影响，它迅速蔓延到了世界的每一个角落，也在很大程度上使全球化陷入瘫痪。与此同时，新冠肺炎疫情向人类提出了一个问题：人类仍然是地球上最聪明的物种吗？

如果答案是肯定的，那么人类应该迅速从这场疫情中学到的关键教训是，全人类现在都在同一条船上。正如我在《大融合》一书中所写的，在现代全球化之前，人类生活在193个不同的国

① *People's Daily*, Apr. 6, 2021.

家，就如同生活在 193 条不同的船上。新冠肺炎疫情的暴发，强化了我们不再生活在 193 条单独的船上这一认知。我们只是生活在同一条船的 193 个单独的船舱里。

尽管全人类现在生活在同一条船上，但当代国际关系无论在理论上，还是在实践中，都继续假装我们生活在不同的船上。这阻碍了人类有效地合作以应对新冠肺炎疫情、全球变暖和其他迫切的全球性挑战。

因此，对西方学者来说，现在是时候修订国际关系的理论和实践了。他们应该理解并接受新冠肺炎疫情传递的主要信息：全人类现在是一个命运共同体。

《人民日报》：您多次表示这个世界是一个"地球村"，"我们都在同一条船上"。您如何评价多边主义和自由贸易在这个"地球村"里的重要性？

马凯硕：既然全人类现在都生活在同一条船上，那么只顾着自己的船舱无异于自杀。我们应该把这艘大船当作一个整体来打理，因为"皮之不存，毛将焉附"。

新冠肺炎疫情强化了这一认知。当全球经济因这场危机而萎缩时，全世界所有的经济体都遭受了损失，这再次证明我们是在同一条船上。

在该背景下，我们应该真诚地感谢以美欧为首的西方国家于 1945 年建立了联合国多边体系。这并非一个完美的系统，尽管有着种种缺陷，但它依旧发挥了很大的作用，阻止了第三次世界大战的爆发。因此，美国（在一些欧洲国家顺从的支持下）逐步削弱联合国多边体系是一个巨大的错误，尤其是剥夺了它的资金来源。

幸运的是，一些明智的美国领导人，包括比尔·克林顿，曾建议美国同胞们加强而不是削弱联合国多边体系。2003 年，克林顿曾表示，美国"应该努力创造我们愿意遵守的规则、伙伴关系和行为习惯，这样当我们不再是军事、政治和经济上的超级大国时，我们仍愿意生活在这个世界上"。

既然拜登总统和克林顿都来自民主党，那么他应该听取这一明智的建议，加强多边主义。拜登总统已选择重返世界卫生组织和《巴黎协定》，这是个良好的开端。

《人民日报》：在接受葡萄牙《公众报》采访时，您曾说中国并不谋求领导世界。您如何看待中国的做法和在世界舞台上的作用？

马凯硕：中国在目前的发展阶段不谋求世界领导者地位是明智的。众所周知，西方世界，尤其是美国，对中国的快速复兴深感不安。因此，正如我在《中国的选择》一书中所说，美国将绞尽脑汁地保住其世界第一的地位。据哈佛大学教授格雷厄姆·艾利森考证，这是所有大国的正常行为。尽管如此，即使面临西方的反对，中国仍应继续推行经济开放、与世界接轨的政策。中国投入"波涛汹涌的全球化浪潮"需要极大的勇气。正如习近平主席 2017 年 1 月在达沃斯世界经济论坛上所说的那样："在这个过程中，我们呛过水，遇到过漩涡，遇到过风浪，但我们在游泳中学会了游泳。这是正确的战略抉择。"

包括美国在内的许多西方国家已经开始反对全球化，这也不是什么秘密。美国由此退出了《跨太平洋伙伴关系协定》。相比之下，中国则继续加入自由贸易协定，如《区域全面经济伙伴关系协定》。中国还表示可能会加入《全面与进步跨太平洋伙伴关系协定》。保持经济开放，继续与世界接轨，是中国对改善和提高人类境况所能做出的最大贡献。

《人民日报》：您赞扬过中国的韧性和执行力。您能更具体地解释一下吗，尤其是结合中国在抗疫中的表现？

马凯硕：当新冠肺炎疫情暴发并在全球蔓延时，西方发达国家，尤其是美国和欧盟成员国，本应应对得力，而包括中国在内的东亚欠发达国家应对不力才是正常的。但令全世界震惊的是，情况恰恰相反。西方国家每百万人的死亡人数和东亚国家每百万人的死亡人数表明，西方应对不力，而东亚国家应对得法。为什么中国的应对比美国更加得法？原因颇为复杂。然而，一个重要的原因是，自里根时代以来，美国对关键政府部门（包括疾控中心）的资金支持不足，剥夺其权威性，使其丧失信心。因为里根有句名言："政府不是解决问题的办法，政府才是问题所在。"相比之下，中国则向东亚邻国学习，在政府机构中重新形成了精英管理的文化和制度。因此，中国政府的管理者素质不断提高。2004—2017年，我担任新加坡国立大学李光耀公共政策学院院长期间，曾告诉学生们，任何国家改善治理的最佳方案都是实行精英领导（Meritocracy）、实用主义（Pragmatism）和诚实守信（Honesty），三者简称MPH。这个MPH公式是新加坡能够取得卓越成就的原因。中国也正在实施这一公式。因此，我乐观地认为，中国的治理水平将继续提高。

《人民日报》：您在最近一次采访中指出：美国现在"由极少

数人拥有，被极少数人统治，为极少数人服务"，而中国共产党赢得了中国人民的支持。请您多分享一些对中国共产党领导方式和执政方式的理解。

　　马凯硕：毫无疑问，美国是人类历史上最成功的国家之一。它是唯一实现了人类登月梦想的国家。在同一时期，美国中产阶级得到了大发展。但可悲的是，近些年，美国已成为唯一一个30年来处于底层50%的人口平均收入下降的主要发达国家。这部分是由于美国变成了金钱政治国家，使得收入前1%的人的利益优先于后50%的人。已故的美国联邦储备委员会前主席保罗·沃尔克、约瑟夫·斯蒂格利茨和马丁·沃尔夫将美国称为由富豪统治的国家。因此，如同诺贝尔经济学奖得主安格斯·迪顿所发现的那样，美国工人阶级已经陷入了"绝望之海"。

　　相比之下，在人类、社会和经济发展方面，中国底层50%的人口经历了5 000年历史上发展最好的40年。斯坦福大学的范琼教授说："中国的文化、自我观念和士气正在迅速转变——大多朝着好的方向转变，这与美国的停滞不前形成了鲜明的对比。"因此，中国人民对政府的支持率不断攀升。哈佛大学肯尼迪政治学院一项严谨的学术研究记录了中国政府的支持率如何从2003年的86.1%上升到2016年的93.1%。同样，《爱德曼信任度调查报告》的一项研究显示，在11个调查对象国中，中国人民对政府的信任度最高，达到90%。

　　《人民日报》：您在新书《中国的选择》中提出一个问题："中国赢了吗？"这本书出版快一年了，您现在的答案是什么？

　　马凯硕：《中国的选择》英文原版书名"Has China Won?"中

有个问号，这并不是说中国确实赢了。尽管结果还远未确定，但书名的确传达着中国即将获胜的信息，因为中国显然有一套全面的长期战略来应对中美地缘政治竞争，但不幸的是，美国并没有类似的战略，美国仍健在的最伟大的战略思想家亨利·基辛格亲自向我证实了这一点（他于50年前对中国进行了历史性访问）。

我写这本书旨在防止中美之间因为一场难以制止的、不受控制的地缘政治竞争而导致一场重大的悲剧。书中最后指出，尽管华盛顿的建制派已达成强烈共识，认为中美抗衡的时刻已经到来，但对中美核心利益的理性客观的分析表明，中美之间至少在5个方面并不存在矛盾。比如，如果美国政府的核心目标是改善美国人民的福祉，中国政府的核心目标是改善中国人民的福祉（确实如此），那么中美两国在这一点上的利益并不矛盾。同样，中美两国在应对共同的全球挑战（如新冠肺炎疫情和全球变暖）方面有着共同利益。我衷心希望《中国的选择》一书有助于增进中美之间的相互了解。

《人民日报》： 您在最近一篇文章中说，"亚洲的未来将由RCEP（《区域全面经济伙伴关系协定》）四个字母，而非Quad（'四方安全对话'）四个字母来书写"。《区域全面经济伙伴关系协定》将如何塑造亚洲的未来？中国将扮演什么角色？

马凯硕： 代表亚洲未来的四个字母之所以是RCEP而非Quad，是因为真正的竞争将发生在经济领域，而非军事领域。事实上，美国最伟大的战略思想家之一乔治·凯南早已建议他的美国同胞们将注意力集中在美国社会的力量，而不是美国军队的力量上。他说："美国的强大取决于其是否有能力给世界人民营造出一个整体印象：这是一个知道自身诉求的国家，它正在成功处理内部问题并承担起作为世界强国的责任，它具备能够在时代的主要思想潮流中稳住自身的精神活力。"

当凯南谈到美国社会的"精神活力"时，他指的不是美国人的信教程度，而是美国的社会和心理健康。因此，如果乔治·凯南还健在，他将强烈反对美国自2001年以来花费5万多亿美元进行不必要的战争，同时放任美国工人阶级陷入"绝望之海"。他还会建议美国同胞削减军事预算，停止战争（凯南反对入侵伊拉克），并把钱花在改善美国平民的生活上。他也不会赞成特朗普退出《跨太平洋伙伴关系协定》。

拜登政府的最明智之举是找到改善美国与东亚经济互相作用的方法，通过重新加入《跨太平洋伙伴关系协定》或与《区域全面经济伙伴关系协定》合作，同时减少美国与东亚地区的军事接触，比如建立"四方安全对话"机制。通过加入《区域全面经济伙伴关系协定》和考虑加入《全面与进步跨太平洋伙伴关系协定》，中国将重点放在了经济合作上，这很明智。

《人民日报》：中国是率先从疫情中复苏的主要经济体，这会对世界有何贡献？

马凯硕：新冠肺炎疫情对全球经济造成了真正的损害。据国际货币基金组织估计，2020年全球经济萎缩3.5%，2021年全球经济将增长5.5%。然而，要想实现经济增长，我们就需要强大的增长引擎。

在这方面，世界应该感谢中国在2020年成功实现了经济正增长（1.9%），而同期美国和欧盟的经济分别萎缩了3.4%和7.2%。

中国在 2020 年拯救了世界经济。

中国将在未来 10 年内发挥重要作用。关于中美两国经济，一个鲜为人知的事实是，虽然美国的经济体量（21 万亿美元）仍然大于中国的经济体量（15 万亿美元），但中国的零售商品市场规模已经超过了美国的。2009 年，中国的市场规模为 1.8 万亿美元，而美国的市场规模为 4 万亿美元，是中国的两倍多。然而，到 2019 年，中国的市场规模已增长到 6 万亿美元，而美国的市场规模仅增长到 5.5 万亿美元。未来 10 年，中国零售商品市场的增长规模无疑将超过美国。

世界各国，尤其是贫穷的发展中国家，都将寻找出口市场来促进经济增长。这是中国可以发挥重要作用的地方。中国能够更快地提振市场，尤其是对贫穷的发展中国家而言。历史告诉我们，在促进经济增长和减少贫困方面，贸易比援助更有效。如果中国能从其他国家进口更多产品，那么世界将真正感谢中国。

第四部分

全球化、多边主义与全球合作

我们面临的许多紧迫问题，如新冠肺炎疫情和气候变化，都是全球性的，要求全球合作来应对。简言之，我们现在生活在地球村里，这个地球村需要全球性的秩序，以便各国能互相合作。

全球化已死！全球化万岁！ [1]

我们这个时代的核心悖论是，虽然在过去几十年内全球化已经极大地改善了人类的生活条件，但是许多人仍然认为全球化会退潮。这种悖论是怎么产生的？西方在管理全球化时犯的三个关键战略错误导致了这一切。

我们都听过这样一句话："国王已死，国王万岁！"这句话的最新版本为："全球化已死，全球化万岁！"这个新说法恰好抓住了我们这个时代的核心矛盾。过去几十年内，全球化对改善人类处境所发挥的作用超过了人类历史上其他任何力量。然而，许多人不仅不为全球化欢呼，反而断言全球化即将消亡。尽管是西方发起了全球化，但预言全球化即将消亡的声音在西方尤为响亮。

为什么会出现这种矛盾的现象？西方为何会反对自己对人类做出的最仁慈的贡献？简要来说，西方在全球化管理上犯了三个

---

[1] Dec. 1, 2020.

战略错误。更准确地说，是西方头号强国——美国犯了错误。但是，当美国犯下这三个战略错误时，西方第二大经济力量——欧盟未能为其提供帮助与指导，这进一步加深了美国的错误。欧洲人的消极态度是导致这三个战略错误的重要原因。

美国犯下三个战略错误

那么，美国犯下了哪三个战略错误呢？第一个错误是占美国人口1%的精英阶层犯下的。他们从全球化中攫取了巨额的财富，而占人口50%的底层民众却遭受了全球化所带来的不可避免的破坏（或者更准确地说，"创造性破坏"），对于这一点，精英阶层袖手旁观。第二个错误是，在本应加强政府和政府机构的权力时，美国选择了削弱它们。这一错误是在著名的里根-撒切尔革命期间铸成的，当时里根总统有句名言："政府不是解决问题的办法，政府才是问题所在。"这种理念引发了灾难性的后果：接下来的30年间，主要公共服务机构资金不足、权威丧失、士气低迷。第三个错误是美国放任占有财富最多的1%的人口在国内形成了实际上的金钱政治。民主政治和金钱政治的本质区别是什么？在一个民主政治国家，政府是民有、民治、民享的。而在一个金钱政治国家，民众面对的则是一个"由极少数人拥有，被极少数人统治，为极少数人服务"的政府。大多数美国人都怀疑美国是否真的已经成为由富豪统治的国家。然而，保罗·沃尔克、约瑟夫·斯蒂格利茨和马丁·沃尔夫等知名人士都证实了这一发展趋势。

一种矛盾现象伴随着美国犯下的这三个战略错误。尽管拥有世界上最大的战略思维产业（包括大学、智库、咨询公司、非政府组织），美国的政治体系却不曾公开承认自己犯下这三个重大的战略错误。《纽约时报》《华盛顿邮报》《华尔街日报》《经济学人》等极具影响力的主流媒体的评论版面上也未对此进行更多讨论。未来的历史学家将不得不调查和解释这种奇怪的现象：美国政治体系中出现的大规模的佯装无知的现象。

由于许多美国人会极力否认美国犯下的这些战略错误，因此本文有必要更详细地解释一下错误是如何犯下的。这是本文想要达到的目的，同时我也会提出一些解决问题和改正错误的方法。本文最后还将得出一个乐观的结论：这三个战略错误都是可以纠正的，美国也可以像过去一样再次成为全球化的头号捍卫者。随后，托马斯·弗里德曼、杰格迪什·巴格瓦蒂和马丁·沃尔夫就可以分别出版新版的《世界是平的》、《为全球化辩护》和《全球化为什么可行》。

第一个战略错误

第一个战略错误是美国精英阶层未能保护工人阶级免受全球化所带来的不可避免的破坏。是什么导致了这一结果？是美国精英阶层的贪婪和冷酷吗？还是历史大趋势也促成了这一战略错误的发生？

这些问题的答案照例很复杂。显然，历史大趋势也促成了这一错误。未来的历史学家将比我们更加清楚地注意到，美国

237

工人阶级之所以遭受苦难，是因为不幸遇上了历史上两个重要时刻的交会。第一个时刻是弗朗西斯·福山的名篇中所说的"历史的终结"，而第二个时刻是"历史的回归"，即20世纪90年代初，中印两国决定觉醒的时刻。这两个时刻的交会所造成的不幸后果是，在中国和印度（以及亚洲其他国家）觉醒时，西方却选择了沉睡。

我在《西方失败了吗？》一书中记录了这种情况是如何发生的，以及缘何发生。我在这儿做个简单总结。弗朗西斯·福山本无意让西方沉睡，然而，当他提出西方文明已经走到了政治和经济进化之路的尽头时，他在包括主要人物在内的西方人心目中营造出了这样一种感想：西方社会无须为应对新世界进行任何重大的结构或战略调整，只有非西方社会才需要调整和适应新世界。这一信念使西方社会不可避免地滋生出了傲慢、自大和自满情绪，因此，几乎没有人注意到：在西方选择沉睡的那一刻，恰恰是它本该觉醒的那一刻。

因何觉醒呢？早在20世纪90年代初，西方就应该意识到，在沉睡了近200年之后，中国和印度决定醒来。为什么这两国的觉醒如此重要？因为从公元元年到1820年，中国和印度一直是世界上最大的两个经济体，如图2所示。因此，当中国和印度决定再次觉醒时，它们将不可避免地撼动世界。随着中国成为超级制造业大国，以更低的价格生产出更高质量的产品，美国的企业不可避免地要关掉一些工厂，失业也成为必然。对此，人们不应该感到惊讶。西方经济理论称之为"创造性破坏"。

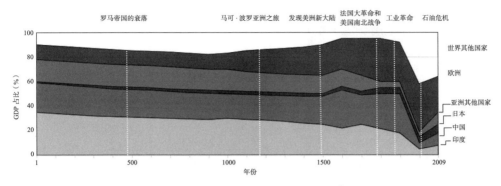

图 2　世界 GDP 总量及国家占比 [1]

　　在这里，我要申明，经济学家对中国新兴产业的出现是否导致了美国的失业一直存在争论。一些经济学家反对这种说法，然而，至少有两位有影响力和公信力的经济学家考证了来自中国的新竞争是如何导致美国人失业的，他们是麻省理工学院的达龙·阿西莫格鲁和经济政策研究所的罗伯特·斯科特。斯科特等人（2018 年）指出，2001 年以后，美国失去了 340 万个就业岗位。[2] 阿西莫格鲁等人（2016 年）估计，从中国进口商品引发的竞争使美国在 1999—2011 年失去了 200 万～240 万个就业岗位。[3]

　　值得注意的是，当这一切发生时，克林顿政府并未出台任何支持失业工人的计划。2001 年 1 月克林顿政府卸任后，不幸的是，有两大历史性事件再次同时发生。小布什政府关注的历史性大事是 2001 年 9 月 11 日，本·拉登对美国发动的袭击，这一事件自

① Mahbubani, Kishore, *Has the West lost it? A Provocation*, London: Penguin UK, 2018: 5.

② Scott, Robert E., and Zane Mokhiber, "The China toll deepens," Economic Policy Institute, Washington, DC. https://epi. org/156645 (2018).

③ Acemoglu, Daron, David Autor, David Dorn, Gordon H. Hanson, and Brendan Price, "Import competition and the great US employment sag of the 2000s," *Journal of Labor Economics* 34, no. S1 (2016): S141-S198.

然在美国引起了极大的愤怒。因此，2001 年 10 月 7 日和 2003 年
3 月 20 日，小布什政府分别卷入了阿富汗战争和伊拉克战争。美
国人民和政策制定者被"9·11"事件带来的愤怒冲昏了头，而
没有注意到 2001 年还发生了一件更为重大且能够改变世界的事
情：中国于 2001 年 12 月 11 日加入世界贸易组织。

　　随着中国对美国和世界其他国家和地区的出口获得越来越多
的免税准入，加入世界贸易组织后，中国的出口必然出现激增。
事实上，图 3 清楚地显示出，2001 年以后，中国与包括美国和欧
洲在内的世界其他国家和地区的贸易获得了显著增长。显然，如
果美国政策制定者足够警醒，他们就会注意到美国工人所面临的
日益严峻的处境，但遗憾的是，他们并没有注意到。这是第一个
战略错误：当工人阶级遭遇由中国、印度和亚洲其他国家的回归
造成的"创造性破坏"时，他们的需求和利益被忽视了。

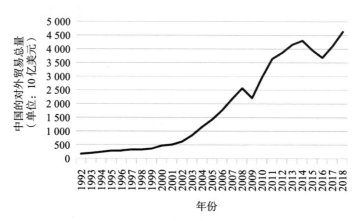

图 3　1992—2018 年中国对外贸易的增长 ①

---

① World Bank, *World Integrated Trade Solution*, https://wits.worldbank.org/Default.
aspx?lang=en.

第二个战略错误

第二个战略错误明显地加深了第一个战略错误：西方在普遍削弱政府机构，尤其是美国。20 世纪 80 年代的里根–撒切尔革命留下了两个思想遗产：首先是迷信市场自发的应对方式是最好的，因此，如果经济出现问题，市场将能够自动找到解决办法；其次是前面提到的理念，即"政府不是解决问题的办法，政府才是问题所在"，因此，政府不应该帮助由于经济竞争而受到伤害的工人，市场会自动创造和提供新的就业机会。

奇怪的是，尽管理论上里根政府不赞成政府对市场力量进行干预，但当它认为自由市场的力量会伤害到美国的公司时，里根政府进行了至少两次干预。当美国汽车公司抱怨竞争不过日本汽车制造商时，美国政府对日本政府施加压力，迫使日本自 1981 年起对出口到美国的汽车实行"自愿出口限制"。此外，里根政府还采取了进一步措施以保护美国公司免受来自日本的竞争：它迫使日本政府接受日元的大幅升值，使得日元对美元的汇率从 1985 年的 240：1 升到了 1988 年的 120：1，这显然削弱了日本出口产品的竞争力。顺便提一下，日元被迫升值带来了一个意外收获——日本企业开始将制造环节更多地转移到美国和第三国（如东盟国家）。

因此，里根政府为美国留下了一个自相矛盾的遗产。理论上，里根政府反对政府干预市场，但实际上，对日本工业采取的行动表明，里根政府是支持政府干预的。不幸的是，里根政府青睐的干预手段是"消极"的干预：用强硬手段阻止来自日本的竞争。

它没有进行任何"积极"的干预，比如对在经济竞争中失业的工人进行再培训。

在这方面，美国让市场创造新就业岗位的办法与欧洲和亚洲的做法不同。事实上，欧盟成员国政府与若干东亚国家和地区政府（包括日本、韩国、新加坡和中国台湾）大力资助工人培训项目。美国人对政府介入工人培训的反感也延伸到了反对工会保护工人利益上。20世纪六七十年代，新加坡引入美国跨国公司投资时发现了这一点。当时这些美国跨国公司坚称，只有新加坡政府阻止新加坡工人加入工会，它们才会在新加坡投资，在它们看来，工会妨碍了市场力量发挥作用。新加坡政府花了一些精力去做说服工作，最终，美国跨国公司接受了新加坡政府的观点——新加坡工会可以帮助工厂的工人与管理层建立更和睦的关系。

美国人不屑于设立帮助工人的计划和机构，这也涵盖在一种更广泛的哲学观点内，体现在米尔顿·弗里德曼的一句名言中："在商言商。"简言之，唯一重要的是公司的底线。如果为了提高公司的盈利能力而必须解雇工人，那就解雇好了，毕竟利润比员工更重要。

把这种风气单纯归罪于米尔顿·弗里德曼是不公平的。哈佛商学院是美国最受尊敬的学院之一，几代人以来，它同样传播了这样一种理念：企业的首要责任就是创造更大的利润。因此，只有一个利益相关者是重要的，那就是股东，而其他所有利益相关者，包括工人、社区，都没那么重要。相比之下，世界经济论坛则建议企业关注多元化利益相关者，包括"员工、客户、供应商、本地社区和整个社会"[1]。

第三个战略错误

第三个战略错误是美国形成了一个有影响力的富豪统治阶级，破坏了美国的民主政体。美国商界精英对更广泛的社会关切的反感可能也是导致美国犯下第三个战略错误的原因之一。

简言之，美国政府已经从一个民有、民治、民享的政府转变为一个"由极少数人拥有，被极少数人统治，为极少数人服务"的政府。真正的问题在于，尽管有压倒性的证据表明美国已成为一个由富豪统治的国家，人们仍然极力否认此事，哪怕保罗·沃尔克、约瑟夫·斯蒂格利茨和马丁·沃尔夫等知名人士已经证实了这一点。对这一问题"直言不讳"在政治上和思想上面临着诸多阻力，因此我在《中国的选择》一书中用了整整一章来详细解释美国是如何演变成由富豪统治的国家的。

值得注意的是，一些最富有的美国人已经开始承认这一点。瑞·达利欧经营着世界上最大、最成功的对冲基金，通过严格的实证研究获得了成功。现在，达利欧将这一研究方法用于理解美国的贫困和不平等。他在自己的领英页面上详细说明了大多数美国人的生活水平急剧下降，并指出，"处于底层的 60% 的人

---

[1]　World Economic Forum, "Davos Manifesto 2020: The Universal Purpose of a Company in the Fourth Industrial Revolution," 2 December 2019, https://www.weforum.org/agenda/2019/12/davos-manifesto-2020-the-universal-purpose-of-a-company-in-the-fourth-industrial-revolution/.

口，大多数是穷人"，他还引用了美国联邦储备委员会最近的一项研究，"如果遇到急需用钱的情景，40% 的美国人连 400 美元都筹措不到"。更糟糕的是，达利欧指出，"他们在贫困里越陷越深……能用 10 年时间从底层的 1/5 跃入中等或更高阶层的人越来越少，从 1990 年的 23% 下降到了 2011 年的 14%"①。反映美国社会状况恶化的数据无可辩驳。人们不再相信在美国努力工作就能获得回报。对大多数人来说，回报已然枯竭。"善有善报"这一陈词滥调显得可憎且令人怀疑。

美国通向金钱政治之路

为什么美国表现得如此糟糕？简言之，在美国人民没注意到的时候，美国的政治安排发生了根本性的变化。每隔 2~4 年，美国人就会投票选举出他们的众议员、参议员、州长和州立法会议代表。然而，在民主正常运行的伪装下，在所有仪式性投票的背后，美国已然成了一个被权贵阶层统治的国家，用金钱来决定重大的政治和社会决策。由此，权贵阶层可以实现美国有史以来最大的财富转移。

伟大的美国哲学家约翰·罗尔斯曾警告过这种危险。他说：

---

① Ray Dalio, "Why and How Capitalism Needs to Be Reformed (Part 1)," LinkedIn, April 4, 2019, https://www.linkedin.com/pulse/why-how-capitalism-needs-reformed-ray-dalio/. See also Board of Governors of the Federal Reserve System, Report on the Economic Well-Being of U.S. Household in 2017, May 2018, https://www.federalreserve.gov/publications/files/2017-report-economic-well-being-us-households-201805.pdf, quoted in Dalio.

"如果那些拥有更多私人收入的人可以利用自身的优势来掌控公共辩论的进程，参与原则所保护的自由就失去了大部分价值。"大约50年以前，他警告称，如果允许那些"拥有更多私人收入的人"控制公开辩论的进程，美国的民主将被颠覆。

在2010年的"公民联合会诉联邦选举委员会"一案中，美国最高法院做出了一项里程碑式的裁决。这一裁决联合其他判决，推翻了对利用金钱影响政治进程的许多立法限制。美国最高法院的这一裁决和其他类似判决影响甚大，它们在事实上改变了美国的政治制度。马丁·沃尔夫表示："美国最高法院在2010年对公民联合会的不当裁决说明，公司就是掌权人，金钱就是话语权。事实证明，这是美国迈向金钱政治的一大步。"

普林斯顿大学的两位教授考证了普通美国公民是如何失去他们的政治权力和影响力的。马丁·吉伦斯和本杰明·佩奇研究了1 779个案例，比较了普通美国人和群众性利益集团的观点与经济精英的观点对政策的影响。他们发现：

代表商业利益的经济精英和团体对美国政府的政策有实质性的、独立的影响，而普通人和群众性利益集团的影响力很小或没有。当暂时排除经济精英的偏好和利益团体的立场时，普通美国人的偏好对公共政策产生的影响看起来极其微小，几近于零，在统计学上不显著。此外，经济精英的偏好（以其代表"富裕"公民的偏好来衡量）比普通公民的偏好更能影响政策变化。我们的研究结果表明，美国这个国家并不是由多数人统治的，至少在实际政策的制定上不是这样。[①]

他们得出了以下令人警醒的结论：

> 美国人确实享有民主治理的许多核心特征，如定期选举、言论和结社自由，以及广泛的选举权（尽管仍有争议）。但我们认为，如果政策的制定由强大的商业组织和少数美国富人主导，那么美国所谓的民主就正在受到严重的威胁。

过去，美国广大的中产阶级在决定社会的基本发展方向上有着很大的话语权。但如今，他们失去了这种话语权，美国国会的决定不是由选民而是由资助者说了算。因此，美国的政治体制在功能上变得越来越不民主。在一个民主社会中，所有公民都拥有平等的话语权，而美国正相反，它越来越像一个由富豪统治的国家，少数富人拥有超过其人口比例的权力。

2018 年，哥伦比亚大学国际与公共事务学院的学者亚历山大·赫特尔-费尔南德斯、西达·斯考切波和贾森·斯克拉尔开展的一项研究进一步表明：

> 自 2005 年左右开始，新成立的保守和进步捐款人财团，

[①] Martin Gilens and Benjamin I. Page, "Testing Theories of American Politics: Elites, Interest Groups, and Average Citizens," *Perspectives on Politics* 12, no. 3 (September 2014): 564–581, https://scholar.princeton.edu/sites/default/files/mgilens/files/gilens_and _page_2014_-testing_theories_of_american_politics.doc.pdf.

尤其是查尔斯·科赫和戴维·科赫兄弟创立的科赫研讨会与民主联盟，通过不断筹集和输送资金，用于选举和与各种政治组织的合作，扩大了富有捐赠者的影响力。科赫研讨会允许捐赠被用于围绕"繁荣美国人协会"构建一个虚拟的第三政党。繁荣美国人协会是一个包罗万象的政治网络，不仅能在选举中支持共和党，而且能左右其候选人和公职人员在超自由市场政策方向上的偏好。富有的捐赠财团已经成功建立起基本的组织结构，用它们所掌握的资源影响政策提案制定，向立法者施加压力和动员普通美国人参政……当富豪集体将新的议程强加给寻求资金的政治组织时，这些资助者就是在重塑美国政治的惯例、目标和权力中心，这远远超出了特殊拨款预算产生的影响。[1]

研究者由此得出结论：

我们对科赫研讨会和民主联盟财团的分析表明，大量金钱通过某种机制而不是个人或企业捐赠渗透进选举和游说活动，产生了巨大影响。要了解富人是如何重塑美国政治的，我们不仅要考察他们的选举活动和游说支出，还要看他们对涉及各种领域和各种职能的政治组织的联合投资。只有这样，

---

[1] Alexander Hertel-Fernandez, Theda Skocpol, and Jason Sclar, "When Political Mega-Donors Join Forces: How the Koch Network and the Democracy Alliance Influence Organized U.S. Politics on the Right and Left," *Studies in American Political Development* 32, no. 2 (2018).

我们才能说明马丁·吉伦斯、拉里·巴特尔斯和本杰明·佩奇等研究人员所发现的政府响应能力明显不平等的原因。

理论上，如果美国人民被剥夺了投票权，他们就会造反。然而，他们的选票实际上已经被富人劫持了，但大多数美国人还没有注意到这一点。《纽约时报》前专栏作家阿南德·吉里德哈拉达斯在其著作《赢家通吃》一书中详尽地记述了美国中产阶级的梦想是如何幻灭的。他说：

> 一个成功的社会是一台进步的机器。它吸取创新的原材料，产出广泛的人类进步，但美国这台机器坏掉了。近几十年来，进步的成果几乎全被幸运者攫取了。举例来说，自1980年以来，处于社会底层的那一半美国人的平均税前收入几乎没有增长，但处于金字塔塔尖10%的美国人的平均税前收入翻了一番，处于塔尖1%的美国人的平均税前收入增长了不止3倍，而处于塔尖0.001%的美国人的平均税前收入增长了7倍多。这些熟悉的数字意味着，30多年来，这个世界上发生的翻天覆地的变化没有对1.17亿美国人的平均收入产生任何影响。[1]

研究政治制度的美国学者喜欢引用阿克顿勋爵那句有名的俏皮话："权力导致腐败。绝对的权力导致绝对的腐败。"引用过后，

---

[1] Anand Giridharadas, "Prologue," in *Winners Take All: The Elite Charade of Changing the World*, New York: Alfred A. Knopf, 2018.

他们可能会在心底悄声说："感谢上帝，我们生活在一个三权分立的民主国家，腐败不可能发生。"但所有这些学者都应该考虑一下阿克顿勋爵这句名言的变体："金钱导致腐败。绝对的金钱导致绝对的腐败。"

金钱对美国政治的腐蚀应该引起重视。在大多数国家，个人或企业利用金钱来影响公共政策被称作腐败。即使在腐败横行的第三世界国家，人们也知道这是违法的，尽管人们对腐败往往无可奈何。但在美国，人们不认为利用金钱影响公共政策是腐败行径，因为美国最高法院已将这一行为合法化了。

在将使用巨额资金影响公共政策这一行为合法化的过程中，美国最高法院显然忽视了约翰·罗尔斯的警告——"如果那些拥有更多私人收入的人可以利用自身的优势来掌控公共辩论的进程"，那么将会产生以下腐败结果。

> 最终，这些不平等将使那些处于金字塔塔尖的人能够对立法施加更大的影响。他们可能会适时获得在社会问题上更大的决定权，至少在那些会使情况更加有利于他们的问题上是如此，并且这些人通常对这些问题保持意见一致。[1]

过去几十年间发生的事情恰好证实了这一点：富人在"有利于他们获得更好的社会环境的问题上获得了更多决定权"。财富和政治权力已然从美国人口的大多数人手中转移到了享有特权的

---

[1] John Rawls, *A Theory of Justice*, rev. ed., Cambridge, MA: Belknap Press, 1999: 225.

极少数人手中。因此，美国无疑已经成为一个由富豪统治的国家。

简单方案与艰难决策

对此，用列宁的话说就是："该怎么办？"就这三个战略错误来说，好消息是它们可以通过以下三个简单措施来修正。第一步是西方，尤其是美国，应该承认自己在全球化中所受的创伤是咎由自取，这三个错误证明了这一点。第二步自然是对创伤采取补救措施。第三步是西方和东方，尤其是美国和中国，应该就合作应对全球化面临的共同挑战达成新的全面理解。

遗憾的是，这些措施尽管从理论上看很"简单"，但在实践中难以实施。第一步可能是最难实现的，因为包括美国在内的大多数国家，都更愿意相信是其他国家导致了它们的问题。因此，当特朗普发动对华贸易战时，很少有美国人敢于揭示不可否认的事实：美国的贸易逆差是国内因素而非外部因素造成的，美国国内消费和储蓄之间的不平衡是造成贸易逆差的主要原因。事实上，即使美国对中国贸易逆差下降，美国与其他国家之间的贸易逆差也不会减少。2017—2019 年特朗普引发贸易摩擦期间，美国对华贸易逆差从 2017 年的 3 750 亿美元下降到 2019 年的 3 450 亿美元，但美国对全球的贸易逆差从 2017 年的 7 920 亿美元上升到了 2019 年的 8 540 亿美元。

因此，除非美国承认自己在全球化进程中所面临的问题是自身导致的，否则它很难采取必需的补救措施，尤其是重建强大而有效的机制来应对全球化所带来的不可避免的挑战，以及扭转导致美国出现金钱政治局面的举措（美国最高法院将企业无限额政治捐款合法化的决定也是导致美国金钱政治局面的一个原因）。简言之，第一步和第二步是相辅相成的。只有首先承认自己患病，才能找到治愈的办法。美国如果不承认国内问题是自身导致的，就无法解决全球化所带来的问题。

美国在艰难实施前两步的同时，可以采取第三步行动：就如何共同应对全球化挑战与中国达成新的谅解。在这方面，理论上，中美两国的利益看起来可能不可调和。然而，正如我在《中国的选择》一书最后一章中用大量篇幅所阐释的那样，中美两国在长期利益上不存在根本性的冲突。事实上，美中之间有5点"共同利益"。如果说美国政府的首要目标是改善美国人民的福祉（本应如此），中国政府的首要目标是改善中国人民的福祉（确实如此），那么这两个目标之间就没有根本性矛盾。事实上，如果能够相互合作，而不是纠结于地缘政治竞争上的零和博弈，两国政府成功实现各自目标的可能性将大大增加。这种双赢合作所面临的主要障碍是，华盛顿许多有影响力的人认为，美国的首要目标应该是维护其在全球体系中的主导地位。然而，在主导地位与人民利益之间，美国人民的利益显然更为重要。纯粹的常识足以说明这一点。

简言之，尽管在如今的政治背景下，我们难以想象中美能够互利合作，但现实是，双方能够且应该合作。中美双方，尤其是两国政府，都不应忘记它们的首要任务是改善本国人民的福祉。它们可以通过合作而非对抗来实现这一目标。

世界秩序跟得上世界变化的速度吗 ①

国际秩序落后于全球力量对比的变化，是危险的现象。如果各国领导人不赶快开始解决这个矛盾，世界极有可能爆发危机甚至冲突，这还可能升级为更危险的对抗。

国际秩序落后于全球力量对比的变化，是危险的现象。如果各国领导人不赶快开始解决这个矛盾，世界极有可能爆发危机甚至冲突，这还可能升级为更危险的对抗。

2019 年，世界形势发生了转折，世界秩序却并未随之改变。这种脱节可能会导致灾难性的后果。

全球最大的变化是"亚洲世纪"的开始。如今，世界四大经济强国（按购买力平价计算）中的三个国家都在亚洲：中国、印度和日本。该地区的 GDP 总量超过了美国和欧盟。

美国甚至不再是全球化程度最高的大国，这个头衔现在属于中国。与美国相比，中国已经成为更多国家更大的贸易伙伴，且

① *Project Syndicate*, Dec. 26, 2019.

中国仍在签署更多的自由贸易协定，其中包括可能是历史上最大的自由贸易协定——《区域全面经济伙伴关系协定》。相比之下，美国正在放弃《跨太平洋伙伴关系协定》等自由贸易协定，但在美国退出该协定后，日本首相安倍晋三仍然成功推动了该协定的进展。现如今，美国在全球贸易中的份额持续萎缩。

世界秩序没有跟上这些不断变化的经济形势。正相反，美元仍然是国际贸易中的主要货币。美国和欧洲依旧控制着全球两个主要经济组织：国际货币基金组织和世界银行。而唯一一个能够向联合国 193 个成员国发布具有约束力决定的机构——联合国安理会，仍旧由少数几个大多在走向衰落的大国主导。

理论上，要解决这一不协调问题，最简单的办法就是增强中国等新兴国家在国际货币基金组织和世界银行的影响力。毕竟，在 2006 年和 2007 年的二十国集团公报中，美国和欧洲已经承认，"国际货币基金组织和世界银行高管层的遴选应以德才为基础"，以确保"广泛地代表所有成员国"。

然而，一个已经过时的"绅士协定"却仍在异常顽强地发挥作用，这个协定就是由美国人担任世界银行行长，由欧洲人担任国际货币基金组织总裁。2007 年，法国人多米尼克·斯特劳斯-卡恩出任国际货币基金组织总裁；2011 年，另一个法国人克里斯蒂娜·拉加德接任了这一职位。

6 年后，拉加德宣布，如果当前的增长趋势持续下去，并且反映在国际货币基金组织的投票权结构中，那么到 2027 年，该组织的总部可能会迁往北京。她指出，毕竟根据国际货币基金组织的规章制度，该机构的总部要设在成员国中最大的经济体。

然而，在 2019 年拉加德辞去总裁一职，出任欧洲央行行长后，接替她的却是另一个欧洲人：保加利亚经济学家克里斯塔利娜·格奥尔基耶娃。同样，金墉于 2012 年接任了罗伯特·佐利克的世界银行行长一职，2019 年戴维·马尔帕斯又接任了这一职位。老牌大国无耻地拒绝分享全球性机构的控制权，未来的历史学家将对这一轻率行为备感惊叹。

然而，美国和欧盟并非唯一致力于维护自身影响力的国家和联盟。在联合国安理会中，中国、法国、俄罗斯、英国和美国这 5 个常任理事国也一直在口头上表示要改革，却一直无法取得实质性进展。使事态进一步复杂化的是，更多试图获得安理会常任理事国席位的国家正面临着邻国的抵制：巴基斯坦正在阻挠印度，阿根廷正在阻挠巴西，尼日利亚正在阻挠南非。鉴于这些情况，联合国安理会的改革将比国际货币基金组织或世界银行的改革更加困难。

但如果改革一直停滞，结果可能就是灾难性的，因为如果不对安理会的成员组成进行调整，该机构很可能会失去信誉和道德权威。如果非洲联盟或印度（二者都有超过 10 亿的人口）拒绝遵守安理会的决定——基本上是 5 个常任理事国的决定，安理会这个国际社会上最重要的机构就会失去很多依靠。

为了避免出现这种结果，安理会应采取 7—7—7 方案。前 7 个是常任理事国——巴西、中国、欧盟（以法国和德国为代表）、印度、尼日利亚、俄罗斯和美国，每个国家代表一个不同的地区。中间 7 个是半常任理事国，根据人口和国民生产总值，在 28 个国家中轮流选出。剩下的 160 个国家将轮值剩下的 7 个席位。

最难解决的矛盾是美国领导地位的下降与美元仍旧作为国际主要储备货币的地位之间的矛盾。如今，超过 40% 的跨境支付和 90% 的外汇交易是以美元结算的。这反映了数十年来各国对美元的信任：美国拥有广阔的市场、强有力的机构，包括高效的法院和独立的央行，而且它没有将美元作为促进自身利益的工具。

但是，自 2017 年以来，美国总统特朗普一直在大肆破坏国际社会对美元的信任。在意图竞选连任之际，他向美国联邦储备委员会施压，要求其降低利率，以实现短期经济增长。他还将美元武器化，说中国是"汇率操纵国"，并指示美国财政部对更多国家进行监视，包括美国在亚洲和欧洲的亲密盟友。

特朗普的行为不仅引起了对手的不满（俄罗斯引领了新的去美元化趋势），而且引起了主要盟友的不满。即将卸任的欧盟委员会主席让-克洛德·容克承诺，欧元将成为欧盟主权国的"积极工具"。此外，法国、德国和英国与中国和俄罗斯合作创建了"贸易互换支持工具"以绕过美国对伊朗的制裁。

但是，在某种意义上，特朗普使早已经很明显的事实变得难以被无视，这对于世界是一件好事。如果各国领导人不赶快开始解决困扰世界秩序的矛盾，世界极有可能爆发危机，甚至更危险的对抗。

外交：强权还是说服[①]

外交艺术的复兴基于对说服艺术的运用。外交艺术有助于建设一个更加和谐、更有利于合作的国际社会。多年来，美国一直在退出多边主义，尤其是在特朗普治下。要复兴外交艺术，需要西方大国积极思考、倾听和调整。

西方统治世界的 200 年历史即将结束，这 200 年是不同寻常的 200 年。如今，我们正在见证其他国家尤其是亚洲国家的回归。当前，美国正在退回到单边主义。欧盟则很迷茫，时而支持美国，时而反对。西方文明对世界的一大馈赠就是理性思考。从柏拉图和亚里士多德时代起，我们就知道，有说服力的论证最终会获胜。但可悲的是，在我担任新加坡驻联合国大使的 10 年里，我发现西方大国更喜欢对小国施压，因为这样效率更高。这种压迫小国的时代也即将结束。西方不必悲观绝望，因为合乎逻辑的、合理的论证可以发挥更大的影响。既然美国，尤其是特朗普领导下的

① *SAIS Review*, Sep. 1, 2020.

美国，仍旧排斥多边主义，那么欧盟这个天然的多边机构就应该介入并捍卫多边主义。欧盟应该重振联合国大会，并充分发挥其说服力。我学过西方哲学并经常在联合国使用西方的逻辑推理，而且通常都取得了良好效果。令我困惑的是，鲜有西方国家大使深入挖掘他们的哲学遗产并加以利用。我认为，使用推理时需要注意一点——推理是把"双刃剑"。如果其他国家提出更有效的论证，西方就必须重新学习倾听的艺术并调整自身的行为。简言之，建立在说服艺术基础上的外交手段的复兴将有助于建立更加和谐与富有合作精神的国际社会，但这离不开西方强国的积极推理、倾听与调整。

在很大程度上看，现代外交本质上是西方的创造。因此从理论上来说，先进的西方国家应该是现代外交最好的践行者。但实际上，我在担任新加坡驻联合国大使的 10 年间（1984—1989 年和 1998—2004 年）亲眼所见，西方大国，包括美国和欧盟，更倾向于使用霸凌手段迫使其他国家屈服，而非努力地通过相互尊重的外交接触来说服它们。联合国前秘书长布特罗斯·布特罗斯-加利（1992—1996 年在任）也发表了同样的看法："我花了一段时间才完全明白，美国认为没有必要开展外交，只要使用权力就足够了……罗马帝国不需要开展外交，美国同样也不需要。外交手段被认为是浪费时间和威望，同时也是软弱的表现。"①

霸凌策略绝非明智，但在西方占绝对优势的情况下，这种做

---

① Heikki Patomaki, "Kosovo and the End of the United Nations?" in Peter Van Ham and Sergei Medvedev (eds.), *Mapping European Security after Kosovo*, Manchester: Manchester University Press, 2002: 84.

法是可行的。现在，西方主导世界历史的反常阶段行将结束。我在《西方失败了吗？》一书中考证，从公元元年到1820年，中国和印度一直是世界上最大的两个经济体。[①]在那之后，欧洲经济才开始腾飞，美国紧随其后。从过去2 000年的大背景来看，近代西方相对于其他文明的卓越表现是一种历史反常现象。所有反常现象都必将终结。西方的反常表现也正在走向终点。

　　幸运的是，西方并未一败涂地。如果西方，尤其是美国和欧盟，能够重新发挥说服性外交的价值，那么它们或许依然能够在世界上保持足够的影响力。作为一个小国的驻联合国大使，我曾经告诉我的同事，我们在多边机制中唯一能利用的武器就是理性、逻辑和魅力。幸运的是，它们一直都很有效。作为一名西方哲学的终身学习者，我发现，在由193个国家组成的联合国大家庭中，合乎理性和逻辑的论证在不同的文化与语言中都行得通。因此，我对西方外交官很少使用说服的艺术感到困惑。

　　然而，由于西方占有压倒性的优势，因此西方强国更频繁地采用霸凌手段。以下两组关键统计数据表明，近来西方的实力已经开始衰退。按购买力平价计算，1980年美国的经济规模是中国的10倍，2014年，这一差距大大缩小。[②]同样，按购买力平价计算，当今世界的四大经济体是中国、美国、印度和日本。没有一个欧洲国家跻身前四。

---

①　Kishore Mahbubani, *Has the West Lost it? A Provocation*, London: Allen Lane Penguin, 2018: 1.

②　The World Bank, DataBank: World Development Indicators, https://databank.worldbank.org/home.aspx.

未来几十年内，欧洲国家的相对实力将进一步下滑，而21世纪将成为亚洲的世纪，因此，欧盟国家应该率先采取新行动，更多地使用外交手段。欧盟可以采取五步走的策略。第一步，欧盟应放弃默默支持美国削弱全球多边机制的政策。第二步，在未获得联合国授权的情况下，欧盟应该退出西方最近对冲突和危机的单方面干预。第三步，欧盟应该提醒美国，外交的发明是为了与敌人而非朋友对话。美国扭转了2 000年以来的外交惯例，坚持"建立外交关系"是在建立友谊。但其实朋友之间不需要通过外交渠道进行对话，只有敌人之间才需要，这就是为什么外交官需要外交豁免权。第四步，欧盟应率先在区域多边组织之间建立平等互利的关系，要在世界上最成功的区域组织欧盟和世界上第二成功的区域组织东盟之间建立更紧密的联系。这将是证明东西方社会可以在外交领域开展合作的具体方式。第五步，欧盟应该重振联合国大会，使其成为"人类议会"，这也许是最重要的一步。幸运的是，如果欧盟采取这五步走策略，世界上大多数国家都会予以积极回应。

联合国：一个朝阳组织？ [①]

2020 年联合国迎来了成立 75 周年纪念，但如今已经很少有人将联合国看作"希望的灯塔"。要重振联合国的影响力，需要更大规模的财政支持和对联合国大会与安理会进行更具包容性的改革，这将使联合国在解决人类今天面临的共同挑战上变得不可或缺。

2000 年，当联合国大会公布其千年发展目标时，我是时任新加坡驻联合国大使，科菲·安南是时任联合国秘书长，克林顿是时任美国总统。那是一个充满希望的时代。每个人都相信联合国是人类团结合作的唯一载体。相形之下，尽管在星期一 [②] 举行的联合国成立 75 周年纪念峰会上，包括中国国家主席习近平和美国总统特朗普在内的许多领导人都发表了视频讲话，但人们仍然觉得联合国的前景十分暗淡。如今很少有人相信联合国还能发挥"希望的灯塔"的作用。

---

① *China Daily*, Sep. 23, 2020.

② 2020 年 9 月 21 日。——译者注

如今对联合国普遍持有的悲观判断是完全错误的。如果说哪个全球组织对人类来说不可或缺，那就是联合国！为什么这么说呢？新冠肺炎疫情向人类发出了一条明确的哲学信息，即全人类现在都在同一条船上。过去，70 多亿人生活在 193 个不同的国家，如同生活在 193 条不同的船上。但现在 70 多亿人是生活在同一条船上的 193 个独立船舱里。这是新冠肺炎疫情能够在短时间内从地球的一端扩散到另一端的原因。

这艘全球巨轮存在一个重大问题：虽然每个船舱都由一个政府来管理，但整条船缺乏一个统一的治理机制。唯一能够代表全人类并能提供全球领导力的组织就是联合国。对越来越小且相互依存度越来越高的地球村来说，联合国已成为一个不可或缺的组织，它将成为 21 世纪的朝阳组织。

与此同时，联合国也面临着真正的挑战，世界上最强大的国家美国对联合国大失所望。在疫情高峰期，当人类需要合作抗疫时，美国退出了世界卫生组织（继早先退出联合国教科文组织之后），并导致世界贸易组织的运行陷入了瘫痪。

我们能说服美国重新支持联合国吗？答案是肯定的。2003 年，克林顿总统在耶鲁大学发表了一场有力的演讲。他表示，如果美国能永远做世界老大，它就可以一直采取单边行动。然而，如果美国考虑过成为世界第二的可能性，那么创造一个基于"规则、伙伴关系和行为习惯"的世界将符合美国的长期利益，这样一来，即使美国变成世界第二，这个世界也仍然适合美国生存。在适当的时候，美国的权威人士和政策制定者将会听取克林顿饱含智慧的建议。

然而，联合国需要不断进行自我革新，不能不思进取。中国作为新崛起的大国，怀抱"人类命运共同体"的信念，可以为联合国改革贡献一份稳定的领导力。每个社区都需要一个议会，成员可以在其中分享观点、讨论问题、达成妥协、形成共识。当前唯一能够发挥全球议会功能的机构便是联合国大会。通过与欧盟、非洲联盟、拉丁美洲、印度和东盟等主要利益相关者合作，中国可以帮助联合国大会悄然振兴。

同样，联合国安理会也需要改革。联合国的创始成员国赋予了大国在联合国安理会中的一票否决权，这在当时是明智的，赋予了各大国在联合国的强大话语权。这也是美国当初退出国际联盟却没有退出联合国的原因。然而，一票否决权当初是设计给当前和未来的大国而非昔日的大国享有的。推动联合国安理会改革困难重重，最大的障碍是，各国难以就谁应该成为新的常任理事国达成一致。

因此，我在《大融合》一书中提出了一种新方案：设立7个常任理事国、7个半常任理事国和7个轮值理事国。这个7—7—7方案将使印度、巴西和一个非洲国家（由非洲自行选出）成为常任理事国。让印度加入是关键。《金融时报》的副主编马丁·沃尔夫英明地建议道："自负所带来的负担让英国筋疲力尽，它应该尽快将其在联合国安理会的席位让于前殖民地。"

最后，联合国的财政问题需要解决。欧盟成员国虽然信任联合国，但一直在削减应支付给联合国的必要经费，因为它们觉得自己支付得太多。另一项不智之举是，欧盟带头将对世界卫生组织的义务性会费占全部筹款的比例从1970—1971年的62%削减到了如今的 20% 以下。

要解决欧盟的这些不满，我们必须降低西方向联合国提供资金的比例。西欧和欧盟其他国家的人口只占世界人口的 12%，却提供了联合国预算的 50% 以上。这种情况该改变了。亚洲人口占世界人口的 50% 以上，理应为联合国提供更多资金。

习近平主席在讲话中慷慨地宣布中国向联合国重要项目提供自愿捐款。其他亚洲国家如果能效仿中国，宣布愿意为联合国系统做出更多贡献，这将是一件好事，有助于加强联合国的实力，使其再次成为一座"希望的灯塔"。亚洲人可以为此感到自豪，在 21 世纪——亚洲的世纪，他们引领了联合国的复兴之路。

世界卫生组织能否得以重振 ①

新冠肺炎疫情彰显出包括世界卫生组织在内的多边机构在应对全球性挑战方面的重要性。过去 50 年来，多边机构一直在被削弱，现在各国应该联合起来重振多边机构。

联合国前秘书长科菲·安南常说，世界是一个"地球村"，他说的没错，我们的世界确实缩小了。最近，新冠肺炎疫情在世界范围内的传播同时对发达国家和发展中国家造成了威胁，这再次证实了世界上的 70 多亿人都生活在一个地球村。

东西方的智者，如孔子和柏拉图，都曾教导我们，当人们生活在一个小社区里时，人们必须共同协商制定规章制度，管理我们生存的空间并应对日常挑战。

科菲·安南还说："我们需要规则和规范来指导个人与社区之间的关系。这对地球村和我们各自的国家而言是一样的。"因此，如果地球已经缩小为一个村，那我们就理应加强村委会的作

---

① *Global Times*, Mar. 17, 2020.

用，就像加强联合国组织一样，制定规则与规范、管理全球公域、应对全球挑战。但遗憾的是，近几十年来，我们一直在背道而驰，一直在削弱包括世界卫生组织在内的联合国组织。

我们为什么会做出这种非理性行为？原因很复杂。因为过于复杂，所以我专门写了《大融合》一书来解释这种非理性。然而，一个关键原因值得重视。

世界上最富裕的国家，尤其是富裕的西方国家，认为削弱联合国更有利于它们的利益，这种看法并不明智。许多西方国家否认它们正在这样做，但我曾两次担任新加坡驻联合国大使，亲眼看见了西方是如何削弱联合国的，我还掌握了有力的证据。

以世界卫生组织为例，西方从三个方面削弱了它。首先，西方使世界卫生组织缺乏可靠的义务性资金。1970—1971 年，义务性会费占世界卫生组织全部资金来源的比例为 62%。但到 2017 年，这一比例跌至 18%。这一点十分重要，因为世界卫生组织只能依靠义务性会费而非自愿捐款来招募长期的卫生检查人员。其次，西方将关注点聚焦于生物医学和个案疾病，忽视了社会医学。如果我们不关注流行病学，像新冠肺炎这样的疫情就会传播得很快。最后，西方淡化世界卫生组织的作用，加强西方控制的世界银行等机构的作用。世界银行于 1984 年发放的应对公共卫生问题的贷款约为当年世界卫生组织预算的一半，到 1996 年这一数据增加到了世界卫生组织预算的 2.5 倍以上。

如今，美国和欧盟都受到了新冠肺炎疫情的严重影响，它们应该扪心自问，在过去几十年间削减世界卫生组织资金的做法是否明智。它们还应该重新审视这么做的动机。事实上，美国和欧盟是出于不同的理由这么做的。

美国削弱联合国机构是因为美国单方面行动的能力受到限制。一位美国国家情报委员会前主任直接告诉我："凯硕，我能理解为什么像新加坡这样的小国想让多边机构更加强大，然而，美国发现这些机构限制了自己的行动。"

他很诚实。相比之下，欧盟主要关心的是少花钱。欧盟国家对联合国不满是因为它们贡献了联合国预算的 30% 以上，但对支出决策的投票权占比还不到 15%。

美国和欧盟已经受到新冠肺炎疫情的严重影响，它们理应认识到削弱世界卫生组织是不明智的。毫无疑问，现在受疫情影响最大的西方国家将受益于一个强大的世界卫生组织。遗憾的是，尽管西方社会崇尚理性，但改变过去的非理性政策很难，因为太多既得利益集团将阻止西方对世界卫生组织的政策逻辑发生转变。

这就为中国提供了巨大的机遇。与西方国家不同的是，中国宣称其目标是强化联合国组织机构的职能，包括世界卫生组织。

正如习近平主席于 2017 年在日内瓦所说："禽流感、埃博拉、寨卡等疫情不断给国际卫生安全敲响警钟。世界卫生组织要发挥引领作用，加强疫情监测、信息沟通、经验交流、技术分享。"① 他的话一语中的。

那么，中国能怎么强化世界卫生组织的作用呢？第一步是率先呼吁大幅提高义务性会费占预算的比例，这将使世界卫生组织能够制订出更明智和更具战略性的长期计划，包括发展防治未来

---

① 习近平：共同构建人类命运共同体——在联合国日内瓦总部的演讲（2017 年 1 月 18 日，日内瓦）［N］. 人民日报，2017-01-20.

疫情的长期能力。毋庸置疑，未来还会出现更多的流行病。

　　然而，问题不仅仅出在钱上。我们还需要在全球营造出一种风气，使人们意识到，正如习近平主席所言，人类现在是一个"命运共同体"。全世界的医生和卫生行政人员对此深有体会。

　　他们比任何人都清楚病毒和细菌是不分国界、肆意传播的。因此，我们应该设法让全球所有卫生专业人员更频繁地聚会交流。

　　世界卫生组织能够且应该增加举行全球卫生专业人员会议的频次。在这样的会议上，我们应该对未来的全球卫生危机进行预测，并编制出保护全人类的计划和措施。幸运的是，我们在抗击新冠肺炎时发现，要对抗疫情并非只能依靠昂贵的药物，个人卫生的简单改善也同样奏效。

　　在联合国工作的 10 年中，我深深体会到一点：频繁的面对面会议交流有助于增进来自世界各地的代表之间的信任和理解。因此，我相信，如果世界卫生组织能在中国的大力支持下定期召开会议，这将大大提高全球卫生专业人员彼此之间的信任度。

　　有了这种高度信任，人类就能够更好地应对未来的全球卫生危机：到那时，世界将感谢中国为我们这个小小的地球村播下了建立信任网络的种子。

多边外交 [1]

自二战以来，多边外交一直是世界秩序的核心。了解多边机构和机制是如何以及为什么建立的，对理解多边主义的过往和如何在一个日趋缩小的世界里推动多边主义十分重要。

多边外交是一个朝阳产业。全球化的加速和由此带来的全球"缩小"导致了真正意义上的地球村的诞生，地球村不再仅仅是个比喻。每个村庄都需要设立村委会。所有多边外交进程都是为了更好地发挥地球村村委会的职能。在本文中，"多边外交"将被定义为两个以上的国家或成员通过外交途径解决超国家问题的实践。正如联合国前秘书长科菲·安南所说："外交的范围已经远远超越了国家间的双边政治关系，变成了一个涵盖人类几乎所有领域的多边、多方面的事业。"[2]

---

① *The Oxford Handbook of Modern Diplomacy*, April 2013.

② "Address by Secretary-General Kofi Annan to the American Academy of Diplomacy upon receiving the Academy's 'Excellence in Diplomacy' Award in Washington, DC, on November 28", United Nations Press Release, 30 November 2001.

关于多边外交，贯穿本文的有几个关键主题。第一个关键主题是多样性。多边外交是一种快速发展的外交战略，新的多边外交形式不断涌现，因此对所有类型进行全面描述很难。第二个关键主题是所有多边进程中正义与权力之间持续的紧张关系。理论上，多边外交是以国际秩序中的一些关键原则为指导的。此外，理论上，基于多边外交中达成的协议，一些国际组织得以建立，以履行特定职能，提供特定的全球产品，从而造福人类（换言之，在相关领域开展全球治理），而非服务于大国利益。然而，在实践中，权力通常凌驾于原则和理想之上。第三个关键主题是联合国等世界性组织与一些较小的非正式的团体或联盟（如八国集团和二十国集团）之间的紧张关系。前者代表全人类，而且通常享有充分合法性，后者也在努力应对关键性的全球挑战。

本文将首先介绍多边外交的多种功能，其次介绍多边外交的各种形式，再次对贯穿多边外交进程的持续政治压力和紧张局势进行讨论，最后为今后缓解这些紧张局势提供一些解决办法。

多边外交的功能

多边外交具有多重功能，短短一文可能难以详述，其最大的功能是充当"人类议会"的角色。要了解地球上 70 多亿人对任何全球性挑战的看法，唯一的办法是在全球性论坛或全球性会议上听取各国代表的声音，前者如联合国大会，后者如哥本哈根世界气候大会。这种全球性论坛或会议类似于各国的议会，会上的分歧不仅反映了全球各国人的不同看法，而且能起到调节安全的作用，各国在哥本哈根世界气候大会上所做的就是个很好的例子。

多边外交的第二个功能是为人类设定远大的目标，尤其是在"人类议会"甄选出地球村的迫切需求之后。因此，在 2000 年的千年首脑会议上，联合国设立了截至 2015 年要实现的千年发展目标。尽管有些目标或许无法如期实现，但它仍然激励人们在某些方面采取行动，以改善世界上极端贫困者的生活条件。如果没有像联合国这样的全球性组织，各国达成这样的协议就将更加困难。

多边外交的第三个功能是设立规范。自二战以来，通过不断设立文明规范，世界的文明程度得以提升。例如，联合国大会于 1948 年通过的《世界人权宣言》就是一个巨大的进步。这一宣言废除了奴隶制和酷刑等令人发指的恶行。最近，联合国大会通过了两项重要提议，禁止使用地雷和集束炸弹。显然，通过多边外交手段确立的规范有助于提升世界文明水平。同样，联合国关于儿童和妇女权利的公约大大改善了相关领域的规范。还有一项重大突破是，2005 年联合国首脑会议通过了"国家保护责任"这一规范。当然，在联合国等机构内制定规范时，依旧存在着一个棘手的问题，即主权国家需要就必须遵守的协定达成一致，而这中间始终存在着矛盾。当前，处理这一问题的唯一方法是达成"共识"。

多边外交还是谈判国际条约、改善世界状况的手段。举两个重要案例。1968 年 7 月 1 日通过的《不扩散核武器条约》自1970 年 3 月 5 日起生效，并于 1995 年 5 月 11 日无限期延长，禁止无核国家制造核武器，禁止核武器持有国向无核国家转让核武器或相关技术。如今，只有以色列、印度和巴基斯坦尚未签署这一条约。该条约成功防止了核扩散，废除了核武器的合法性（除少数例外）。但遗憾的是，违反《不扩散核武器条约》的主要国家是核武器持有国，它们未能迅速履行销毁杀伤力巨大的核武器的义务。同样，对于覆盖地球表面积 70% 的海洋，《联合国海洋法公约》已经确立了一套开发利用全球海洋的共同规则。该公约于 1982 年缔结，1994 年生效，缔约方包括 159 个国家以及欧盟。但该条约的较大受益者美国并未签署，尽管其在实践中基本上遵守了该条约的原则和规则。

所有这些制定规范和谈判条约的进程都有助于制定与加强国际法。正如遵循国内法律有助于保持国内社会政治稳定一样，自二战以来，对国际法的普遍遵循也逐步减少了战争。事实上，死于战争的人数已经达到历史新低。仅此一项统计数据就能使怀疑论者在攻击多边外交前三思而行。战火的平息改善了人类的处境。

在这一背景下，美国作为世界舞台上实力最强的角色，却联合其他国家要解除代表人类声音的联合国大会的合法性，这实在是一个战略错误。美国之所以要这么做，部分是因为华盛顿强大的亲以色列游说团体对联合国大会通过的反以色列决议感到担忧。美国的决定既不符合以色列的长期利益，也不符合美国的长期利益。美国右翼分子主张美国应抛弃联合国并与民主共同体合作，但这一主张轻易就被美国国务院政策规划司前司长安妮-玛丽·斯劳特驳倒了，她指出，许多反对美国对伊拉克发动战争的人都属于这个民主共同体。简言之，要想充分发挥多边外交作为"人类议会"的主要作用，美国就需要制定新的战略方针。

理论上，联合国大会在解决冲突与促进和平方面也应该发挥作用。在实践中，尤其是冷战结束以来，联合国安理会也确实发挥了关键作用，但它在这方面是成功与失败并存的。虽然联合国安理会解决了困扰危地马拉、纳米比亚、柬埔寨和前南斯拉夫马其顿共和国的许多长期问题，并监督了萨尔瓦多和莫桑比克冲突解决后新政府的就职，但联合国安理会在巴尔干问题上的失败令人遗憾，也没能阻止卢旺达境内的种族灭绝大屠杀，且在巴以问题（以色列和巴勒斯坦问题）上的应对十分不力。

二战以后成立的许多专门机构，如世界贸易组织、世界卫生组织、国际原子能机构、国际劳工组织、联合国环境规划署等机构，通过开展多边外交活动，在解决问题和促进国际合作方面发挥了作用。总的来说，世界贸易组织及其前身《关税及贸易总协定》取得了惊人的成功：世界贸易的增长率是产出增长率的 3 倍，贸易额从 1950 年的 2 960 亿美元增加到了 2005 年的 8 万多亿美元，它增进了人类福祉，增强了国际间的相互依存，创造了一个强大的既得利益集团，维护了全球稳定。贸易占世界 GDP 总量的比重从 1950 年的 5% 增长到今天的近 20%。[1] 尽管最新的多哈回合谈判陷入了困境，但之前的所有贸易回合在漫长的谈判后都取得了成功。同样重要的是，即使在 2007—2009 年全球金融危机期间，世界也没有明显地倒退回贸易保护主义。

至于较小规模的组织，就参与多边外交的国家数量而非影响

---

[1] "World exports and world GDP, 1870<EN>–2005", *World Trade Report 2007*, World Trade Organization, 244. Available at: http://www.wto.org/english/res_e/booksp_e/anrep_e/wtr07-0b_e.pdf.

力而言，2008 年 11 月和 2009 年 4 月召开的二十国集团峰会在拯救全球经济中发挥了关键作用。目前来说，这些多边外交机制已经通过了"临界压力测试"，度过了重大危机。然而，正如纽约的"全球治理小组"所倡导的那样，通过定期引入相关议题的其他利益相关者，二十国集团一定可以变得更具包容性、更加透明、可参与度更高。

　　受全球金融危机影响，银行业监管将成为确保世界经济体系稳定和可持续发展的日益严峻的挑战，但这也是多边外交手段可以发挥作用的另一领域。巴塞尔委员会由二十国集团主要经济体和其他几个成员组成①，是多边主义发挥作用的典型案例。《巴塞尔协议 II》和《巴塞尔协议 III》的倡导者呼吁收紧国际标准，以降低金融机构面临的风险，并呼吁建立"缓冲"基金，使金融机构未来能够更好地承受压力。《巴塞尔协议》的成功离不开多边外交。

　　多边外交所体现出的多种功能表明了理解多边外交运作方式的重要性。近来，通过各国领导人所做的工作，这一重要性得到了进一步加强。如今，领导人将出访和参加首脑会议视为工作中不可或缺的部分。相形之下，曾在 1905—1916 年担任英国外交大臣的爱德华·格雷爵士在漫长的任期内从未出过国。时代的变化是多么巨大啊！

---

①　截至 2010 年 10 月，巴塞尔委员会成员包括阿根廷、澳大利亚、比利时、巴西、加拿大、中国、法国、德国、中国香港、印度、印度尼西亚、意大利、日本、韩国、卢森堡、墨西哥、荷兰、俄罗斯、沙特阿拉伯、新加坡、南非、西班牙、瑞典、瑞士、土耳其、英国和美国。

多边外交的开展形式

每年都有各种形式、各种层次的多边会议召开，因此对所有会议进行统计很难。然而，仅仅粗略地估算一下，我们就能发现，自 1945 年联合国和布雷顿森林体系建立以来，尤其是在过去 20 年间，多边会议出现了爆炸性增长。

尝试对多边会议进行分类也将面临重重困难。然而，如果非要用概念来区别大部分会议的话，多边会议可以分为如下几类：全球性多边会议、功能性 / 专门性多边会议、区域性多边会议、特别多边会议。

联合国与布雷顿森林体系的创立促使全球性会议大量召开，尽量让全人类都能被代表。这些全球性会议已经从联合国大会、国际货币基金组织和世界银行等机构举行的年度例会发展到了如今各种各样的全球性会议，包括联合国海洋法会议以及人口、妇女和全球环境会议。

哥本哈根世界气候大会失败后，人们对类似的全球性会议的未来产生了悲观情绪。许多人认为全球性会议行不通，因为这类会议难以协调太多的不同利益。然而，即使在一个小村庄里，无视重要的少数群体的意愿也是愚蠢的。对地球村而言，真正的全球性解决方案需要考虑村里的所有成员。公正的分析显示，导致哥本哈根世界气候大会失败的原因有很多，诸如丹麦主席不称职，权力从西方转移到他处，美国总统奥巴马无法说服国会限制国内温室气体的排放，以及中国和印度需要保持各自的经济增长率来保障脱贫工作的开展。简言之，多边外交活动本身就很复杂，要想取得成功必须有出色的领导才能，就像新加坡外交部巡回大使许通美那样，尽管内陆国家与沿海国家之间存在诸多矛盾，但他依旧成功推动了《联合国海洋法公约》的签署。因此，当全球性会议失败时，我们不应批判这种形式，而应从参会者身上寻找问题的根源，关注国家利益上的固有矛盾。

联合国大家庭还设立了各种专门机构，这些专门机构设有自己的政府间年度会议和理事会，通过开展多边外交为国际社会提供决策方向与指导。虽然有时各国间的政治分歧也会导致会谈破裂，进而妨碍这些会议在相关领域展现良好的全球领导与治理能力，但事实证明，每当面临共同危险时，国际社会总能做到齐心协力，尤其是在面对跨越国界的疫情时。因此，观察多边外交如何在诸如世界卫生组织这样的专门机构中发挥良好的作用，有助于了解人类应该如何在全球性多边会议中共同努力。

区域层面的多边外交正在迅速发展，最成功的例子就是欧盟。大多数人都称赞欧盟的经济成就，但欧盟最引人注目的成就是避免了战争，而且任何两个成员国之间也没有爆发战争的可能性。这是区域合作的黄金标准，其他地区都应努力效仿。但遗憾的是，还没有哪个区域组织能够达到欧盟的成就。

然而，关于欧洲这一黄金标准是如何缓慢地影响其他区域组织的，我们尚不知晓。我可以凭个人经历谈一谈东南亚国家联盟，这或许是世界上第二成功的区域组织。20世纪70年代初，当我第一次参加东盟会议时，5个创始成员国之间的互不信任和相互猜疑表现得很明显。然而20年后，当我带领新加坡代表团再次出席东盟会议时，会议结束时的气氛要轻松得多，各国也显得彼此更加信任。20 年的区域多边外交改变了东盟会议的本质，增进了成员国间的信任。

人们如果聚在一起并频繁互动，随着时间的推移，就会形成一种社群意识。这种意识降低了发生冲突的可能性，提高了合作的可能性。在许多全球性和区域性论坛上开展了 30 多年的多边外交后，我对它的价值深信不疑。自东盟成立以来，成员国之间从未爆发过战争（尽管有些时候濒临爆发战争），这一事实切实有力地证明了多边外交的价值。

区域层面的多边外交也已成为重要的朝阳产业。例如，东盟不仅成功增强了 10 个成员国之间的合作，还成功地为其他亚洲大国提供了一个不可或缺的地缘政治平台，让这些国家可以在中立国见面并开展会谈。这一举措始于东盟邀请中国、日本和韩国参加著名的东盟"10+3"会议。这些会议迅速体现了自身的价值。当中日关系恶化，双方领导人无法举行双边会谈时，他们可以在东盟"10+3"这一会议平台会面。随着印度、澳大利亚、新西兰、俄罗斯和美国的加入，东亚峰会的规模现已卓有成效地扩展到了东盟"10+8"。

相对欧盟而言，东盟是后起之秀。因此，随着世界更加坚定地迈向亚洲世纪，欧盟理应勇于承担起开展亚欧合作的倡议。但事实恰恰相反，欧盟仍然保持消极态度，东盟敢于当先，新加坡总理吴作栋提议举行亚欧会议。

幸运的是，欧盟欣然接受了他的提议。当时我在多个欧盟国家宣传吴作栋总理的主张，亲眼看见了这一切。1996 年 3 月在曼谷举行的第一次亚欧首脑会议取得了巨大的成功。不幸的是，紧接着就爆发了亚洲金融危机。欧盟国家本可以利用这个宝贵机会来证明自己与亚洲的关系不是"酒肉朋友"。可悲的是，欧盟未能通过这次大考，这也再次表明，欧洲决策者的判断受到了短期思维的影响。随着亚洲经济的复苏，亚欧会议也重回正轨。具有讽刺意味的是，欧洲却在 10 年后陷入了困境。幸运的是，亚洲国家的做法更为明智：它们没有在欧洲遇到困难时抛下它。

随着西方统治的结束和亚洲的回归，世界进入了一个全新的时代，亚洲多边外交的成功对全球秩序产生了深远的影响。我们必须牢记，从公元元年到 1820 年，中国和印度一直是世界上最大的两个经济体。因此，到 2050 年，当它们重新回到它们本该拥有的全球地位时，世界历史的重心也将转移到亚洲。

因此，亚洲的作为将推动世界历史的发展。1945 年，美欧建立了以规则为基础的世界秩序，这一秩序奠定在以西方为基础的原则上。崛起中的亚洲大国如果拒绝这些原则，那也是很自然的。幸运的是，正在崛起的亚洲大国决定接受西方这些原则。具有讽刺意味的是，西方国家是否愿意尊重自己建立的全球秩序原则是当今世界面临的一大问题。根据国际法，只有在自卫或获得联合国安理会授权的情况下，使用武力才是正当的。但 2003 年 3 月入侵伊拉克的战争不符合这两个标准中的任何一个。因此，正如科菲·安南所言，伊拉克战争是非法的。① 如果西方国家希望崛起的亚洲大国能够尊重支撑全球秩序的关键西方原则，它们就必须先以身作则。因此，美国对多边外交的态度至关重要。

---

① See for example, "Iraq war illegal, says Annan"，*BBC News*, 16 September 2004. Available at: http://news.bbc.co.uk/2/hi/3661134.stm.

多边外交的成功还表现在创立了各种特别的外交会议上。如今，最著名和最强大的特别组织是二十国集团。它在2009年年初拯救了世界经济。与联合国或欧盟等全球性和区域性组织不同，二十国集团没有总部，甚至没有议事规则。它本质上只是一个特设的组织。尽管如此，二十国集团依然能够达成成果，这同样显示了多边外交的价值。当外面的人叫嚣着想要加入而里面却无人愿意退出时，一个俱乐部的成功之处就凸显出来了。二十国集团就是最好的例证。

其他特别形式的多边外交也在发展，这些形式具有不同程度的合法性，取得了不同程度的成功。反对使用地雷和集束炸弹的倡议尽管最初遭到了美国、俄罗斯和中国等老牌大国的反对，但仍在国际上获得了巨大支持，并在随后获得了联合国大会的批准，取得了合法性。而美国发起的"防扩散安全倡议"则是特别形式的多边外交中一个不太成功的例子。该倡议旨在授予在公海拦截涉嫌携带核武器的第三国船只的权力，它获得了90多个国家的支持，但遭到了包括中国在内的多个国家的反对，这些国家对其合法性提出了异议，因此这一倡议尚未得到联合国系统的批准。

多边外交中存在的内在紧张关系

国际谈判应该由理性的参与者围坐在谈判桌前展开协商，达成互利的协议。这种做法被视为人类文明史上的一个重大进步，是人类脱离"依靠武力而不是理性做决定"的原始世界的标志。毫无疑问，"理性"的声音在国际谈判和多边外交中发挥了重要作用。

30 多年的（各种形式的）多边外交经验告诉我，当身处多边环境时，我会遇到三种声音：理性、权力和魅力。但魅力的价值被低估了。一个小故事可以说明魅力是如何发挥作用的。1981年，联合国安理会在挑选下一任秘书长的问题上完全陷入了僵局。但幸运的是，一位年轻的乌干达外交官奥拉拉·奥图诺（他代表一个刚刚从伊迪·阿明的暴行中恢复过来的极度虚弱的国家）于 1981 年 12 月当选为联合国安理会主席。借助自身的魅力和说服力，他成功解决了僵局。同样，新加坡的传奇外交官许通美也凭借自身的巨大魅力，说服了 100 多个国家的外交官同意解决海洋法的谈判问题。魅力在多边外交和生活中的其他领域都发挥着作用。

但是，无论是理性还是魅力都无法与权力匹敌，权力仍然是多边外交和国际关系中影响最大的因素。在联合国安理会的两年工作（2001—2002 年）使我认识到，人类还没有完全脱离"原始"的世界秩序，蛮力和权力仍然驱动着人们的决策。有些常任理事国通过正式（更多的是非正式）渠道行使否决权，扭曲联合国安理会的决策程序，结果导致联合国安理会难以履行《联合国宪章》所规定的"维护国际和平与安全"的义务，而是充当了维护"五常"的国家利益和立场的角色。

"五常"对联合国安理会决策最大的扭曲体现在巴以问题上。目前，国际社会对这个问题几乎达成普遍共识，即巴以必须分成"两个国家"，以色列必须结束对巴勒斯坦长达 45 年的非法占领。不管举行什么形式的全球民主投票，都会有 60 多亿人支持这个

"两国方案"。然而，60多亿人的主张遭到了600万以色列人的阻挠，他们成功主导了美国的决定。这种全球性的决策扭曲最终可能会导致以色列陷入长期性的悲剧，因为在21世纪，新的力量关联将会对美国形成严重制约。

为重振联合国、加强多边外交，我们必须尽快解决巴以问题，因为这一问题对国际政治的破坏力比任何其他问题都要大。巴以问题使联合国在两个方面都失去了合法性：一方面，在美国民众看来，联合国失去了合法性，因为美国媒体着重报道美国在联合国大会上的反以色列立场；另一方面，在16亿穆斯林看来，联合国也失去了合法性，因为他们注意到联合国安理会是亲以色列的。因此，除非解决巴以问题，否则联合国将受到严重的削弱，多边外交也将因此受到制约。

有些常任理事国坚持将"国家利益"置于"全球利益"之上，这导致了联合国安理会决策上的许多扭曲行为。克林顿政府不允许联合国安理会在决议中使用"种族灭绝"一词，导致国际社会无法采取有效措施阻止卢旺达种族灭绝事件。同样，小布什政府利用其可观的"单极"权力，让联合国安理会越俎代庖，通过让国际刑事法院给予美军豁免权干预其"司法"决定，扭曲了联合国安理会的作用。同样，俄罗斯在1999年阻止了联合国安理会对科索沃战争做出反应。

然而，权力并非一成不变的。我曾在两个不同的历史时期担任新加坡驻联合国大使。其间，我亲眼看见了国际地缘政治秩序对多边外交的制约。20世纪80年代中期，冷战仍在继续，美苏之间的僵局导致联合国安理会陷入瘫痪。因此，联合国大会成了当时人们关注的焦点。联合国大会对苏联非法入侵阿富汗和美国非法入侵格林纳达的举动进行了谴责并赢得了美名。但当我于1998年重返联合国时，联合国大会被完全无视了，所有的注意力和焦点都集中在联合国安理会的工作上。

地缘政治力量即将发生几个世纪以来最大的转变，因此，多边外交也需要适应新的地缘政治秩序，这是对多边外交能力的最大考验。如前所述，西方主导世界历史的时代即将结束（当然，这并非西方的终结），而亚洲国家，尤其是中国和印度，正在恢复它们原有的地位，即世界上最大的两个经济体。毫无疑问，世界将不得不做出大规模的调整，以适应权力转移的巨变。多边外交也不例外。

这是一项极其复杂和困难的工作。在现行的多边秩序中，合法和非法国际行为的语言、概念与定义主要起源于西方。事实上，如今由国家、国际组织和跨国公司组成的国际体系植根于《威斯特伐利亚和约》，这是欧洲统治者于1648年签署的一项和约，目的是维护本国的领土完整。自《威斯特伐利亚和约》签署以来，国际社会从未采取过与威斯特伐利亚国家主权观不同的观点，而我们今天面临的最大困难之一是单一主权国家与应对全球挑战所需的全球方案之间的摩擦。一方面，联合国是主权国家的集合，在某种程度上，它的使命是保护各成员国的主权；另一方面，解决全球问题则需要超越单一国家主权的统一的全球战略。

然而，一些微小却具有革命性意义的变化正在出现。例如，联合国大会于2005年通过了"国家保护责任"这一国际关系中的新概念。理论上，这一概念凌驾于国家主权之上。因此，各国领导人达成的这一决定在国际法上具有里程碑意义。尽管这一决定的重要性尚未得到充分理解，但这是迟早的事。这一概念是加拿大首倡的。问题是，当西方不再主导多边秩序时，这些概念是会被保留，还是会被删除呢？

一个至关重要但又被低估了的问题是，大多数西方决策者和公共知识分子认为，大多数西方国家的国际行为是"负责任的"和"合法的"。这就是为什么美国领导人能一本正经地呼吁中国做国际秩序中"负责任的利益相关者"。然而，西方人口占世界人口的比例还不足12%，剩余88%以上的世界人口中，绝大多数人越来越质疑西方口中所谓的"责任"与"合法性"，因为他们清醒地意识到了西方在国际行为中普遍存在的两面性和双重标准。西方必须学会倾听世界上大多数人的声音，否则后果可能会不堪设想。入侵伊拉克的战争表明，当西方无视全球舆论时，会出现什么问题。

世界历史的重大转变可以为多边外交带来展示其价值的最大机遇。如前所述，多边外交的主要功能是充当"人类议会"。因此，西方强国，尤其是美国，不应企图非法化联合国大会并与其脱轨，而应努力恢复联合国大会早期所起到的关键作用，为听取国际社会上活跃的新成员的声音提供一个平台。20世纪五六十年代，印度的尼赫鲁、埃及的纳赛尔、印度尼西亚的苏加诺和古巴的卡斯特罗发表了强有力的讲话，让世界了解这些新独立国家在摆脱了西方殖民统治后的目标。

今天，我们正在见证类似的沉睡已久的文明和社会的重新觉醒。数十亿人正在发出新的声音，世界需要为这些人提供一个能够表达自我的舞台。幸运的是，我们不需要做重复的工作，我们已经有了联合国大会。然而，在当前复杂的新世界秩序中，联合国大会必须掌握这个新世界的复杂性。库珀、海因和塔库尔重点谈及当今世界舞台上的新生力量，并恰如其分地引用了安妮-玛丽·斯劳特的话。

> 我们设想的不仅仅是让一组新的国家坐在谈判桌旁，而且要建立国家和非国家实体之间的网络、联盟与伙伴关系，以解决具体问题……要做到这一点，我们的外交官不仅要具备传统的报告分析能力，更需要社区组织的技能。新的连通技术将成为这种外交形式的重要工具。[①]

到目前为止，大多数非国家实体都是大型的西方非政府组织（如国际特赦组织或绿色和平组织）或者受到西方思想启发的组织（如民主国家俱乐部）。西方在非国家实体界的主导传统也即将结束。土耳其船队在 2010 年 5 月试图前往加沙的事情为即将到来的世界提供了强有力的先兆。当西方示威者阻挠奥运火炬的传递时，中国青年学生在西方首都进行了示威抗议，这些照片同样表明了全世界年轻人在政治上的共鸣。发展中国家的青年人口数量正在迅速膨胀，因此必须让世界听到他们的声音。新的联合国大会必须能够准确反映地球上 70 多亿人的观点。

然而，新的非国家实体的出现并不意味着一些旧有的传统紧

---

① In an interview with David Rothpokf, "It's 3 a.m. Do you know where Hillary Clinton is?", *Washington Post*, 27 August 2009.

张局势已经消失。2009 年 12 月哥本哈根世界气候大会的失败就为当代多边外交中可能出现的问题提供了一个极好的研究案例。几乎所有来自发展中国家和发达国家的非政府组织都赞成采取更强有力的全球行动来应对全球变暖。联合国政府间气候变化专门委员会也听取了它们的建议。与西方非政府组织不同的是，联合国政府间气候变化专门委员会拥有一批全球代表，尽管如此，在与传统的政府代表势力谈判时，这些非政府组织所倡导的道德力量都失败了。

奥巴马抵达哥本哈根时束手无策，因为美国国会拒绝通过任何限制美国温室气体排放的法案。如果当时世界上最大的碳排放国都不愿合作，那么指望中国和印度这两个新兴大国做出妥协显然是荒谬的。印度总理辛格说得很好，他表示他不能剥夺印度人民的电力："我们的能源需求肯定会增长。如果我们只盯着眼下而不关注未来，不为子孙后代计长远，我们就将无法履行对国家和子孙后代的责任。"[1] 世界银行的数据显示，超过 4 亿印度人没有电可用，用电高峰期时电量缺口高于 16%。不管怎么说，包括奥巴马、辛格、巴西总统路易斯·卢拉·达席尔瓦和中国总理温家宝在内的所有领导人都不会为了全球利益而罔顾本国利益。

哥本哈根世界气候大会也显示了新的地缘政治秩序是如何形成的。在最后一次会议上，欧盟甚至没有派代表出席会议，这显示出欧盟在地缘政治上的地位已经一落千丈。除美国外，中国和

---

[1] "Nuclear energy essential for India: Manmohan Singh", *Thaidian News*, 24 March 2008.

印度是主要参会者。尽管存在分歧，但中印两国为了共同利益选择了合作。巴西和南非也表明了新兴经济体的重要性。简言之，通过对哥本哈根世界气候大会进行深入的个案研究，我们将从当代多边外交的复杂性中得出许多教训。这次会议还表明，要想取得全球合作的成功，我们迫切需要新的思维。

幸运的是，区域层面多边外交所取得的成就弥补了全球层面的失败。在世界上大多数地区，区域合作都在增长而不是减少。除了已经成功的欧盟和东盟，其他地区也看到了合作的价值。在世界上的大多数地区（除了被印巴分歧困扰的南亚），区域内贸易正在增长。例如，1990年，东亚的区域内贸易仅占整个区域贸易的9%左右，但到2010年，这一比例已增长到50%以上。无论以何种标准衡量，这一增长都是惊人的。在21世纪的第一个10年，非洲区域内贸易额增长了近20%，中美洲和南美洲的情况也类似。然而，比经济利益更重要的是，更大范围内的区域合作还使得世界范围内的战争普遍减少。

参加了东盟和欧盟官员之间的几次会议后，我深刻地认识到，区域多边外交的文化和习俗因地区而异。在欧洲，区域多边外交主要依靠法律，要花费大量时间对一份文件草案进行激烈的辩论，成功是以书面文件的质量来衡量的。而在东亚，重点在于参与者之间建立起信任和理解，书面文件只作为辅助，更重要的是在参与者之间形成无形的信任。我故意夸大了东西方之间的区别，以突出二者的特征。东盟和欧盟的经历也告诉我，新一代的多边外交官必须学会培养更深层次的文化敏感性。

解决方案

展望多边外交的未来，我们明显可以看出，包括世界主要领导人在内的世界主要决策者在处理这一问题时面临着严重的两难境地。随着世界的"缩小"，对多边外交的需求可能会急剧增加。此外，如前所述，多边外交的开展会受到许多固有问题的困扰。为解决这一困境，世界需要采取循序渐进的办法，以确保在需要借助多边外交手段来解决尖锐的全球和区域问题时，这些手段随时都可以应用。

第一步是改变我们对世界秩序的看法。我们得承认人类生活在一个地球村里，这个地球村不是隐喻性的，而是实际意义上的。因此，我们目前面临的全球主要矛盾非常明显：本质上来说，人类所面临的挑战是全球性挑战，但应对这些挑战的是区域性的各国政府。虽然世界上有许多明智的领导人，但我们缺乏全球性的领导力。

21世纪的第一个10年只是加速了全球性挑战的出现。"9·11"事件开启了这个时代，当时居住在阿富汗的本·拉登策划了一个阴谋，摧毁了曼哈顿的双子塔。2009年，H1N1病毒在全球肆虐。雷曼兄弟公司危机的破坏性则迅速传播到全世界，引发了全球经济衰退。

最大的挑战确实不像金融危机那般来得迅猛，但应对气候变化不力恰恰说明了当前的领导机制非常低效。解决全球变暖的办法其实很简单：各国必须合理地提高排放温室气体所要付出的经济代价，发达国家多付出一些，发展中国家少付出一些，但所有国家都要付出一定的代价。然而，总得有人迈出第一步。虽然美国人口仅占世界人口的 5%，但汽油消费量占世界的 25%，显然美国应起带头作用。如果美国能将每加仑 ① 汽油的价格提高 1 美元（即使这样，美国的汽油仍比欧洲或新加坡的便宜），那么人们将会改变驾驶习惯，从而大大减少温室气体的排放量。美国的示范引领很可能会改变其他国家的态度。

在许多方面，美国是世界上最富聪明才智的国家，尽管近期经历了多重阵痛，但仍然是最成功的国家。然而，在这片充满智慧与成功的土地上，没有一位政治家敢主张提升 1 美元的油价来拯救世界，因为这么做就意味着直截了当的政治自杀。美国的政治家都是由地方选民选举出来为地方利益服务的，而那些想要拯救世界的人选的政治生命很短，这就是问题的症结所在。

因此，人类需要敲响警钟。人类可以建立良好的国内治理模式，例如新西兰、荷兰、新加坡和瑞典的治理模式。但是，好的国家领导人只能缓解全球性挑战的冲击，而不能从根本上解决这些挑战。解决这些问题必须靠联合国和国际货币基金组织这样的全球性组织或者二十国集团这样的全球性联盟。

理论上，每个人都认同需要加强和开放这些机构。然而在实践中，全球性组织和联盟却被少数强国控制，它们将自身利益置于全球利益之上，这就是全球性的终极悖论。大国希望利用自己的地位控制全球性组织——看看美国和欧洲是如何霸占世界银行和国际货币基金组织的领导权的，但它们越是控制和扭曲这些机

---

① 1 加仑（美）≈3.8 升。——编者注

构的议程，这些机构就被削弱得越严重。如果这些组织不能充分发挥作用，我们就很难找到解决全球问题的办法。

唯一的解决办法是在民众以及政府之间形成一种新的强有力的国际共识，即世界所急需的是全球治理（而非全球政府）。[①] 只有这样，最强大的国家才会考虑全球利益，并允许二十国集团、联合国、国际货币基金组织和世界贸易组织等机构恢复活力。事实上，与单个利益相关者制定的解决方案相比，合作制定的解决方案应该能为每个利益相关者带来更好的结果。这些组织或机构确实并不完美，但在政治世界里，改革现有体制比创建完美的新体制容易得多。

第二步需要由世界上最强大的国家来做。自从见识了达格·哈马舍尔德（1953—1961年任联合国秘书长）强有力的领导，美国就认定（并在冷战期间与苏联达成完全一致），一个软弱的联合国领导层和无力的多边外交进程最有利于美国的国家利益。因此，美国决策者将所有国际组织、条约和法律视为对美国权力的制约。如果美国能够保证它永远是世界上唯一的超级大国，那么这种态度可能是有意义的（尽管我认为即使是那样也没有意义）。然而，随着中国即将取代美国成为世界第一经济大国，美国应及时重新考虑是否要保持削弱多边机制和进程的政策。如果美国坚持这些政策，那么中国在崛起为一个大国的进程中所遇到的阻碍就会减少。

但如果美国决定改变政策，多边外交将带来若干实用、有益

---

① See Thomas G. Weiss and Ramesh Thakur, *Global Governance and the UN: An Unfinished Journey*, Bloomington: Indiana University Press, 2010.

的成果。第一，如果能够选出最合适的而不是可接受的最弱的候选人来管理国际组织，国际组织的能力就将得到加强。例如，由具有科菲·安南那样口才的人而不是库尔特·瓦尔德海姆那样的人担任秘书长的话，联合国将是一个更加有效的组织。在世人看来，一位能发出强烈道德声音的秘书长就如同世俗界的教皇，他具有道德和政治领导力，能够把世界团结起来，为我们所面临的正在迅速增加的"全球公共领域"问题找到强有力的集体解决方案。然而，要做到这一点，拥有否决任何联合国秘书长人选权力的"五常"就需要克服各自的私欲，选出一位不只是"秘书"还是"长官"的人来领导联合国。事实上，甚至有报道称科菲·安南也曾说过，他头衔中的"S"（Secretary）和"G"（General）代表的是"替罪羊"（Scapegoat）——意指西方大国倾向于将自身的失败归于联合国或其系统内的机构，从而使联合国成为最大的替罪羊。

第二，我们应为国际组织提供必要的资源，使其有能力应对许多领域日益严峻的全球性挑战。例如，由墨西哥前总统埃内斯托·塞迪略领导的国际原子能机构知名人士委员会建议国际原子能机构招募和雇用更多的核武器检查员，以应对日益增长的核扩散威胁。美国应该取消小布什政府对国际组织的预算零增长政策，与其他发达国家合作，激励这些国家给予国际组织必要的支持，同时让这些组织对绩效和资源有效利用负起责任来。

第三，国际组织能力的提升、资源的增多及士气的提振将反过来提高国际组织在全球的地位和威望。例如，西方媒体会开始向这些组织寻求解决问题的办法，而不是将其视为问题所在。西方若能取消削弱国际组织合法性的政策，将会大大提高这些组织的履职能力，进而使多边外交能够吸引更有作为的年轻外交人员加入。我可以满怀信心地说出这句话，因为我也曾是一名年轻的外交官，曾对从事多边外交工作感到气馁。新加坡的一位高级部长曾对我说："凯硕，你的工作就是去联合国，为世界哀悼。你不要幻想能够在联合国做出实事。"我们在招聘金融或全球环境等多边领域专家的同时，也应鼓励最聪明的外交官接受全球多边挑战，以促进两方面的平衡。

我自己的人生经历告诉我，无论是哈佛大学还是麦肯锡、贝恩或高盛，最成功的组织是那些能够招募到最优秀和最聪明的人才的组织。多年来，随着大多数国际组织的士气逐渐消沉，派出最优秀的外交官参加多边外交的国家越来越少。相反，各国都派出了最优秀的外交官参与双边外交。这是一个重大的战略错误，因为多边外交对世界的重要性已超过双边外交。因此，在我们这个注重消费品牌的世界中，要想让多边外交成功完成使命，我们就必须改变多边外交的品牌和形象。

必须强调的是，不同的国际组织面临着不同的问题。国际货币基金组织和世界银行资金相对充裕，因为它们是明显受西方控制的营利性机构。然而，由于人们认为它们服务于西方而不是全球利益，因此其威望和地位，尤其是在亚洲的威望和地位，在亚洲金融危机后显著下降。为了让国际货币基金组织和世界银行在21世纪继续发挥作用，西方必须放弃对这两个组织的控制权，依据任人唯贤的原则来选择总裁和行长，而不是始终让美国人和欧洲人霸占这两个职位。

　　简言之，多边外交可以通过一些明确、实用的步骤，包括本文提到的步骤来得以恢复和加强。然而，只有在既有大国和新兴大国达成新的政治共识，即多边外交需要被加强而非被削弱时，这些举措才能真正得以实施。达成这一新的政治共识需要主要国家和非国家实体共同努力。

人类能做出重大转变吗 [①]

新冠肺炎疫情凸显了支持包括世界卫生组织在内的多边机构的重要性，这些机构不应该被持续削弱。

人类被认为是地球上最聪明的物种。由于新冠肺炎疫情的肆虐，这个物种刚刚经受了二战以来最大的一次打击。

每天都有成千上万的人死亡，却不是因为战争或饥荒（常见原因），而是因为一种由新型冠状病毒引发的新疾病，这种病毒使人类丧失了防御能力。

新冠肺炎疫情的迅速蔓延也说明了全人类现在被困在同一条船上，就像那艘被困在日本海域的倒霉的"钻石公主号"邮轮一样。

人类现在面临的重大问题其实并不复杂：是否有足够的智慧从新冠肺炎疫情中吸取教训，并在必要时重新调整政策方向？理论上，我们可以做到，但实践中，恐怕我们做不到。

---

① *The Straits Times*, Apr. 9, 2020.

本文将以多边主义为例展开讨论。多边主义听起来很无聊。让我们用困在船上的例子简单打个比方。如果地球上 70 多亿人现在被困在一艘被病毒笼罩的邮轮上，大家只清理自己个人的船舱而忽略病毒传播经过的走廊和外面的通风井，这有意义吗？

答案显然是否定的。然而，我们却一直在这么做。发达国家一直在全力保护自己，却忽视了病毒传播的全球路线。既然我们现在在同一条船上，人类就必须关心全球的防疫工作。

好在 1945 年之后西方率先建立了一系列以联合国为中心的全球治理机构，如世界卫生组织，以改善全球治理。然而，近几十年来，西方却一直在有计划地削弱包括世界卫生组织在内的全球多边机构。

本文将通过讨论世界卫生组织的境遇来说明破坏多边机构这一做法的愚蠢之处。世界卫生组织的宗旨是"使全世界人民获得尽可能高水平的健康"，这是个崇高的目标。

然而，只有当卫生危机爆发时，世界卫生组织才能真正地发挥出价值，它为各国合作应对全球卫生挑战提供了唯一有效的平台。世界卫生组织在消灭天花、几乎根除小儿麻痹症和研制埃博拉疫苗方面发挥了主导作用。对地球上最聪明的物种人类来说，加强而非削弱世界卫生组织无须过多考虑。

但可悲的是，西方国家想方设法地否认它们一直在削弱多边机构，包括世界卫生组织。对西方而言，这种态度极其危险。西方如果继续否认削弱了包括世界卫生组织在内的多边机构，就不可能转变态度，开始重振和加强这些机构的建设。因此，西方的当务之急是深刻反思自己对世界卫生组织等机构的做法。

西方在三个方面削弱了世界卫生组织。我在2013年出版的《大融合》一书中对此进行了详细阐述。

首先，西方减少了对世界卫生组织的长期义务性资金支持。1970—1971年，长期义务性资金支持曾占世界卫生组织预算的62%，但2017年，这一比例骤降至18%。为什么这一点十分重要？因为世界卫生组织只能靠义务性资金支持来招募长期的卫生检查人员和科学家，而每年数额都不同的自愿捐助无法让世界卫生组织有足够的财力去做这件事。

其次，西方将关注点聚焦于生物医学和个案疾病，忽视了社会医学。但是，仅靠解析个案疾病不足以对抗像新冠肺炎这样传播迅速的大流行病。

最后，西方淡化世界卫生组织的作用，加强由西方控制的世界银行等机构的作用。1984年，世界银行在公共卫生问题上发放的贷款约为当年世界卫生组织预算的一半，到1996年这一数据增加到了世界卫生组织预算的2.5倍以上。

向世界银行提供更多资金似乎不会令人反感。然而，正如西蒙·弗雷泽大学的全球卫生治理教授凯利·李在其关于世界卫生组织的书中所描述的那样："对世界卫生组织而言，这意味着绕过了其作为联合国卫生机构领导者的角色。"

面临诸如新冠肺炎疫情这样的突发性公共卫生事件，世界卫生组织可以帮助我们，世界银行却不能。正如李教授所言，在2002—2003年发生"非典"危机期间，"世界卫生组织动员世界范围内的科学家对病原体进行甄别和基因测序，这一点尤为令人印象深刻"。

那么，既然世界卫生组织在抗击瘟疫上极端重要，西方为什么要削减其长期性义务性资金支持呢？

具有讽刺意味的是，这项政策甚至不是西方对长期战略利益全面细致评估的结果，而是那些只想省钱的"铁公鸡"推动的。

此外，这些政策还受到了短期自私利益的驱使——使世界卫生组织依赖于西方的自愿捐款，可以让世界卫生组织把工作重点放在与西方（其人口只占世界人口的 12%）利益攸关的领域。

然而，正如新冠肺炎疫情所表明的那样，西方在削弱世界卫生组织，阻止其改善世界上其余 88% 人口的健康状况的同时，也是在搬起石头砸自己的脚，因为西方自身的命运，尤其是在公共卫生方面的前景，与 88% 的人口的福祉直接相关。

我们在同一条船上。

西方能幡然醒悟吗？

是的，西方可以。而且在某种程度上，西方已经做出了改变。法国总统马克龙就是多边主义的坚定支持者。

他曾表示："在当今的世界形势下，没有什么比多边主义更能有效地解决问题。为什么这么说呢？因为我们面临的所有挑战都是全球性的，比如恐怖主义、移民问题、全球变暖和数字领域的监管等。所有这些问题都只能通过全球和多边途径来解决。每次我们同意绕过多边主义时，我们都是在把决定权拱手让给强权者。"

如果让他今天再做一次同样的演讲，那么他会首先提到新冠肺炎疫情。

坐而言，不如起而行。为践行加强多边主义的承诺，西方可以扭转对世界卫生组织义务性资金和自愿捐款的比例。义务性资金的比例必须恢复到 70% 或更高水平，因为自愿捐款时多时少，世界卫生组织无法仅靠自愿捐款来建立长期的科研能力。

我在担任新加坡驻联合国大使期间，看到了一些西方国家的大使为减少对世界卫生组织的资助而进行了极其激烈的斗争（根据联合国条例，按绝对价值计算，发达国家需要支付更多会费，而发展中国家则支付得较少），他们会为了争取节省一两百万美元而斗争，但全球经济因新冠肺炎疫情遭受了多大损失呢？目前已达数万亿美元。

万亿美元与百万美元，天壤之别！其实，加强世界卫生组织的能力建设所需的资金只是九牛一毛。例如，欧盟国家在 2018 财年资助世界卫生组织 1.5 亿美元，仅占欧盟委员会预算的 0.09%，还不到 0.1%。

这使得新冠肺炎疫情所造成的悲剧更加令人难过。加强世界卫生组织的能力建设真的只需要"一丁点儿钱"。

那么，面对这一切，我们能在多边主义问题上做何文章呢？

短期内，我们可能会失望，因为西方根深蒂固的习惯不是一朝一夕就能改变的。

但我们可以确信，新的全球共识终将形成——我们大家现在都生活在同一条船上，需要相互依存，就像命运多舛的"钻石公主号"邮轮上的乘客一样。

当这样一条关系着全球命运的船受到病毒侵袭，只清理个人自己的船舱毫无意义。我们唯一能自保的方法就是团结起来处理全船整体的情况。

随着时间的推移，我们寄希望于西方能够听取更明智的呼声，选择更开明的政策以支持多边机构，如世界卫生组织，因为要维护自身利益终究需要采取多边主义的立场来应对全球挑战。

作为西方的朋友，我们应该与西方合作，鼓励其挺身而出。我们应该让西方知晓，人类的命运取决于我们是否有能力做出必要的重大转变，共同努力加强而非削弱像世界卫生组织这样的治理机构。

这将是衡量人类是否真的是地球上最聪明的物种的主要办法。

附　录　马凯硕著作简介

1.《新亚洲半球》①

　　这本书出版于 2008 年，当时全球正在被金融危机带来的悲观主义和不可预测性笼罩。除了带来严重的经济衰退和为一揽子救援计划付出的高昂成本，这场危机还削弱了人们对西方资本主义作为理想模式的信心。与此同时，在亚洲国家经历了数十年令人印象深刻的增长之后，关于权力从欧美向亚洲转移的激烈辩论出现了，关于"亚洲崛起"的话题再度兴起。在这本思想精深、发人深省的著作中，马凯硕在全球性和历史性框架下讨论了这一话题，全面深入地重新审视了不同社会和文化兴衰的机制与轨迹。作者的中心论点是，显然亚洲的崛起给世界带来了更多的"好处"，西方应该欢迎这种转变。马凯硕的论点得到了英国历史学家安格斯·麦迪逊的研究结果的支持，安格斯·麦迪逊驳斥了西方文明具有固有的优越性这一说法，并指出从公元元年到 1820

---

① Kishore Mahbubani, *The New Asian Hemisphere: The Irresistible Shift of Global Power to the East*, New York: Public Affairs, 2008.

年，世界上最大的两个经济体一直是中国和印度。从这个层面来讲，中国和印度近年来取得的卓越成就并非历史的"终结"，而是"回归"。作者认为，尽管西方大国对此反应不一，但这种力量平衡的变化是不可阻挡的。"西方（尤其是美国）在应对全球挑战上越来越无力"，而亚洲国家，尤其是中国，在应对地缘政治挑战时表现非凡，这使后者成为担负未竟责任的不二之选。针对西方社会普遍存在的对失去世界主导权的焦虑，马凯硕以此安慰读者：东西方关系的本质是协同而非对抗，两个半球之间完全可以构建有利于人类发展的伙伴关系。亚洲的复兴得益于西方谨慎、务实的教育，西方也应努力进一步理解并改变心态，庆祝亚洲"迈向现代化"。

这本书的第一个主题是，亚洲的重新崛起并非因为重新发现了"亚洲文明中某些隐藏的或被遗忘的力量"，而恰恰是因为经过长达两个世纪缓慢而痛苦的探索，亚洲人最终汲取了西方经验的精华。"西方智慧的七大支柱"包括自由市场经济、科学技术、精英管理、实用主义、和平文化、法治和西式教育。这七大支柱性要素是过去两个世纪西方现代化的基础，现已被亚洲社会成功采用。马凯硕详述了亚洲国家是如何将这些要素融入自身发展的。这本书与其他描述"亚洲奇迹"的著作之区别在于，作者进一步探讨了这七大支柱性要素是如何重构社会和人们对世界的认知的。例如，作者认为自由市场经济的本质是每个人都有出售劳动力或投资资本的自由，这是经济增长的关键动力。经济的运行和发展不再依赖于等级制度中自上而下的良好决策，而是取决于个人选择的能力。同样，科技的进步挑战了传统的宗教观念，而宗教观念缺乏对人类发展的信念,强调对权威的服从。马凯硕介绍了亚洲在这七大领域取得的巨大成就,这些成就表明,"西方启蒙运动"最重要的作用在于实现了普通人的思想解放,使他们不再认为自己天生低人一等。他们的聪明才智和创造力(在等级制度统治下被压制了几个世纪)以及勤奋工作,是推动亚洲增长的最强动力。作者还表示,如果世界上其他国家也能够采纳这七大支柱性要素,这些国家就能像亚洲一样快速发展。

第二个主题是,与亚洲比起来,世界公认的最强大的西方文明却因傲慢而顽固地抵制变革。马凯硕指出,西方具有自相矛盾的两面性:"哲学层面的西方"确实为人类做出了巨大贡献,包括提倡个体平等与尊严,极大地推动了人类知识的发展,改善了人民的生活。然而,"物质层面的西方"是对自身理想的扭曲。"物质层面的西方"往往将短期利益置于其秉持的价值观之上,例如以维护和平与秩序的名义对中东国家进行残酷的军事入侵;将全球变暖的责任归咎于新兴工业化国家,却故意忽略掉自身历史上累积的排放和铺张浪费的生活方式;坚持推动民主进程,却只允许亲美统治者掌权。西方国家理所当然地认为,其他国家制造了问题,而它们在寻求和提供解决方案。同时,西方国家也很少关注国内出现的管理不善的问题。

另一个自相矛盾之处是,西方最民主的国家主导了二战后不民主的世界秩序。马凯硕提醒读者,统治地球上数十亿人的全球规则是由少数欧美精英制定的。只有当西方利益与全体人类利益一致的时候,多边组织才能发挥功能。这种对权力的扭曲、操纵和强化不仅存在于国际性机构,而且广泛存在于军事、货币、银行、媒体等领域。作者认为，西方不应继续幻想其在二战后获得的主导地位和特权能永远维持。笃信在 19 世纪和 20 世纪盛行的西方意识形态观念会延续到 21 世纪，是非常愚蠢的。要建设更美好的未来需要民主，不仅个体国家需要践行民主治理，全球治理也应践行民主。西方应学会与崛起的亚洲分享权力，否则，亚洲可能会建立起自己的制度和规则。由于西方已不再是民主、法治和实用主义的捍卫者，因此，亚洲是时候接过主导权并修复这些缺陷了。西方的崛起改变了世界，同样，亚洲的崛起也将改变世界。

2.《东盟奇迹》①

这本书由充满激情、博闻多识的东南亚问题专家马凯硕与孙合记合著。两位作者试图通过讲述东盟的故事，帮助人们了解东盟的成就，理解其背后的精神。东南亚是地球上最富文化多样性的地区，难以被充分理解和描述。东盟是一个鲜活的现代奇迹，两位作者总结了东盟在改善该地区广大民众生活条件上所做出的三方面贡献。首先，东盟为一个动荡的地区带来了和平与繁荣，使地球上最富文化多样性的区域出现了各文明和谐共生的景象，并为许多人带来希望。其次，在一个经济悲观主义甚嚣尘上的时代，许多年轻人，尤其是美国和欧洲的年轻人，认为他们的生活在未来几十年会变得更加糟糕，而东南亚却洋溢着乐观主义气息。最后，在一个对地缘政治态势日益悲观的时代，许多主要

---

① Kishore Mahbubani, *The ASEAN Miracle: A Catalyst for Peace*, Singapore: NUS Press, 2017.

地缘政治思想家皆预测大国之间的竞争和紧张局势将升级——尤其是中美之间，而东盟却为所有大国定期相聚创造了一个不可或缺的外交平台。

世界需要了解东盟的另一个迫切原因是，东盟的成功为许多陷入困境的地区带来了希望，并有助于解决世界上的一些问题。一个典型的例子是，中东地区长期战火连天，而东南亚地区一直一派和平。西方对伊斯兰世界的前景深感悲观，这并不是什么秘密。那些在伊斯兰世界找寻希望、探索积极叙事方式的人，应该向东南亚学习。东南亚地区的穆斯林人口比例比中东以外的任何地区都要高，数量相当于阿拉伯世界的全部人口。东南亚的穆斯林能够与非穆斯林邻居和平共处，同时还能保持经济发展。东盟为一个曾经爆发过严重冲突的地区带来了和平，这说明各种文明之间并不是只有冲突，它为各国带来了希望。东盟早就应该被授予诺贝尔和平奖了。

这本书共分为 6 章，各章主题一脉相承。在第一章中，作者追溯了东南亚丰富的多元文明是如何产生的，可以说，东南亚至少经历了四次文化浪潮：印度浪潮、中国浪潮、穆斯林浪潮和西方浪潮。这么多种迥然相异又特点鲜明的文明塑造了极其独特的东南亚，这片地区可谓当前世界上最具文化多样性的地区。"四大浪潮"的说法强调了东南亚的独特性。另外，值得注意的是，其中三次文化浪潮对东南亚的影响是相对和缓的。

第二章阐释了一个前景暗淡的地区如何在别人最不看好的时期塑造了和平。事实上，东盟已经形成了一个有韧性的和平生态系统。自 1967 年东盟成立以来，该地区从未出现过成员国彼此交战的情形。成员国之间虽然也发生过争执，甚至小规模的军事冲突（如柬埔寨与泰国之间），但东南亚从未像中东和欧洲巴尔干地区一样爆发战争。这本书的一个关键假设是，东盟所创造的和平生态系统可以在世界上其他灾难频发的地区复制。东盟将为世界带来希望之光。更好地理解东盟的经验有助于建设一个更加和平的世界。

第三章强调，东盟要想维持这种良好局面，仍旧离不开世界大国的支持与合作。上一章解释了东盟是如何从冷战后的有利地缘政治趋势中获益的。20世纪80年代，中美之间强有力的战略联盟在加强东盟国家的凝聚力方面发挥了关键作用。事实上，对5个创始成员国来说，20世纪80年代或许是对形成牢固的东盟身份认同最为关键的时期。然而，如果说有利的地缘政治发展趋势帮助东盟构建了身份认同，那么东盟现在必须为不利的地缘政治趋势做好准备。世界上最重要的战略关系始终是最强大的国家（如今是美国）与最强大的新兴国家（中国）之间的关系。在20世纪80年代，中美两国通过紧密合作挫败了苏联，东盟也从中获益。如今，尽管中美之间有着长足的合作，但两国间的竞争趋势也在加剧。如果这种竞争态势失去控制，那么东盟可能会面临分裂的命运。这就是本章要竭力传达的一个关键信息：对包括美国、中国、印度、日本和欧盟国家在内的强国来说，一个团结的东盟都是利害攸关的。没有一个大国是纯良的，也不要指望它们有仁慈的本性。正相反，本章意在提醒各大国关注赤裸裸的利益。

第四章以白描的方式介绍了东盟10个成员国的现状。每个成员国都有着丰富而复杂的历史，寥寥数笔远无法详尽地展示这些复杂性。然而，两位作者希望广大读者能够充分了解东盟国家及其当前面临的挑战、地缘政治主张和与区域组织的关系。

第五章通过剖析东盟的优势与劣势以及其所面临的机会与威胁（运用众所周知的 SWOT 分析法[①]），评估东盟这个区域组织的现状。像任何复杂的有机体一样，东盟也可能会因疏忽或故意的行为而分崩离析。东盟的现任领导人肩负着重任，他们不能让东盟创始人的努力付诸东流。他们必须维护东盟作为一个强大区域组织的地位，继续为人类提供希望之光，他们必须以此为己任。如果东盟的现任领导人能够成功维护和加强该组织（以及该地区）的作用，该地区的 6.25 亿人将从中受益匪浅。两位作者同时指出，这也将使地球上其余 70 多亿人口受益，东盟将成为除美国以外的第二个希望灯塔。

最后，第六章探讨了东盟的前景。本章还提出了一些具体可行的建议，有助于东盟加强自身建设。幸运的是，这些建议实施起来都不是很困难。显然，东盟需要加强秘书处的功能与作用。与欧盟秘书处 1 540 亿美元的年度预算相比，东盟秘书处的年度预算只有 1 900 万美元。由于东盟的 GDP 总量已经从 1970年的 950 亿美元增加到了 2014 年的 2.5 万亿美元，因此，让东盟秘书处陷于资金匮乏之苦着实是愚蠢之举。一旦东盟领导人认识到该组织的宝贵之处，他们就会发现，为东盟秘书处提供更多资金是符合各成员国的国家利益的。随着时间的推移，一个更有力

---

① SWOT 分析法，即将与研究对象密切相关的内部优势（Strength）、劣势（Weakness）与外部机会（Opportunity）和威胁（Threat）列举出来，并依照矩阵形式排列，然后加以系统性的分析，以得出决策性的结论。——编者注

的东盟秘书处和一个运行良好的东盟将会增强该地区民众的主人翁意识。在成立的前50年内，东盟是由各成员国政府共同管理的。各国政府完成了一项了不起的工作，尽管东盟仍然存在许多缺陷与弱点。然而，要想确保东盟的持续增长与成功，东盟的所有权必须从各国政府转移到人民手中。这样一来，东盟可能会成为世界第一大区域组织。

从历史的角度来看，欧洲是过去400年来最为成功的地区，尤其是在经济和社会发展方面。因此，欧洲人几乎无法想象向世界其他地方学习重要经验的可能性。这就是作者出版这本书的原因之一，目的是激励欧洲人打开封闭至今的思想，探索向世界其他地区学习的可能性。同样，美国的知识分子也可以从这本书中吸取教训。美国和欧洲目前盛行的悲观主义政治理念是危险的。虽然悲观主义并不意味着无法产生积极的变革性领导人，但目前看来，这种可能性很小。我们如果还记得东盟在1967年成立时的情形，就会意识到东盟的成就何其惊人。许多当代观察家当时都对东南亚的前景感到悲观。在他们看来，即使东南亚在1967年时没有陷于政治旋涡，考虑到该地区极其多样的文化和文明，这里也很难达成区域合作。世界上没有任何一个地区像东南亚那样具有丰富的文化、宗教、语言和种族多样性。东盟如果能够保持目前的发展势头，前途将不可限量。东盟发展得越好，它作为人类灯塔的作用就会越凸显。东盟的5位创始人中，泰国外交部长他纳·科曼是佛教徒，菲律宾外交部长纳西索·拉莫斯是基督徒，印度尼西亚外交部长亚当·马利克和马来西亚外交部长阿都·拉萨是穆斯林，新加坡外交部长拉惹勒南是印度教教徒。签署《东南亚国家联盟宣言》(即《曼谷宣言》)的 5 位外交部长拥有极其不同的文化背景。但是，仅凭过去 50 年的历史不足以理解东南亚的叙事，更深层次的文化根源塑造了东盟的性格和身份。同时，两位作者指出，东盟并非完美无缺，它的发展也并非一帆风顺。东盟的前进就像螃蟹行进一样：前进两步，后退一步，再向一旁走一步。尽管存在着诸多不完美，但东盟从未停止前进的脚步，这就是它的非凡之处。

总之，东盟的优势与劣势以及面临的机会与威胁都是很明显的，同时，该地区也面临着严峻的挑战。然而，东盟的优势远大于劣势，机会也远大于威胁。在 21 世纪，如果能有合适的领导人来推动东盟的发展，那么东盟所积蓄的优势将推动其更快地前进。这本书的目的是提醒更多的东盟决策者和民众，他们继承了一种多么宝贵的资源，他们不应该忽视这种宝贵的资源或者把它视作理所当然。作为创立者赠予现任领导人的礼物，东盟应该成为世界其他国家和成员国学习与模仿的对象，以维护和促进该组织缔造的和平与繁荣。

3.《西方失败了吗？》①

《西方失败了吗？》是马凯硕为西方所著的一部启示录，该书探讨了西方过去取得的成就、即将面临的挑战，并就其未来发展提出建议。21 世纪初，世界历史发生了重大转折，然而西方却不肯接受这一事实，拒绝适应这一新的历史时代。从公元元年到

---

① Kishore Mahbubani, *Has the West Lost It?: A Provocation*, London: Allen Lane, 2018.

1820 年，中国和印度一直是世界上最大的两个经济体。在此之后，欧洲经济才开始腾飞，美国紧随其后，但其实这才是反常的。之所以说历史出现了转折，是因为所有反常现象都必然会走向终结，而眼下这种必然的情形正在发生。西方占全球经济的比例正在缩小，这是大势所趋。虽然不少国家选择了效仿西方模式，但许多西方中产阶级的收入在最近几十年也停滞不前。西方看起来正在衰落。马凯硕就以下一系列问题，结合分析西方和其他国家的历史背景、面临的挑战、过去的战略等，与读者分享了他的专业见解，并为读者提供了一种独特的视角。

全书共 13 章，条理清晰地阐明了西方是如何陷入目前的困境的。在第一章《世界的新秩序》中，马凯硕回顾了人类历史及西方的发展历程。一直以来，西方扮演着驱动全球经济增长的火车头的角色，而其他国家扮演着搭便车的角色。但现在，其他国家正在扮演火车头的角色，而西方可以通过搭便车来促进国内的经济增长。在第二章《西方智慧的馈赠》中，作者详细阐明了西方的主要贡献。他认为，西方对世界最大的馈赠就是理性的力量，"全面考虑问题，并以合乎逻辑的方式来解决问题"。通过接受西方的科学技术，运用科学的方法来解决社会问题，理性也逐渐渗透到亚洲人的意识中。西方理性的传播引发了三场无声的革命，促成了许多非西方社会在近几十年内取得非凡的成就。首先是政治上的革命。受西方影响，20 世纪下半叶反抗封建思想的潮流兴起，极大地解放了亚洲社会。其次是心理上的转变。非西方国家的人以前认为自己在"命运"面前束手无策，但现在他们相信自己能够掌控自己的命运，理性地建设更美好的人生。数十亿人相信，他们可以为自己和孩子创造更好的生活。最后是治理上的变革。亚洲在治理方式上发生了重大的变化。中国国家主席习近平、印度总理莫迪和印度尼西亚总统佐科·维多多等现任领导人秉持着一个共同的信念，即良好的治理将推动社会的变革与发展，并实施了有益的公共政策。这也阐释了为什么中国、印度和印度尼西亚的民众比西方国家的民众更加乐观。

在第三章《自杀式的西方战争》中，马凯硕集中讨论了治理领域的问题，他注意到这一领域内的一种矛盾现象。马凯硕指出，亚洲人从西方学到了理性治理的美德，增强了对理性国家治理的信任，相反，许多西方民众却逐渐失去了对国家治理的信任。几个世纪以来，西方一直在利用自身的军事和科技力量来征服与统治世界。但当西方在为赢得美苏冷战而沾沾自喜时，西方人要么没有注意到，要么不屑于关注数十亿非西方人的思想解放。此外，西方必胜主义者或多或少受到了福山言论的催眠，所以没有注意到，当冷战结束时，人类历史上出现了一个更根本性的拐点——中国在 2001 年加入了世界贸易组织，这一事件推动世界历史进入了一个新时代。

第四章讨论了西方精英们的愚蠢。作者认为，在需要精英们充分理解新时代，针对巨变制定出全面实用的政策时，大部分精英失去了人民大众的信任。此外，数据显示，全球中产阶级的增长渐趋停滞，这表明人类的苦难正在减少，总体幸福指数正在提升，但人们并未为此欢呼。人们之所以会对这种显著的进步视而不见，可能是因为对负面新闻上瘾，而充斥着悲观主义的西方媒体又在全球占据优势，这进一步加剧了人们对负面新闻的痴迷。

同时，西方媒体只关注政府功能失调的一面，这导致关于有效治理的研究和讨论很少。

第五章《全球性旅行的激增》再次强调了信息革命这一历史转折点。教育的普及和获取信息变得容易推动人类进入了历史上最光明的时代，人类必须意识到这一点，进而对政策方针进行相应的调整。在第六章，作者试图进一步解释"为什么西方没有注意到非西方地区思想的解放"。作者表示，是西方的骄傲自大导致其在冷战结束后迷失了方向。当西方领导人因战胜了苏联而趾高气扬时，他们自动屏蔽了所有本可以引起他们注意的信号，而这些信号代表着其他重大变化。福山的文章《历史的终结？》给西方造成了很严重的"脑损伤"，它像鸦片一样腐蚀了西方人的思想，使得西方在本应开足马力参与世界竞争时，却自负地放飞自我。当时的西方人认为，西方文明已经达到了人类文明发展的最高峰，只有其他文明才需要努力向前发展。

第七章阐述了在西方最狂妄自大的那段时间，世界其他国家，尤其是中国和印度，正在加速发展。第八章《战略错误》继续探讨这一问题，说明西方为何没能注意到中印两国的伟大复兴，而且无视了动摇西方社会根基的现实问题。目中无人的西方犯下了一系列战略错误。首先是低估了穆斯林的能量，干涉伊斯兰国家，低估伊斯兰教的影响力，且没能解决恐怖主义产生的根源；其次是进一步加重对俄罗斯的羞辱；最后是粗暴地干预一些国家的内政。第九章建议西方实行一种全新的战略：极简主义、多边主义和马基雅维利主义。作者表示，西方现在应放弃那些导致自我毁灭的短视政策，对世界各国采取一种全新的战略。这种全新的战略可以被称为"三 M"战略，即极简主义、多边主义和马基雅维利主义。作为关键的第一步，极简主义认为需要对西方的角色加以限制。随着西方势力的削弱，其他国家自然会要求制定新的关系范式。此外，其他国家并不需要被西方拯救，也不需要效仿西方的政治制度，更不需要西方站在道德制高点上发号施令。第二步是多边主义。每年全球都会面临新的危机，应对危机需要全球协调行动，西方也需要增进对其他国家的了解。为了更好地合作，我们需要一个更强大、更有效的全球议会。多边机制与进程为听取和理解世界各国的意见提供了最佳平台。第三步是马基雅维利主义。面对快速变化的世界，西方需要多向马基雅维利学习，制定更灵活的战略来保护其长期利益。

作者在第十章《美国和欧洲面临的挑战》中阐释了何为更灵活的战略。本章首先阐明了美国和欧洲所面临的不同的首要挑战。美国面临的首要挑战来自中国，而欧洲面临的首要挑战来自伊斯兰世界。作者指出，美国人利用欧洲在战略上的被动情势，胁迫欧洲国家支持美国的各种举措，而这些举措是违背欧洲的长期利益的。欧洲面对的威胁是人口老龄化、领导力衰退以及急剧增长的穆斯林人口。然而，美国人却打破了欧洲邻国的稳定。同时，美国错误地将中国定位为军事竞争对手，而事实上，中国应是经济竞争对手。在第十一章《一个更危险的世界》中，作者表示，一个幼稚和固守意识形态偏见的西方是危险的，因此呼吁西方制定更加灵活的战略。作者认为，除非西方从根本上改变，否则世界将变得更加不稳定，因为民主制度只能应对眼前的威胁，而不足以应对长期挑战。作者认同西方思想家的观点，民主政治制度确实有许多优点，但西方认为民主是促进经济发展的必要条件，这种观点是错误的。民主制度的缺陷现在在西方社会占了上风，如果西方不能适时调整战略，这必将导致灾难性的后果。

作者在第十二章《美国人和欧洲人应如何建设更美好的世界》中指出，西方人必须认识到：两个多世纪以来，他们一直在对其他国家进行侵略和干预，但现在，保持谨慎和取消干预更符合西方的战略利益。此外，减少与其他国家的敌对将有助于驱散目前笼罩在西方社会中的悲观主义。在作者看来，中国于2001年加入世界贸易组织带来了不可避免的"创造性破坏"，但西方精英没能帮助其民众对此做好准备，这让他们失去了民众的信任。然而，只要西方不关闭自由贸易的大门，这个问题就是可以解决的。作为结论，作者在第十三章《西方失败了吗？》中总结道：西方面临的问题的关键是，无论是保守派还是自由派，无论是右翼还是左翼，他们都需要意识到，人类历史在21世纪初发生了转折。作者认为，西方主导的时代即将结束。西方应该把目光从内战转移到更为严峻的全球挑战上。如果西方不能摆脱干预主义的冲动，拒绝承认其国际地位的变化，或决定成为孤立主义者和保护主义者，那么毫无疑问，世界的未来将麻烦不断。

作为献给西方的一份礼物，这本书试图提醒西方，要看到自己在改善人类生存条件方面做出了前所未有的贡献。作者认为，如果在人类进入最有前景的发展阶段时，西方却成了导致世界动荡和不稳定的始作俑者，那将是一场巨大的悲剧。如果发生了这种情况，那么未来的历史学家会感到困惑不解：为何人类历史上最成功的文明未能抓住人类历史上前所未有的最佳机遇？

4.《中国的选择》[①]

东欧剧变（1989 年）与苏联解体（1991 年）后，过去的 30
年里，"历史终结论"在西方社会尤为盛行。美国的政策制定者
不仅拒绝承认"历史"正沿着不同的轨迹前进，而且还将当前的
中美竞争视为当年美苏冷战的翻版。西方民众可能会认为，中国
是另一个修正主义与扩张主义超级大国，而美国及其盟友是维护
民主、自由市场和基于规则的国际秩序的领头羊。中国被妖魔化
得越厉害，美国人就越坚信他们将成为最终赢家。马凯硕认为，
世界在关键层面已经发生了翻天覆地的变化，但鲜有美国人意识
到并承认这一事实。因此这本书一开篇，作者便警告称，美国贸
然挑起与中国的冲突是一个致命错误，尤其是其在尚未制定出全
面对华战略的情况下就发起进攻。同时，针对本书英文版书名
"中国赢了吗？"，作者并不试图给出一个简单的"是或否"的回
答。因为这一问题涉及 21 世纪最大的地缘政治竞争的复杂动态。
美国为什么会输，在哪些方面会输？为什么中国是最重要但经常
被误解的大国之一？中国政策制定者的盲点是什么？世界其他国
家应如何应对不断变化的国际秩序与力量平衡？中美之间的全面
竞争能否避免？

这本书的核心主题之一是，美国目前深陷自身战略与结构性
缺陷的困扰，但没有一个掌舵人能够破除"美国永远都是世界头
号强国"的自大骄横。美国战略家乔治·凯南曾表示，美国应致
力于构建处理国内问题和应对国际挑战的能力，但美国现在反其

[①]　Kishore Mahbubani, *Has China Won?: The Chinese Challenge to American Primacy*, New
York: Public Affairs, 2020.

道而行之。与美国人的想象相反，美国现在的行为更像苏联和清朝时的中国，过分热衷于意识形态对抗，受困于僵化的体制与决策程序以及日益加剧的不平等，而且还不能容忍其他国家的不同发展范式。而中国是一个更理性、更务实、适应性更强和自强不息的竞争对手。凯南曾经建议美国对苏联实行有耐心的遏制战略，呼吁美国需要保持精神活力以便在意识形态潮流泛滥的时代立于不败之地。马凯硕阐述了美国发起对华贸易战和疏远国际机构的事实，并认为尽管二战后的自由主义国际秩序建立在西方价值观之上，但特朗普政府治下的美国一直在背离这一秩序。作者同时指出，对于美国的权力衰退和威望下降，特朗普并非唯一责任人。早在特朗普实行不协调和不可预测的政策前，美国在政治、经济和文化方面就已经面临着严重的结构性挑战。

需要强调的是，几十年来，美国一直在通过美元霸权攫取巨大利益。美元一直受到全球金融体系的庇护，而且美国可以通过发行短期国库券弥补赤字和超额支出。特别重要的一点是，美元之所以能够成为全球储备货币，是因为各国都相信美国政府能够基于全球经济利益做出明智且理性的决定。然而，由于美国屡次以美元特权为武器来有计划地制裁外国公司和其他国家（如对伊朗的制裁），这种信任被削弱了。受美国单边主义外交政策的威胁，世界各国有强烈的动机减少对美元的依赖。这为中国提供了一个契机，中国可以利用这个机会构建全球支付基础设施和替代货币，其蓬勃发展的经济和技术进步可以支撑这些举措。马凯硕批评道："虽然惩罚一个相对较小的国家（如伊朗）能够带来一些微薄利益，但任何明智的战略家都不会冒着失去巨大利益的风险这么做。然而，美国却一直都在这样做。"具有讽刺意味的是，被美国奉为圭臬的民主政治却阻止了美国政府做出有利于国家长远利益的理性且连贯的决策。有钱有势但目光短浅的精英们操纵着自由民主制度的主要支柱，如公开选举代表和权力分置。这导致美国既无力保持自身的国际主导地位，又无力改善民众福祉。最明显的表现是，美国已经被膨胀的军工集团劫持，这个利益团体在华盛顿游说政治家，他们夸大外国威胁，以说服决策机构增加国防预算，并且介入耗资巨大、带来痛苦的海外冲突，而这本来没有必要。与此同时，分配给美国国务院和专业外交官的权力与资源却在不断减少。马凯硕尖锐地批评道，在一个战略智库最活跃、资金最充足的国家，群体思维的趋势却无法停止，这着实令人震惊。

作者虽然指出了美国存在的种种问题，但这并不意味着中国没有犯过战略错误。在这本书接下来的重要部分中，马凯硕对中国未来的发展提出了一些实用的建议。有趣的是，他还提醒中国不要被短期利益蒙蔽，不要以傲慢的姿态自居。假设中国能巧妙地与西方企业家重新接触，再次激发他们与中国进行商贸往来的热情，那么这些人将有望形成政治缓冲，有效地阻止中美关系急剧恶化，同时也将为中美双方回到建设性对话搭建桥梁。

作者向广大读者传递的另一关键信息是，世界其他国家，尤其是西方国家，不仅对中国有着根深蒂固的误解，而且喜欢罔顾历史与现实，教导中国要"更像我们"。许多西方学者和评论家拒绝承认中国共产党的治理成效卓著，因为他们"对共产主义和专制统治仍深恶痛绝"。把中国共产党与苏联共产党混为一谈，导致他们犯下了根本性的错误。他们往往倾向于揪出并夸大中国政治体制中的某些缺陷，而对中国整体上取得的经济和社会进步视而不见。他们痴迷于描绘中国的脆弱性，但对中国缺乏更细致的观察使得他们看不到这个富有韧性与灵活性的国家一直在不断完善自身的政治体制。西方人认为中国共产党只能依靠政治镇压来巩固统治，但这是他们的一大误解。事实上，中国共产党执政的合法性与广泛的支持度，来自它可以保障政治稳定与经济繁荣的强大实力，这是中国人民过去从未享有的。作者补充道，如果美国想在与中国的交往中加上"道德"议程，最好的办法就是停止干涉中国内政。在谈及"中国是不是扩张主义者"这一谜题时，马凯硕澄清道，从历史上看，中国并不是一个野心勃勃、热衷征服海外或远方领土的国家。与美国不同，5 000年的历史表明，中国不愿将军事手段作为首选，在战争中耗费资源。对于美国和"五眼联盟"给中国贴上的"扩张主义"标签，更准确的解释其实是中国有意与邻国保持稳定、和平的关系，而中国执着于确保边界安全是因为曾遭受过被征服和入侵的"百年屈辱"。这些行为本是"正常"的，但只因实施者是中国，美国和其他西方国家就将其视为"不正常"的。这种有针对性的妖魔化，通常是为了攫取利益、博取关注，这将带来危险，因为这些行为阻碍了与中国进行有效互动和沟通。

通过上述全面评估，马凯硕指出了美国和中国目前所处的位置。一方面，美国正不可避免地滑向世界第二，它必须对自身和世界其他地区（尤其是亚洲）的变化态势进行根本性的反思。另一方面，中国几乎在每个问题上都成为国际关注的焦点，但与此同时，作为被误解最深的大国之一，中国也发现自己正处于极富挑战性的环境中。尽管中美两国的命运紧紧交织在一起，完全脱钩是不现实的，但到目前为止，要想妥善地处理当今世界上最重要的双边关系，两国仍然有很长的路要走。作者对两国所犯的错误提出了批评，并建议两国在实用主义、理性和前瞻性战略上下功夫。

译后记

马凯硕先生一直是全球化智库（CCG）的老朋友。2019 年 5 月，全球化智库（CCG）理事长王辉耀博士曾与他在多伦多举行的"芒克辩论会"中并肩作战，就"中国是不是国际自由秩序的威胁"这一辩题驳倒了麦克马斯特和白邦瑞，后二者认为中国构成了威胁。

2021 年 11 月，全球化智库（CCG）总部发布了马凯硕的新著《中国的选择》，全球化智库（CCG）秘书长苗绿博士连线身在纽约的马凯硕进行研讨，助力沟通中美之间的误解，答好中美关系"世纪之问"。

此前十余年间，全球化智库（CCG）一直与马凯硕先生保持着良好的互动，持续关注他的动态、观点和著作。他给我们留下的印象是一个精力充沛、博学多识、雄辩且对国际形势洞若观火的人——他十几年前提出的预见正在今日世界上演，时间验证了他的研判。

全球化智库（CCG）曾翻译了马凯硕的重磅著作《中国的选

择》，受到作者本人、出版方和读者的一致好评。我们又受托翻译他的《亚洲的 21 世纪》一书。作为《金融时报》《外交政策》《前景》杂志联合评选出的"全球最具影响力的 100 位公共知识分子"之一，马凯硕不仅是一位外交官出身的著名国际关系学者，而且是全球数一数二的亚洲问题研究专家，被誉为"亚洲世纪的缪斯"。早在 2008 年，他就出版了《新亚洲半球》，在全球性和历史性框架下讨论"亚洲崛起"之议题。2017 年，他又出版了与孙合记合著的《东盟奇迹》，探讨东盟十国的发展和前景。此外，作为新加坡人和印度裔，他与从德黑兰到东京的亚洲多个社会都有着文化纽带和广泛的个人联系，加之担任新加坡驻联合国大使的 10 年经验，相信这位"亚洲世纪的缪斯"会给读者带来国际视野下的亚洲图景及与世界的互动。

在翻译这本书的过程中，我们时常为马凯硕的雄辩所折服，为他用喻巧妙而惊叹，为他提问直击核心所启发。期待读者在阅读这本书时也有同样的感受。

这本书由全球化智库（CCG）出版中心组织翻译，我们对白云峰（翻译中文初稿）、李艳洁（检查修订译文）和任月园（审订全书译稿）三位同事表达诚挚的感谢。译文如有疏漏和谬误之处，欢迎读者批评指正。

全球化智库（CCG）

2021 年 12 月